중용,
극단의 시대를 넘어
균형의 시대로

이제 불러도 대답 없는
아버지(1937~2009)에게 이 책을 바칩니다.

주니어클래식 9

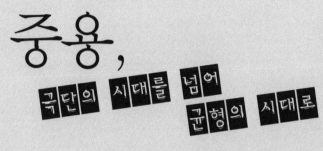

중용,
극단의 시대를 넘어
균형의 시대로

신정근 지음

사□계절

머리말

글을 마무리하자니 긴 터널을 겨우 빠져나온 느낌이다!

2008년 1월 중순, 중국 상하이 기차역에서 느낀 일이다. 나는 중국 고전을 모아 놓은 『사고전서』(四庫全書) 번역 팀을 꾸리고 있었는데, 그 일로 상하이 일원을 답사했다. 답사를 마치고 다른 사람들은 귀국했지만, 나는 기차를 타고 베이징으로 가야 했다. 일행과 헤어지고 상하이 역사(驛舍)에 도착했을 때, 기차 출발 시간이 꽤 남아 있었다. 대합실에 죽치고 있기도 뭐해서 쉴 곳을 찾다가 역사 건너편의 커피숍이 눈에 들어왔다.

역사에서 나와 방향을 가늠하기 위해 뒤를 돌아보니, 상하이 역사는 서울역 못지않게 현대식 건물로 대지에 웅장하게 서 있었다. 그곳에는 재빨리 이곳저곳을 오가는 사람들로 넘쳐났다. 반면에, 역사 건너편으로 가는 지하보도를 건너며 보니, 다른 풍경이 펼쳐졌다. 타고 갈 기차를 기다리면서 더디게 가는 시간을 힘겨워하는 사람들이 곳곳에 진을 치고 있었다. 약간의 틈이라도 있으면 어디에든 무엇이든 깔고 앉거나 누워 있기까지 했다. 커피숍을 들어서니 시간은 다소 어두우면서도 부드러운 공간 속에 갇혀 흐느적거렸다.

짧은 거리를 지나왔지만 그 사이에 겪은 일이 참으로 묘하다는 느낌이 들었다. 역사는 하늘을 향해 서 있지만 사람들은 땅으로 꺼질 듯 누워 있었다. 또 한쪽에서는 시간이 관리된 채 빠르게 흐르고 있지만, 다른 쪽에서는 느리게 기어가거나 아늑하다 못해 늘어져 있었다. 즉, 걸음을 옮길 때마다 공간은 위와 아래로 뒤섞이고 시간은 제각각 따로 움직였다. 그에 따라 내 마음도 알 수 없는 흥분으로 고동쳤다. 그때 나는 뭔가 '써야겠다!'는 절박감에 휩싸였다. 그간 사전적으로나 이해되고 개념적으로만 정리되던 '중용'의 의미가 살아서 내 머릿속을 온통 헤집고 다녔기 때문이다.

중용이란 조금도 기울어지거나 흔들리거나 무너지지 않는 절대 안정이 아니다. 중용은 넘어져서 완전히 뒤집어지지 않는 한 기우는 것을 허용하면서 묘하게 균형을 잡는 것이다. 중용은 어떤 원칙을 기계적으로 대입하는 것이 아니라 상황에 따라 조절해야 하는 것이다. 또 중용은 확실한 기준을 가지고 듬직하게 밀어붙이면 되는 것이 아니라, 어떤 방안을 어렵게 고르고서 그 일이 잘 매듭지어져야 비로소 안심할 수 있는 것이다. 왜냐하면 중용은 단순히 기준을 내놓는 것으로 끝나는 것이 아니라 다양한 상황에 맞추어야 하는 실천을 빼놓을 수 없기 때문이다. 중용에 따르면 사람의 세상살이는 오른쪽이나 왼쪽 중 어느 한쪽을 냉정하게 고르는 것이 아니라, 어떤 때는 오른쪽으로 어떤 때는 왼쪽으로 조금씩 기울어지면서도 중심을 잃지 않고 앞으로 나아가는 것이다.

그 실례가 바로 상하이 역에서 겪었던 일이다. 기차를 타고 내리는 사람은 바삐 움직이고, 기차를 기다리는 사람은 느리게 움직인다. 그래서 역의 주변 풍경은 붐비는 동시에 느긋하다. 역사는 수직으로 서 있고 기다리는 사람들은 앉거나 누운 채 멍한 시선을 보내고 있다. 이처럼 시간이든 공간이든 서로 다른 것이 맞물리면서 묘하게 균형을 이루고 있었다. 그렇게 상하이 역사는 너무나도 다른 것이 뒤섞여 있어 환상의 세계처럼 보이지만, 다른 것들을 억지로 하나로 만들지 않았다. 그러면서도 사람이 끊임없이 드나드는 현실의 출입구 역할을 잘했다. 나는 그 속에 '중용'이 자리 잡고 있는 것으로 보았다.

비로소 『중용』을 풀이하기 위해 줄곧 생각했지만 머릿속을 헤매 다니던 것들이 뚜렷해졌다. 기울어짐, 흔들림, 치우침, 기우뚱함, 균형, 중심, 어울림 등의 뜻이 뚜렷하게 다가왔다. 이제는 『중용』을 풀어 쓸 수 있겠다는 자신감이 들었다.

또 다른 일이 있었다. 2009년 초, 6개월간 병상에 계시던 아버지가 이승을 떠나셨다. 아버지는 당뇨로 간간이 어려움을 겪기는 했지만 중환자실 신세를 질 정도는 아니었다. 그러나 2008년 8월 중순에 응급실로 실려 간 뒤, 호전되면 일반 병동으로 옮겼다가 악화되면 다시 중환자실로 들어가는 일을 반복했다. 그러다 2009년 초에 어머님이 아버님을 위해 집 앞에 만들어 놓은 평상을 보지 못한 채 유명을 달리하셨다.

그 사이에 나는 상황에 따라 마음이 희망으로 기울었다가 절망으로 곤두박질치기를 몇 차례 되풀이했다. 나는 일상과 생업을 유지하려고 나름대로 힘을 썼지만 인간이기에 어쩔 수 없이 절망으로 심장이 멎었다가 다시 희망으로 심장이 요동을 치곤 했다. 마음을 다잡기 위해 나는 자신과 대화를 하며 다음처럼 일기를 썼다. "희망은 가볍고, 절망은 무겁다. 우리는 쉽게 희망을 가지고 또 그만큼 쉽게 희망에 차여서 아파한다. 반면 우리는 무거운 절망에 한번 깔리면 일어서기 어렵다. 걸려들지 않으려고 발버둥 친다. 그러나 희망이라 쉬 가지 않으리라 기뻐하고 절망은 쉬 오지 않으리라 지레 방심한다."

내가 중심을 잡지 못하고 아버지의 상태에 따라 일희일비하다 보니 간호와 일상이 헝클어졌다. 간호에 더 신경 쓰기 위해서라도, 또 일상에서 실수를 줄이기 위해서라도 마음을 추슬러야겠다는 각오를 다졌다. 각오를 다진다고 모든 일이 뜻대로 되는 건 아니었지만 일단 중심을 잡게 되자 아버지를 잘 돌보거나 아버지를 위해 할 수 있는 일을 판단하는 데에 극단으로 치우치지 않게 되었다.

나는 『중용』을 보면서 그 의미를 풀어내는 데에 번번이 어려움을 겪었지만 '흔들림'에서 '중용'을 찾는 체험을 함으로써 그 의미를 생생하게 느끼게 되었다. 우리가 공기와 물처럼 늘 우리 곁에 있는 것에 고마움을 느끼지 못하다가 없어지면 그제야 실체를 볼 수 있듯 나도 흔들리는 곳에 놓임으로써 흔들리지 않는 중용의 세계를 들여다볼 수 있었던 듯하다. 이런 생각을 하면서 그전에 생각의 오랜 숙성과 발효를 거치지 않고 『중용』을 풀어냈으면 어떻게 되었을지 자신에게 물어본다. 늦었더라도 지금 상태가 다행이다 싶다.

이 책은 유학의 기본 텍스트로 간주되는 『중용』을 현대적 맥락으로 풀어 쓴 글이다. 『중용』은 추상적인 논의로 가득 차 있어서 옛날부터 읽기 쉽지 않은 책으로 여겨졌다. 『중용』은 극단주의가 극성을 부리는 전국 시대에 쓰였다. 그렇기에 시대가 상실한 균형과 평형을 회복하고자 했다는 맥락으로 읽혔다. 『중용』은 정치적 보수주의를 지향하지만, 그 속에 깃든 진정성은 삶에서 지켜야 할 것이 무엇인지 뒤돌아보게 한다. 아울러 방법론적 다원주의로 중용을 해석할 수 있으므로, 현대인이 겪는 문제 상황을 해결하는데 시사점을 줄 것이라 생각한다.

이 글을 쓰는 내내 나는 옛날 집의 거실 한쪽에 육중하게 걸려 있던 괘종시계를 생각했다. 괘종시계의 추는 오른쪽으로 갔다가 갔던 만큼 다시 왼쪽으로 간다. 그렇게 해서 톱니바퀴를 돌려 시계가 돌아가게 한다. 중용도 괘종시계처럼 인생의 다양한 국면에서 제 중심을 잡도록 한다는 점에서 괘종시계와 이미지가 잘 들어맞는다.

이 책의 구성과 장점은 다음과 같다.

첫째, 중용의 이론적 측면을 충분히 살펴보고, 그것이 현실 세계에 어떻게 적용되는지도 보여 준다. 이로써 중용이 추상성을 벗고 개별 행위로 드러나는 과정이 분명히 이해될 것이다.

둘째, 첫째 작업을 위해서 자사가 지었다고 전해지는 『중용』과 아리스토텔레스의 『니코마코스 윤리학』을 비교 서술했다. 이 과정에서 『중용』의 낯선 한자 개념을 『니코마코스 윤리학』의 용어에 대비해 설명했다. 아울러 두 책이 공통적으로 중용을 강조하지만, 둘 사이에 같은 점과 다른 점이 있다는 것을 밝혔다.

셋째, 『중용』에서 일명 '귀신장'은 다른 내용과 연결되지 않아

읽는 사람들에게 "이런 내용이 왜 여기 들어 있지?" 하는 의구심을 품게 만들었는데, 『중용』에 '귀신장'이 있을 수밖에 없는 이유를 밝혀냈다. 그것은 중용의 세계가 사람과 사람의 관계만이 아니라 산 사람과 죽은 사람, 즉 귀신의 관계를 끌어안고 있다는 점을 통해서 밝혔다.

넷째, 『중용』은 추상적인 논의로 진행되어 이해하기 어려우므로 예시를 통해 쉽게 설명하고자 노력했다. 이를 위해 고대의 사례만이 아니라 현대 사회의 영화, 문학, 그리고 사건 사고를 끌어들여서 다양한 설명을 시도했다. 『중용』이 낯선 책으로 느껴지지 않도록 하기 위해서이다.

다섯째, 동양 철학 책들이 대부분 그렇듯이 『중용』도 잘 짜인 틀에 따라 내용을 논리적으로 설명하지 않아 독자를 아주 힘들게 한다. 그래서 이 책에서는 핵심 개념을 징검다리로 삼아 그 내용을 해설하여 『중용』에 얼기설기 엮여 있는 의미의 연관과 숨어 있는 속뜻을 알아차리기 쉽도록 했다.

이런 다섯 가지 작업을 통해서 나는 무엇을 말하는지 전혀 알 수 없는 암호의 묶음과 같았던 『중용』을, 독자가 혼자서 그 의미의 세계로 건너갈 수 있게 다리를 놓으려고 했다. 그 다리를 건너기만 한다면 누구라도 『중용』의 전체적인 그림을 그릴 수 있을 것이다.

오늘날도 『중용』이 태어났던 전국 시대만큼이나 극단의 시대라고 할 수 있다. 이 책을 쓰면서 나 스스로 『중용』과 숱한 대화를 나누며 세상을 살아가는 지혜의 빛을 쬐었다. 독자들에게도 비슷한 체험을 줄 것으로 기대한다.

이 책의 탄생에 도움을 준 분들에게 감사의 마음을 전한다. 기획자 이권우 선생님과 사계절출판사의 편집자 정은숙, 서상일 선생님은 은근한 기다림의 자세를 보여 주었다. 그 덕택에 글쓰기의 압박감을 훨씬 덜 느꼈고, 그것은 다시 나의 정신 건강에 커다란 도움이 되었다. 여러 모로 후의를 베푸신 강맑실 사장님께 고마움을 느낀다. 또 책이 되기 전에 거친 원고를 읽어 준 여러분들에게도 빚을 많이 졌다.

글쓰기의 힘겨움은 쉽사리 신경질, 짜증, 조급증의 화살이 된다. 그리고 그것은 가족 은근희, 신소언, 신성빈에게 난사된다. 술이 깨고 나면 계면쩍어하듯이, 글도 정리가 되면 난사된 화살을 거두지 못해 부끄럽기 그지없다. 가족에게 고마움만 전할 게 아니라 글의 내용으로 다가가기를 늘 바란다. 이번에는 얼마나 끈기 있게 읽을지 궁금해진다.

2010년 4월

수어재(水魚齋)에서 여여(如如) 신정근 쓰다.

차 례

일러두기

1. 원문은 이해하기 쉽게끔 오늘날 우리말에 가깝게 옮겼으며, 나아가 현대적으로 해석했다. 미심쩍은 부분을 확인하려는 독자를 위해 원문 찾아보기를 맨 뒤편에 놓았다.

2. 원문의 '君子'를 '자기 주도적인 사람' 또는 '자율적 인간'으로 새롭게 번역하였으나, 경우에 따라 그대로 '군자'로 옮기기도 했다.

3. 『중용』의 장 구분은 주희의 『중용장구』를 따랐다.

프롤로그

코끼리 코 돌기 놀이와
중심 잡기

1

유치원 재롱 잔치에 가 보면 아이들이 코끼리 코 돌고 공 터뜨리기 놀이를 한다. 아이들은 두 팀으로 나누어져, 모두 허리를 숙이고서 오른손 엄지와 검지로 자신의 코를 잡고 왼손을 그 속으로 집어넣어 쑥 빼낸다. 영락없이 코끼리 코 모양이 된다. 이어서 제자리에서 가능한 한 빨리 10바퀴를 돌고 나서 공을 집어 대나무 장대에 매달린 바구니를 맞혀서 터뜨린다.

바구니를 먼저 터뜨리는 쪽이 이기므로 빠르게 진행될수록 좋다. 하지만 현실은 마음처럼 되지 않는다. 코끼리 코를 하고 10바퀴를 돌고 나면 세상이 가만있지 않고 온통 빙빙 도는 느낌이 든다. 다리가 후들거릴 뿐만 아니라 몸이 균형을 잡지 못해 자꾸 뒤뚱거리게 된다. 어떤 아이는 뒤로 벌렁 넘어지기도 한다. 그걸 보는 이들은 당사자의 마음을 아는지 모르는지 배꼽을 잡으며 웃는다.

이 놀이를 잘하기 위해서는 코끼리 코 모양을 하고서 몇 바퀴를 돈 뒤에 재빨리 중심을 잡는 것이 중요하다. 중심을 잘 잡아야 공을 정확하게 던질 수 있기 때문이다. 비틀거리면 공을 제대로 집지도 못하고 바구니를 제대로 맞추지도 못한다. 몸이 중심을 잡지 못하면, 내가 내 몸의 주인 노릇을 할 수 없다. 공을 집고서 제대로 던지려는 마음과 비틀거리는 몸이 따로따로 놀게 될 뿐이다.

사실 '중용'도 몸과 마음이 한쪽으로 치우치지 않고 따로따로 놀지 않도록 중심을 잡아야 하는 이런 놀이와 비슷한 점이 많다. 몸의 중심조차 원하는 대로 되지 않는 경우가 많은데, 하물며 마음은 어떻겠는가? 몸의 중심을 잡지 못하면 내가 내 몸의 주인 노릇을 할 수 없듯이 마음도 그렇다. 또 몸의 중심을 제대로 잡기 위해 훈련을 하듯이 마음도 훈련을 해야 한다. 균형을 잡는 것이 얼마나 소중한지 깨닫는다면 『중용』(中庸)을 읽어야 하는 이유를 알게 될 것이다.

홍경민의 노래 '흔들린 우정'

학창 시절에 가족 다음으로 친구만큼 소중한 존재는 없다. 마음이 탁 막히거나 흔들리는 일이 있어도 친구를 만나서 이야기를 하다 보면 마음이 편해진다. 때로는 가족에게도 말 못 하는 일로 답답해하다가 친구에게 털어놓고서 해결책을 찾기도 한다. 이렇게 보면 친구는 기울어지기 쉬운 우리를 되돌리는 균형추와 같은 존재이기도 하다.

하지만 때로는 친구 관계이기 때문에 균형을 잃고 한쪽으로 치우치도록 내몰리기도 한다. 2000년도 최고의 인기 가요였던 홍경민의 '흔들린 우정'에 나오는 경우가 그렇다. 이 노래에서는 내가 친구의 여자 친구를 좋아하고, 그 여자 친구가 친구 몰래 전화를 걸어오면서 마음의 갈등을 겪게 된다.

원래 친구였던 두 사람 사이에는 아무런 문제가 없었다. 내가 친구의 여자 친구를 좋아하면서 모든 것이 바뀌게 된다. "친구와 그녀가 다퉜다는 얘길 듣고 왜 내가 웃는 걸까?" 자책하면서도 두 사람이 잘못되기를 바란다. 그렇게 "말도 안 되는 상상을 하며 헛된 기대"를 하는 상황에 이르게 된다. 이로써 나는 여자 친구를 두고 친구와 경쟁하는 묘한 관계에 들어선다. 이 일은 나를 친구와 친구의 여자 친구 중에 누가 더 중요한지 선택해야 하는 힘겨운 상황으로 몰고 간다. 하지만 지금 고민하는 것이 가치가 없다는 것을 깨닫게 되자, 나는 쉽게 흔들리는 자신의 우정을 탓하며 처음의 친구 관계로 돌아가겠다고 다짐한다.

코끼리 코 돌기를 하고 나서 몸의 균형을 잡기 어렵듯이, 생각과 감정이 해야 할 일과 하지 말아야 할 일의 경계를 넘어서게 되면 마음의 균형을 잡기 어렵게 된다. '흔들린 우정'에서 보듯, 나는 한편으로 하지 말아야 할 것을 하지 않아야 한다고 자신을 다독이지만, 다른 한편으로 금지된 것을 하고 싶어서 변화를 바라기도 한다.

이렇듯 중심이 서지 않으면 할까 말까 끊임없이 흔들리게 된다. 두 갈래의 생각과 감정이 파놓은 골에 빠져서 어디로 향할지 모르는 채 엉거주춤한다. 어떤 때는 밥을 먹으면서도 숟가락이 딴

데 가 있기도 하고, 책을 펼쳐 놓고 멍하니 있다가 누가 부르면 화들짝 놀라기도 한다. 결국 마음의 중심이 제대로 서지 못하면 자신이 뭔가를 하고 있으면서도 무엇을 하는지 몰라 주인 노릇을 제대로 하지 못하게 된다.

몇 번이고 코끼리 코 돌기를 하다 보면 어느새 중심을 잘 잡게 되는 것처럼, 생각과 감정도 잘 가누도록 반성을 하다 보면 웬만한 일에는 꿈쩍도 하지 않는 바위와 같아질 수 있다. 그렇게 하려면 먼저 우리는 해야 하는 것과 하지 말아야 하는 것의 경계를 분별하고 쉽게 흔들리는 자신을 붙잡는 수양을 해야 한다. 경계를 분별하고 수양을 하는 것, 그것이 바로 마음이 균형을 잡고 중심을 지키는 일이다. 그리고 이것이 우리가 중용을 배워야 하는 이유 중 하나다.

마음의 중심을 잃어버리면 의심과 의혹이 생긴다
『논어』(論語)를 보면 이와 관련된 재미있는 이야기가 나온다. "누군가를 사랑하면 그가 오래오래 살기를 바라지만, 그를 미워하게 되면 하루빨리 죽기를 바란다. 언제는 오래 살기를 바라다가 또 빨리 죽기를 바라니 이것은 혹(惑)이다."[1]

그럼 '혹'(惑)은 무슨 뜻일까? 글자를 둘로 쪼개 보면 마음(心)속의 또 다른 영토(或)라는 뜻이 된다. 내가 어떤 사람을 좋아하면 그 사람은 내 마음 한 자리에 들어서게 된다. 드라마에서 사랑 고백을 하는 연인들이 "당신의 마음속에 들어가도 될까요?"

라는 식의 말을 하는 것과 같은 맥락이다. 둘의 사이가 굳건할수록 상대를 향한 내 마음속의 성채는 결코 무너질 수 없는 철옹성이 된다. 상대는 내 마음속에 영토를 차지한 것이고, 나 또한 내 마음속에 그만을 위한 국가를 세운 것이다. 이것은 혹이 아니라, 자연스러우며 진실한 사랑이라고 할 수 있다.

하지만 상대가 없이는 살 수 없다던 두 사람 사이에 애정이 변한다거나 새로운 사람이 끼어들게 되면 사정이 달라진다. 나는 마음속 그만을 위한 영토에 새로운 사람을 위한 영토를 마련하고서는 이러지도 저러지도 못하게 된다. 이쯤 되면 나는 오래된 연인이 보기에 미심쩍은 행동을 하거나 작은 일에도 깜짝깜짝 놀라는 반응을 보인다. 그때 오래된 연인은 뭔가 이상한 점을 눈치 챘는지 꼭 '혹시'라는 말을 집어넣어서 "너 혹시 무슨 일이라도 생긴 거 아냐?"라는 말로 속마음을 떠보게 된다. 이제 혹이 왜 '의심하다', '의혹하다', '헷갈리다', '모순되다'를 뜻하는지 짐작할 수 있을 것이다.

이를 가치관과 관련해서 적용해 볼 수도 있다. 과거에 나는 생명의 존엄을 이유로 안사술(안락사 시키는 의술)에 반대했지만, 지금은 자신의 생명을 스스로 결정할 수 있어야 한다는 생각을 하게 되었다고 해 보자.

나는 과거에 안사술이 윤리적으로 정당화될 수 없다는 생각을 마음속 한편에 굳건하게 간직하고 있었다. 그러다가 치유될 수 없는 질병으로 고통받는 환자와 가족들의 이야기를 듣고서 안사술을 꼭 나쁘게 볼 수만은 없다는 생각을 가지게 되었다. 이로써 나는 안사술에 반대하는 것 못지않게 찬성할 수 있는 또 하나의 마음을 가지게 된 것이다. 이 상태에서 나는 뭐가 옳고 그른지 확실하지 않아 헷갈리고 자신의 입장을 뚜렷하게 내세울 수 없게 된다. 즉, '혹'의 상태에 놓이게 된 것이다.

고민 끝에 내가 품위 있게 죽을 수 있는 권리를 수용하여 안사술에 찬성하기로 결단을 내리면, 그간 반대를 외치던 생각은 나의 마음에서 물러나게 된다. 이제 안사술 찬성이 마음의 중심으로 새롭게 자리를 잡아 '혹'의 상태가 해소된다. 이것은 '혹'이 더 타당하고 건전한 결론을 찾아가는 경우다.

반면 앞서 공자의 말을 다시 생각해 보자. 만약 미운 사람이 빨리 죽기를 기다리지 않고 생각을 행동으로 옮기면, 그것은 끔찍한 범죄가 된다. 이처럼 해서 안 되는 것을 할 정도로 마음의 중심을 잃어버리면 자신을 자율적으로 규제할 수 없는 상황에 다다르게 된다. 이것은 '혹'이 파괴적인 방향으로 흐르는 경우다.

우리는 '혹'이 극단으로 치닫지 않고 타당하고 건전한 결론을 찾아가게 하기 위해서라도 균형과 중심을 제대로 잡아야겠다.

중립에 대한 여러 색깔의 기억들

중립(中立)은 글자 그대로 이쪽 또는 저쪽의 한 곳으로 치우치지 않고 가운데 서는 것이다. 논쟁과 분쟁이 있는 곳에는 편이 갈린다. 사람들은 찬성이나 반대로 나뉘거나 이편 아니면 저편으로 쪼

개지기 마련이다. 어디에도 속하지 않는 입장을 중립이라 한다. 하지만 우리의 경우 이 중립에 대한 어감은 그렇게 유쾌한 편이 아니다. 왜냐하면 한국인들은 그것을 이쪽저쪽 눈치를 본다거나 용기가 없는 것으로 간주하는 경향이 있기 때문이다. 심한 경우 중립을 회색분자*로 취급하기도 한다.

과연 중립이 이도 저도 선택하지 않는 흐리멍덩한 입장일까? 찬성과 반대, 그리고 이편과 저편이 절대 선 아니면 절대 악으로 양분되기 어려운 경우가 많다. 예컨대 경제 성장과 분배, 환경 보전과 개발, 경쟁과 공존의 가치 가운데 하나는 완전히 틀렸고 다른 하나는 완전히 옳다는 식으로 말할 수는 없다.

중립은 양극단이 지니는 문제를 조정하는 또 하나의 관점이 될 수 있다. 중립은 선택의 유보가 아니라 적극적이며 창조적인 또 하나의 선택이다. 성장 없는 분배가 하향 평준화를 낳고, 분배 없는 성장이 양극화를 심화시킨다면, 성장을 통한 분배 또는 분배를 통한 성장이 사회 갈등을 최소화할 수 있다.

또 다른 상황을 생각해 보자. 승부를 다투는 운동 경기에서는 선수는 물론이고 심판도 반드시 있어야 한다. 선수나 관중은 모두 심판이 어느 선수와 가까워 한쪽 편을 들 거라고 생각하지 않는다. 즉, 심판은 선수들로부터 가운데에 서 있으므로 그의 판정이 공정할 것으로 기대된다. 그런데 스포츠가 프로화되고 마케팅과

*양극단의 시대에 소속, 정치 노선, 사상 경향 따위가 어느 한쪽에 속하지 아니한 사람.

깊게 관련을 맺게 되자 사람들은 점차 경기 자체를 즐기기보다 승패에 집착하게 되었다. 그 때문에 사람들, 특히 프로 스포츠 구단들은 심판이 판정을 정확하게 하는 것보다도 심판의 실수로 인한 어떤 판정이 누구에게 유리하고 불리한지 신경을 곤두세우곤 한다. 이것은 심판이 실수할 수 있다고 하더라도 심판 없는 시합보다 심판 있는 시합이 공정하다는 것을 잊어버린 행동이다. 결국 스포츠에서 경기하는 두 편과 별도로 심판이 꼭 필요한 것처럼, 중립은 또 하나의 관점으로 꼭 필요한 것이다.

오늘날 한국 사회에는 객관적이고 공정한 판단에 대한 신뢰가 엷어지고 있다. "지구가 돈다."는 사실은 누구의 이해와도 무관하며 누구의 가치에서도 자유롭다. 누구도 이 사실 자체를 달리 생각할 가능성이 없다. 하지만 "남한의 북한 지원이 한반도 긴장 완화에 기여한다."는 주장에 대해서는 사정이 달라진다. 이에 대해 한 정파는 공동 번영에 기여한다며 찬성하고, 다른 정파는 군사적 악용과 이른바 '퍼 주기'를 내세우며 반대한다. 두 정파에 소속되지 않은 어떤 사람이 "남북 교류가 활성화되어야 한다."고 주장하면, 한 정파를 편든다고 판단한다. 또 반대로 누군가가 "남북 교류도 다른 국제 관계와 마찬가지로 서로 이익이 되는 상호주의(reciprocity)가 맞다."고 하면, 역시 다른 한 정파를 편든다고 판단한다. 물론 정당이 정책 경쟁을 통해 집권을 목표로 삼으므로 당리당략을 따지는 것 자체를 뭐라고 할 수는 없다.

그런데 한 사람의 주장이 설사 어떤 정당의 정책과 비슷하다고 하더라도 그 주장에는 당리당략으로만 규정될 수 없는 점이 있다. 우리는 모두 남북한이 군사적 대결을 벗어나 공동 번영을 위한 통일로 나아가는 것이 바람직하다고 생각한다. 지원은 특정 정파의 이해관계로만 계산되어서는 안 된다. 그것은 현 세대나 미래세대 모두에게 유익하고 바람직한 정책일 수 있다. 따라서 어떤 정파가 주장했느냐가 중요한 게 아니라 궁극적으로 모두에게 혜택이 되느냐는 점을 고려할 필요가 있다. 우리가 정치적 판단과 관련해서 특정 정파에 속하지 않고 중립을 지키는 일은 가능하다.

정파의 이해에 갇히게 되면 자기와 다른 소리를 들으려고 하지 않는다. 그러면 균형 감각을 잃게 된다. 균형 감각을 가진 사람이라면, 반대파의 주장일지라도 합리성이 있으면 시인하고 정파의 이해를 넘어서 보편의 관점에서 사고하는 여유를 가질 수 있다.

현대는 다원주의 사회다. 민주주의와 자유주의를 찬성한다고 하더라도 개별적인 윤리 사안에 대해 다른 견해를 가질 수 있다. 예컨대 A는 낙태를 찬성하고 안사술을 반대하며, 동성애는 반대하고 간통죄는 찬성할 수 있다. B는 간통죄를 빼놓고 다른 것에서 A와 생각을 같이할 수 있다. 이때 A와 B가 완전히 다른 사고방식을 가지거나 모두 같은 정책을 지지하는 것은 아니다. 둘은 사안에 따라 뭉치기도 하고 나뉘기도 한다.

그럼에도 세상을 정파의 이해관계로만 해석하는 사람이 있다면, 그는 단기적으로 자신을 동조하는 집단의 환호를 받겠지만 장기적으로는 대의를 거스르게 될 뿐이다. 정파의 이해를 주장하더라도 그것을 객관성과 공정성에 비춰 볼 줄 알아야 한다. 또 특정 정파에 소속되지 않은 이라면, 스스로 특정 정파의 주의 주장을 앵무새처럼 되풀이할 게 아니라 객관성과 공정성을 가지고 중립 지대에 서 볼 필요가 있겠다. 그래서 『중용』은 이렇게 말한다. "자기 주도적인 사람은 조화를 이루어 어디로 휩쓸리지 않으니 굳세구나, 꿋꿋함이여! 가운데에 서서 기울어지지 않으니 굳세구나, 꿋꿋함이여!"(10장)

균형을 잡고 중심을 세우려면 수양이 필요하다

이제 우리는 몸과 마음 모두 제대로 중심을 잡아야 한다는 사실을 알게 되었다. 하지만 필요하다는 사실을 알았다고 해서 실제로 그렇게 되는 것은 아니다. 코끼리 코 돌기나 가요 '흔들린 우정'에서 보았듯이, 사람이 흔들리고 싶지 않아도 과연 뜻대로 되던가! 그렇다면 어떻게 해야 할까? 우리가 이 질문을 던질 때 자세는 아주 진지해진다. 돌아오는 대답은 간단하다. "어떡하긴 어떡해? 배워야지!" 그래, 맞는 소리다.

　김연아는 요즘 한국 사람들에게 가장 인기 많은 스포츠 선수다. 하지만 그녀가 처음 빙판에 섰을 때부터 자연스러우며 아름다운 동작을 보이지는 않았을 것이다. 스포츠 중계 보도를 보면, 김연아는 지금도 간혹 점프를 해서 공중회전한 다음 착지할 때 균형을 잃고 빙판에 넘어지기도 한다. 사람인 한 아무리 연습을 해도 실수에서 완전히 자유로울 수는 없다. 그렇다고 연습을 소홀히 한다면 지금 기량에서 퇴보를 할 것이 분명하다. 김연아는 오늘도 우리가 안 보는 곳에서 만의 하나라도 할지 모를 실수를 줄이기 위해서 연습에 연습을 거듭하고 있을 것이다.

김연아 선수와 같은 수준은 안 되더라도, 누구나 스케이팅을 배우면 어느 정도는 탈 수 있을 것이다. 그러나 마음, 감정, 생각처럼 추상적인 경우는 어떻게 균형과 중심을 잡아야 할까? 동양철학에서는 일찍부터 이 문제를 자아 수양이란 주제로 탐구해 왔다.[2]

예를 들어 누군가가 사소한 일에도 성을 잘 낸다고 하자. 그사람은 자신이 화를 낼 필요가 없는 상황에서도 화를 낸다는 사실을 볼 줄 알아야 한다. 그리고 화내는 횟수를 차츰차츰 줄여 가야 한다. 동시에 화를 내더라도 한꺼번에 폭발시키지 말고 조금씩 누그러뜨리도록 노력해야 한다. 화가 치밀어 오를 때 그대로 표출하는 것이 아니라 '하나, 둘, 셋'을 세면서 시간을 끌 수도 있다. 이런 과정을 반복하다 보면 이전과 달리 화를 표출할 수 있게 될 것이다. 이것이 바로 특정한 방식의 성품을 가지게 되는 '함양'이다.

자기 마음을 들여다보며 자신과 대화를 하는 방법도 있다. 어떤 일을 하고 싶은 생각이 들면 그것이 한순간 하고 싶은 건지, 아니면 오랫동안 식지 않을지 스스로 물어보라. 또는 해도 그만 안해도 그만인지, 하지 않으면 불안할 정도로 강렬한 건지, 자신이 진정으로 하고 싶은 건지, 친구가 하니까 자신도 하고 싶은 건지 스스로 물어보라. 욕망에 사로잡혔을 때, 위와 같이 분류해서 우선순위를 매기면 불쑥 생겨나는 욕망의 괴로움에서 조금씩 벗어날 수 있다.

맹자(孟子, B.C. 372~B.C. 289)는 이렇게 충고한다. "먼저 자신에게 큰 것을 확고하게 하라. 그러면 작은 것에 사람이 휘둘리지 않는다."[3] 이렇듯 기준을 정하는 것이 중요하다. 여기서 큰 것과 작은 것은 가치상으로 구별되는 것으로, 소중한 것과 사소한 것으로 바꿀 수 있다. 자신이 꼭 하고 싶은 것과 해야 하는 것이 무엇인지 뚜렷하면 소중한 것과 사소한 것이 명확하게 갈린다. 이렇게 되면 소중한 것은 자신이 절대로 양보할 수 없는 원칙이나 목표가 된다. 자신의 목표가 A인데 B를 하자고 하면 할 수 있겠는가! 이것이 바로 정체성을 확실하게 하는 작업이다.

앞에서 말한 세 가지 수양은 물론 코끼리 코 돌기를 연습하는 몸놀림과 다르다. 사람의 마음이란 게 한번 하지 않기로 했다고 해서 그대로 되지는 않는다. 하지 말아야 할 생각에 휘둘리거나 자신을 괴롭히는 욕망에 흔들리지 않으려면 마음도 훈련을 해야 한다. 그것을 수양이라고 한다. 수양은 없애거나 줄여야 할 것을 덜어 내고, 있게 하거나 많게 해야 할 것을 덧보태는 작업이라고 할 수 있다. 이렇게 수양을 하게 되면 언젠가 마음의 평화를 맛볼 수 있을 것이다.

유학의 늦둥이 『중용』

불교 하면 '불경'을, 기독교 하면 '성경'을, 이슬람교 하면 '쿠란'을 떠올린다. 그럼 유학 하면 무엇을 떠올릴까? 답은 '오경사서'(五經四書)다.

오경은 『역』(易), 『시』(詩), 『서』(書), 『예기』(禮記), 『춘추』(春秋)의 다섯 경전을 가리키고, 사서는 『논어』(論語), 『맹자』(孟子), 『대학』(大學), 『중용』(中庸)의 네 책을 말한다. 우리가 입에 익었다고 해서 '사서오경'이 답은 아니다. 오경이 사서보다 훨씬 이전부터 독립된 문헌으로 완성되었기 때문이다. 사서 중 『중용』과 『대학』은 오경 중 하나인 『예기』 속에 있던 것이었으나, 주희(朱熹, 1130~1200)* 전후에 독립된 책으로 편집되었다. 이런 점에서 『중용』은 '유학'이라는 부모가 낳은 자식들 중에서도 나이 들어 낳

---

*남송 시대의 인물로 불교와 도교의 사상을 흡수하여 유학을 새롭게 정립하여 신유학을 완성했다. 그의 사상은 원 제국 시절 한반도에 전래되어 조선 성리학을 형성시키는 등 동아시아 보편학으로 작용했다. 하지만 그의 학문은 생전에 '가짜 학문'(僞學)으로 평가를 받아 탄압의 대상이 되기도 했다.

은 늦둥이라고 할 수 있다.

또 오경은 춘추 시대부터 유학을 대표하는 문헌으로 존중받아 온 반면에, 사서는 기껏해야 송 제국 이후에 각광을 받았다. 둘 사이에는 1000년 이상의 시간 차이가 있다. 그래도 『중용』은 유학의 이념을 대표하는 저작에 당당하게 낀다.

『중용』이란 책이 학술적으로나 사회적으로 영향을 끼쳤다면 그 저자에게 어느 정도 영예를 주는 것은 당연하다. 그런데 이때껏 왜 저자에 대해서 말이 없는 걸까? 늦둥이여서 그런 것은 아니다. 저자가 누군지 문제가 되기 때문이다. 확실하게 누구의 책이라고 딱 잘라 말하기 어렵다는 말이다. 그런데 저자 문제는 일찍부터 의심을 받은 것이 아니라 청 제국의 원매(袁枚, 1716~1797)[*], 유월(兪樾, 1821~1906)[**] 등에 이르러서야 뒤늦게 제기되었다.

그들은 2000년 넘게 진리로 여겨진 것을 거짓으로 뒤집었다. 전쟁에서만 용기가 필요한 것이 아니다. 학문의 세계에도 사실이 아닌 것을 사실이 아니라고 주장하는 용기가 참으로 중요하다. 그들은 기존의 학설이 과연 믿을 만한지 끝까지 의심해 본 끝에 그것이 입증될 수 없다는 사실에 도달하고서 새로운 주장을 밝혔다. 이제 차분하게 저자 문제를 살펴보자.

---

[*]청 제국의 문인으로, 문학론에서 복고주의 사조에 반대하고 성정(性情)이 드러나는 대로 창작해야 한다는 성령설(性靈說)을 주장한 것으로 유명하다.
[**]청 제국 말기의 학자. 『군경평의』(群經平議), 『제자평의』(諸子平議) 등 고전 문헌 정리에 많은 노력을 기울여 오늘날 주목받고 있다.

『중용』은 전국 시대 자사의 저작인가?

사마천(司馬遷, B.C. 145?~B.C. 86?)*은 『사기』(史記)에서 "자사 (子思)가 중용을 지었다."고 분명하게 말했다. 이 때문에 『중용』이 공자의 손자 자사(子思, B.C. 483?~B.C. 403?)의 저작이라는 주장이 오랫동안 움직일 수 없는 사실이 되었다.[4] 이후로 숱한 학자들이 위 사실을 받아쓰기하듯이 그대로 읊었을 뿐, 진짜로 자사의 책인지 의심을 품은 사람이 없었다. 전통 시대의 학자들이 유학을 두둔하고 그 가치를 지켜야 한다는 입장에 서 있었기 때문일 것이다. 하지만 의심의 실마리는 먼 곳에 있지 않았다. 바로 『중용』 텍스트 안에 들어 있었다.

『중용』에는 자사가 살았으리라 추정되는 시대와 맞지 않는 내용이 있다. "오늘날의 세상을 보면 수레는 그 바퀴의 치수가 같게 규격화되어 있고 문서는 같은 문자로 기록되고 있고 행실(예의 범절)은 같은 절차와 내용으로 이루어져 있다."(28장)는 부분이 그러하다. 오늘날 포장도로를 생각하면 왜 두 바퀴의 간격을 통일해야 하는지 의문이 들 수도 있다. 그러나 포장되지 않은 흙길은 노면이 탄탄하지 않아 수레가 지나다 보면 길이 파여서 길 노릇을 제대로 할 수 없게 된다. 두 바퀴 간격을 모두 똑같게 하면 수레가 다닐 때마다 홈이 파이고 그 홈이 굳어지면 수레가 다니기 편

---

*한 제국의 역사가이자 정치가. 『전국책』(戰國策) 등 다양한 문헌을 참조하고 여러 차례 면담을 통해 『사기』를 저술한 것으로 유명하다. 그는 동료를 변호하다가 군주 모독죄로 피소되어 궁형(宮刑)을 당하는 치욕스런 형벌을 받았다. 역사의 아버지로 평가받는다.

수레바퀴의 간격과 홈 파인 도로

수레의 두 바퀴 간격을 모두 똑같게 하면 길 위에 홈이 일정하게 파여 수레가
다니기 좋다. 중국 역사에서 이것은 진나라의 중국 통일 이후의 일이다.
그렇다면 이러한 내용이 들어간 『중용』이 전국 시대에 산
자사의 저작일 수 있을까? 영화 〈와호장룡〉의 한 장면이다.

하다. 기차가 기찻길 위를 달리는 것을 연상하면 되겠다. 이안 감독이 만들고 저우룬파, 양츠충, 장츠이가 주연한 영화 〈와호장룡〉에서 수레가 길에 난 홈을 따라 달리는 장면을 볼 수 있다.

그런데 이게 왜 문제가 되는 것일까? 이 세 가지는 단순히 사실 보고에만 그치는 것이 아니라 천하 통일의 상징으로 읽힐 수 있기 때문이다. 세 가지 표준화 정책은 자연스레 진시황이 통일 제국의 제도를 정비하기 위해서 사상과 도량형에 대해 강력하게 추진했던 정책을 연상시킨다. 그렇다면 『중용』은 적어도 진 제국(B.C. 221~B.C. 206) 이후의 작품이 된다.

다음으로, "대지는 한 줌의 흙이 많이 모인 것으로 최대로 넓고 두텁게 되자 화악(華嶽)을 싣고 있으면서도 무거운 줄 모른다."(26장)는 문장도 문제가 된다. '화악'이라는 지명 때문이다. 화악은 진 제국의 근거지였던 함양(오늘날 산시성 시안) 부근에 있는 화산(華山)이다. 중국의 오악 중에 서악으로 알려진 산이기도 하다. 공자나 맹자는 주로 오늘날 산둥성 취푸에서 태어나 활동을 했고 외유에 나섰지만 산시성까지 활동 반경을 넓히지는 않았다. 또 그들은 산둥성에 있는 태산(泰山)을 이야기의 소재로 삼곤 했다. 이런 점에서 그의 손자 자사가 태산을 내버려 두고 뜬금없이 화산을 이야기한다는 게 아무래도 의심스러워 보인다. 이런 점을 생각해 본다면, 『중용』이 자사만의 저작일 수는 없다.

사상사의 단절도 문제가 된다. 그 유명한 『중용』의 첫 구절을 보자. "하늘이 명령한 것을 본성이라 하고, 본성에 따르는 것을 도리라고 하고, 도리에 체득하는 것이 교육이다."(1장) 이처럼 『중용』은 본성, 도리, 도리의 체득과 같은 추상적 사고, 형이상학적 주제, 보이지 않은 세계의 탐구에 초점을 맞춘다. 반면, 『논어』와 『맹자』의 전반부는 고통받는 인민의 구제, 군주의 올바른 지도력, 반전론과 평화 애호 등 정치 철학의 여러 주제를 다룬다. 『중용』을 『논어』나 『맹자』의 전반부와 비교해 보면 둘 사이에는 단절과 비약이 있다. 진화론에서도 진화의 사다리를 완성하려면 화석이든 실물이든 중간 단계, 즉 잃어버린 중간 고리의 존재가 반드시 밝혀져야 한다. 『중용』이 전국 시대 자사의 저작이라고 하면 『논어』에서 『중용』 사이의 중간 단계가 해명되어야 한다.

최근 중국에는 각종 공사와 발굴 작업을 통해 땅속에 묻혀 있던 자료들이 쏟아져 나오고 있다. 그중에 『성자명출』(性自命出) 또는 『성정론』(性情論)이 중간 단계의 비밀을 풀어 줄 자료로 각광을 받고 있다.[5] 하지만 아직 중간 단계의 존재가 확정되지는 않았다.

이렇게 『중용』은 『논어』와 비교해 볼 때 사상사의 비약이 있다. 이를테면, 『중용』에는 천지(天地)의 상호 작용으로 만물이 태어나고 의미가 생겨난다는 사고방식이 보이는데, 『논어』에는 이것이 없다.[6] 물론 『논어』에도 천(天)과 지(地)의 용어가 쓰인다. 그러나 '지'는 영토나 농토의 뜻으로 쓰이고, '천'은 주로 세상의 질서를 뒷받침해 주는 존재로 쓰인다. 두 말이 '천지'로 결합해서 쓰이는 용례는 한 번도 없다. 반면 『중용』에 이르면 천과 지는 '천지'라는 개념어로 쓰인다. 아직 음양(陰陽)의 기와 직접적으로 연결되지는 않지만, 세계 만물을 낳고 기르는 근원으로 등장한다. 아울러 천지는 이미 만들어진 세계가 생명력을 잃지 않도록 끊임없이 활력을 불어넣는 역할을 하는 것으로 그려진다.[7)]

이러한 비약이 중간 단계에 의해서 말끔하게 설명되지 않는다면 『중용』을 전국 시대의 저작으로 딱 잘라 말하기 어렵다. 또 지금으로서는 『중용』이 어떤 특정한 인물의 저작이라는 확실한 주장도 할 수 없다. 결국 『중용』의 저작 시기는 천지 개념이 정립된 전국 시대의 후반이나 한 제국 시기로 내려가게 되고, 저자도 자사 단독으로 보기는 어렵다.

『중용』의 저자 문제는 사마천의 주장을 받아들이는 관행과 그것을 의심하는 주장을 종합해서 '자사의 저작으로 전해진다.'고 매듭짓기로 한다. 이를 간단히 '전(傳) 자사'라고 한다. 중국 미술사에서 어떤 작품이 특정 화가의 작품으로 명백하게 밝혀지지 않았지만 그 사람의 작품으로 추정할 만한 문헌적 전거가 있을 경우 화가 앞에 '전'이라는 용어를 덧붙인다. 예컨대 당 제국의 한간(韓幹, 701~761)*이 현종(玄宗, 재위 712~756)의 애마를 그린 것으로 전해지는 〈조야백도〉(照夜白圖)가 그러하다. 이 그림의 작가를

---

*당 제국의 화가로 말 그림을 잘 그린 것으로 유명하다. 한간은 특히 대완국(大宛國)의 말을 창작의 소재로 즐겨 삼았다. 대완국은 한 제국 이래로 명마의 산지로 유명했다. 이곳의 말은 하루에 천리를 가며 피와 같은 땀을 흘린다고 하여 한혈마(汗血馬)로 불리었다. 대완국은 오늘날 아랄 해 우즈베키스탄 동부 지역에 위치했다. 조야백은 당 현종의 애마로 어두운 밤을 비추는 눈부시게 흰 말이란 뜻이다.

공자와 제자들

『중용』의 저자는 오랫동안 공자의 손자인 자사로 알려져 있지만,
명확하지 않다. 공자의 학통을 계승하고자 하는 후대의 학자들이
공자의 말을 빌려 저술한 것으로 추정된다.

'전 한간'으로 표기한다. 『중용』의 저자 문제도 이런 관행을 본받는 게 좋을 듯하다.

『중용』에는 '중용'만 있을까?

중국에서 출간되는 책은 요즘에도 기본적인 서지 정보로 글자 수를 밝힌다. 그럼 『중용』은 몇 자일까? 3545자다. 생각보다 많지 않다. 『대학』은 이보다 적어 반 정도인 1747자다. 그럼 『논어』와 『맹자』는? 각각 1만 2700자, 2만 4685자다. 이처럼 『중용』과 『대학』이 적은 분량인데도 유학의 중요한 문헌으로 여겨지고 있으니, 그 내용이 얼마나 압축적으로 되어 있는지 짐작할 수 있다.

오늘날 책을 출판할 때 제목에 많은 신경을 쓴다. 상업적인 고려도 있겠지만, 기본적인 내용을 잘 전달할 수 있어야 좋은 제목이라 할 수 있기 때문이다. 이런 기준에서 보면 『중용』이란 책은 '중용'이라는 주제가 중심이 된 책이라고 생각할 수 있다.

그러나 책을 들추자마자 우리는 실망하지 않을 수 없다. 아무리 찾아봐도 중용이란 말은 그렇게 많이 보이지 않는다. 합쳐 봤자 겨우 10차례밖에 쓰이지 않는다. '중'은 7차례의 용례가 있고, '용'은 더 심해서 단 2차례의 용례밖에 없다. 이 때문에 중용을 알기 위해서 『중용』을 펼치더라도 정작 '중용'이 많이 없어서 당혹스러워하게 된다.

왕양명(王陽明, 1472~1529)*의 뛰어난 제자 육징(陸澄)조차 『중용』을 읽으며 '중'의 의미를 파악하지 못해서 스승에게 어려움을 털어놓은 적이 있다. 이에 스승은 제자가 스스로 중의 의미를 찾도록 이끌지 않고, 그냥 답을 일러 주었다. "그것은 모름지기 마음에서 터득해야지 언어로 깨칠 수 있는 것이 아니다. 중은 다만 천리일 뿐이다."[8] 왕양명은 『중용』이란 텍스트 분석만으로는 '중'이나 '중용'의 의미를 파악하기 힘들거나 파악할 수 없다고 선언한다. 하지만 우리는 왕양명의 말에 "얼씨구!" 하고 맞장구를 칠 것이 아니라 언어를 통한 이해의 길을 모색해야 한다.

일단 『중용』이 중용을 중심으로 체계적으로 서술된 텍스트가 아니라는 사실을 인정해야겠다. 짜임새와 관련해서 『중용』을 '중용'을 다루는 앞부분과 '성'(誠)을 다루는 뒷부분으로 나누기도 한다. 하지만 논지 전개를 전체적으로 고려하면 『중용』이 세 가지 또는 네 가지의 커다란 주제를 다루는 것으로 분류할 수 있다.[9]

첫째, 중용과 도(道)가 중심 의제가 되고 그 속에 중화(中和), 충서(忠恕), 중용과 반(反)중용이 세부적으로 논의된다. 주희의 『중용장구』로 보면 1장에서 16장까지가 여기에 해당된다.

둘째, 효도와 군자가 중심 의제가 되고 순임금과 무임금이 그 실례로 언급된다. 『중용장구』로 17장에서 19장까지가 여기에 해당된다.

---

*명 제국 중기의 사상가이자 군인. 처음에 주희의 철학을 학습했지만, 물설고 낯선 귀주(貴州)로 귀양을 가서 "내 마음이 곧 진리"(心卽理)라는 깨달음을 얻었다. 이 깨달음을 종지(宗旨)로 하는 학문을 '양명학'이라 하고, 그 학파를 '양명학파'라 부른다. 그의 사상은 제자들과 문답을 기록한 『전습록』(傳習錄)으로 전한다.

셋째, 정치(政)와 수신(修身)이 중심 의제가 되고 사랑(仁), 정의(義), 용기(勇), 지혜(智)와 국가 경영의 아홉 가지 우선 정책, 즉 구경(九經)이 비교적 자세하게 논의된다.『중용장구』로 20장 전반부가 여기에 해당된다.

넷째, 성(誠)과 돈화(敦化, 완전한 변화)나 배천(配天, 하늘과 같아지기)이 중심 의제가 되고 학문(學), 본성(性), 덕성(德) 등이 세부적으로 논의된다.

여기서 둘째와 셋째는 '정치와 수신'으로 통합해서 다루어도 무방하므로『중용』은 크게 세 단락으로 나누어 볼 수 있다. 이렇게 보면『중용』은 중용만이 아니라 여러 가지 덕목과 정치, 사회 질서, 이상 사회 등 다양한 주제를 다루고 있다고 하겠다.

송 제국 학술계의 갑작스런 관심을 받다

『중용』이 사서 가운데 하나이므로 오래전부터 경전처럼 대우를 받았으리라 생각할 수도 있다. 그러나 이것은 현재를 기준으로 과거를 재단하는 전형적인 오류다. 예컨대 부모님이 옛날에는 먹을 것이 없어서 자주 굶었다고 하면 옆에서 듣던 자식이 "라면 먹지요?" 하는 것과 마찬가지다.

앞에서『중용』은 유학의 경전 중에서 늦둥이라고 말했다. 왜 그랬을까? 오늘날 우리는『중용』을 단행본으로 보고 읽지만, 전통 시대에는『예기』속의 한 편에 지나지 않았다. 예컨대 수학 교과서는 집합, 연산, 방정식, 함수, 도형, 미적분, 확률 등으로 되어 있다. 『예기』를 수학으로 보면, 『중용』은 함수나 확률과 같은 한 장에 해당되는 것이다. 수학의 한 부분인 미적분이 어려워도 수학이 어렵다고 하듯이, '중용'보다 '예기'라는 이름으로 대표를 삼으니 『중용』이 드러날 이유가 없었다.

물론 송 제국에 이르기 전에도 『예기』 속 「중용」의 가치를 높이 평가한 흔적을 볼 수는 있다. 도서를 종류대로 분류하고 있는 『한서』(漢書) 「예문지」(藝文志)*에 "중용설(中庸說) 2편"이란 기록이 있다. 이 책이 오늘날 전해지지 않으므로 그 내용을 알 수는 없지만, 『중용』의 해설서가 아니었을까 추정해 본다. 또 『수서』(隋書) 「경적지」(經籍志)**를 보면 양나라 무제가 『중용강소』(中庸講疏) 1권, 위진남북조 시대 대옹(戴顒)이 『예기중용전』(禮記中庸傳) 2권을 지었다고 한다. 물론 지금 전해지지 않지만 이를 통해 『중용』이 『논어』와 같이 단행본으로 취급되고 주석 작업이 이루어지는 등 주목을 받았다는 걸 엿볼 수 있다.

마침내 북송의 정명도(程明道, 1032~1085)와 정이천(程伊川, 1033~1107) 형제 철학자가 『중용』을 단행본으로 만들고 그 의미를 탐구하면서 『중용』이 주목을 받게 되었다. 하지만 누가 뭐라고

---

* 『한서』 「예문지」는 진시황제의 분서 사건 이후 민간에 흩어진 책을 수집해서 왕실도서관에 보관하면서 작성한 도서 목록을 수록하고 있다. 「예문지」에 서명은 있지만 전해지지 않는 책이 많다. 오늘날 문헌이 출토되면 가장 먼저 「예문지」의 목록과 대조해 볼 정도로 학술적 의의가 큰 자료다.

** 『수서』 「경적지」 또한 수나라까지 전해진 책 이름을 방대하게 수록하고 있어 학술적 의의가 크다.

해도 『중용』경전화(經典化)의 일등 공신은 주희다. 그는 『중용장구』를 지어서 이해하기 힘든 자료를 읽을 수 있는 책으로 탈바꿈시켰다. 그는 텍스트를 33장으로 분류하고 자신의 철학 용어를 사용해서 『중용』의 의미를 풀이하는 해설을 달았다.

그럼 왜 『중용』이 송나라에 이르러 철학계의 큰 관심을 받게 되었을까? 당 제국에서 도교와 불교가 크게 유행한 반면, 유학은 두 철학과 비교해서 이론적 약점이 있었다. 유학은 인생의 고통과 행복 문제와 관련해서 인간을 넘어선 외적 존재를 고려하지 않았다. 또 세계의 궁극적 근원이 무엇인지, 이상과 현실이 왜 동떨어지게 되었는지 등 많은 이론적 논증이 필요한 주제와 관련해서 유학은 적극적인 대안을 제시하지 못했다.

예컨대 『논어』에 보면 공자의 제자 자공이 불만을 털어놓는다. "선생님은 항상 책이나 정치 문화를 이야기하지, 본성이나 천도와 같은 형이상학 주제를 이야기하지 않는다."[10] 유학에 대한 이런 불만은 당·송 제국의 지식인들이 대거 유학을 떠나서 도교와 선불교로 발길을 돌리게 만들었다. 얼핏 보면 『논어』는 너무나 지당한 이야기를 하거나 특별한 게 없는 평범한 설교를 늘어놓는 것으로 여겨졌기 때문이다.

이런 불리한 상황에서 『중용』은 구세주와 같이 반가운 존재였다. 첫 문장부터 "하늘이 명령한 것을 본성이라 한다." 하고 형이상학의 주제를 건드린다. 『중용』에서는 본성 주제 외에도 송나라와 명나라, 조선에서 줄곧 탐구하던 단골 주제, 즉 도덕의 근원을

주희
1130~1200

중국 송나라의 유학자로 성리학을 집대성했다. 그는 『중용』을 비롯하여
『논어』, 『맹자』, 『대학』에 독자적인 해설을 달아 '사서 운동'을 벌였다.
사서 운동은 동아시아 역사에서 혁명에 비견할 만한 사건이었으며,
이후 역사에 커다란 영향을 미쳤다.

본성에 두느냐 감성에 두느냐, 수양의 초점을 선천적 도덕성의 존중에 둘 것인가 후천적 학습의 집중에 둘 것인가 등의 논의를 하고 있다. 이런 사실을 자공의 불만과 견주어 보면 우리는 후학들이 『중용』을 보고 아주 기뻐했으리라는 것을 쉽게 예상할 수 있다.

그리고 이유가 하나 더 있다. 송 제국 이전에는 유학의 경전으로 육경(六經)*을 높이 쳤다. 하지만 주희는 육경보다 사서를 우선시했다.[11] 이것은 주희가 육경의 가치를 낮게 쳤다거나 부정한 것이 아니다. 다만 주희가 도교나 선불교와 다른 유학을 재구성하려다 보니 육경보다는 사서에서 길어 낼 수 있는 자료가 더 많다고 보았기 때문이다. 주희는 만년에 임종(1200년 3월 9일)을 3일 앞두고 병으로 신음하면서도 『대학』의 「성의」(誠意)장 개정 작업을 했을 정도였다.

『중용』을 어떻게 읽을 것인가?

주희는 유학의 경전으로 사서를 강조했고, 읽는 순서도 제안했다. 즉 『대학』→『논어』→『맹자』→『중용』의 차례를 권했다. 왜 『중용』을 맨 뒤에 두느냐 하면, 그만큼 어렵기 때문이다. 주희도 스스로 고백했다. "『중용』이란 책은 참 보기(읽기) 어렵다. 특히 중간에 귀신을 이야기하는 부분(16장)에 이르러서는 도무지 이해할 길이 없다."[12] 왜 그렇게 어려웠을까? 그는 그 이유에 대해 "중용

---

*오경에 『악경』(樂經)을 더한 것이다. 오경에 대한 설명은 29쪽에 있다.

은 대부분 꼴과 그림자가 없는 것, 즉 추상적인 주제를 다루고 있다. 그 결과 일상적인 것을 말하는 부분이 적고, 철학적 주제를 말하는 부분이 많다."[13]고 말한다. 주희의 말에는 조금도 과장이 없다. 예컨대 『중용』의 다음 구절을 보자.

> "숨은 것보다 더 잘 드러나는 것이 없고, 미약한 것보다 더 두드러진 것은 없다. 그러므로 군자는 홀로 있을 때를 삼간다."(1장)

언어의 의미에 충실하면, 이 구절은 당찮은 말이다. 숨어 있다는 것은 보이지도 드러나지도 않는 것이다. 드러난다면 제대로 숨은 것이 아니다. 그런데 『중용』은 숨어 있으면 가장 드러난다고 힘주어 말한다. 또 작은 것은 큰 것에 비해 눈에 잘 띄지 않는데, 가장 뚜렷하다고 억지를 쓴다. 이처럼 이해하기 힘든 말을 하고 있으므로 이 구절은 아무런 의미를 전달하지 못한다고 할 수 있다.

그런데 타인이 들여다볼 수는 없지만 우리에게 너무나도 분명한 것이 있다. 그것은 다름 아니라 욕망과 감정, 그리고 온갖 생각이 일어나는 나의 마음이다. 숨어 있다거나 미세한 것은 마음에서 일어나는 일로 이해할 수 있다. 예컨대 미움이 아직 현실화되지 않아 타인은 내가 품은 감정의 정체를 모르지만, 나는 자신이 어떤 상황에 놓여 있고 그대로 가면 어떤 일이 벌어질지 너무나도 뚜렷하게 알고 있다.

이처럼 『중용』의 언어는 사서의 다른 문헌보다 기호(sign)의 특성이 강하다. 자전거 통행금지를 나타내는 도로의 표지판처럼 기호로만 주목해야지, 표지판 속의 도상을 자전거냐 아니냐 하며 따져서는 안 된다. 『중용』의 문자 자체에 몰두할수록 원래의 뜻에서 멀어진다. 우리는 문자를 넘어서 이면에 숨어 있는 실질적 의미의 층을 파고들어야 한다. 이는 '기호론*적 텍스트 해석'이라고 할 수 있겠다. 이것이 『중용』을 읽기 위한 방법이다.

중과 용은 어떻게 다른가?

다음으로 중(中)과 용(庸)의 의미를 어떻게 규정하는지 간략하게 설명하여 이제부터 펼쳐질 여행의 길잡이 노릇을 하고자 한다.

먼저, 중은 이론의 측면과 실천의 측면으로 나눌 수 있다. 중의 이론의 측면은 다시 문자적 의미와 실질적 의미로 구분할 수 있다.

중의 이론의 측면 가운데 문자적 의미는 중심, 균형, 중립, 비편향성을 나타낸다. 판단을 내리거나 감정을 드러낼 때 기울지도 치우치지도 않는다는 것이다. 예를 들어 만약 검찰이 증거가 아니라 권력과 돈에 좌우되어 판단을 한다면 그 판단은 중의 문자적 의미, 곧 중립에 어긋나는 것이다.

중의 이론의 측면 가운데 실질적 의미는 실체적 근원(형이상학), 공정성(도덕 철학)을 나타낸다. 중은 세계의 만물과 형상을

---

*문자를 일종의 기호로 보고서 기호가 쓰이는 방식, 기호의 용례를 통해 드러나는 의미를 밝혀서 텍스트를 이해하려는 연구를 가리킨다.

생성하고 의미를 부여하기도 하며, 사람을 동등하게 대우하도록 하는 원칙으로 작용하기도 한다.

실천의 측면에서 중은 시중(時中)의 의미다. 즉 현실 적합성, 적절성을 나타낸다. 만약 5명에게 10조각의 피자가 있을 때, 각각 2조각씩 먹는 것이 중이다. 이런 나누기는 어떤 한 사람에게 덜도 더도 가지 않고 누구에게나 똑같이 돌아가므로 중립으로서 중의 뜻에 부합한다. 하지만 5명 중 한 사람은 식사를 걸러서 배가 고파 쓰러질 형편이고, 한 사람은 방금 식사를 해서 피자 한 조각도 다 먹지 못할 상태라면 어떨까? 산술적으로 모두 2조각씩 나눌 것이 아니라 배고픈 사람에게 3조각, 배부른 사람에게 1조각, 나머지 사람에게 2조각씩 나눌 수 있다. 물론 다음에는 다른 사람이 3조각을 먹을 수도 있고, 똑같이 2조각을 먹을 수도 있다. 이처럼 시중은 획일적으로 2조각으로 나누는 것이 아니라 균형의 의미를 살리면서 상황에 따라 달리 나누는 것과 관련된다.

다음으로, 용은 관계의 측면과 성품의 측면으로 나눌 수 있다.

용의 관계의 측면은 평범성, 일상성을 나타낸다. 이때 용의 대상은 특별하지도 기이하지도 자극적이지도 않다. 예컨대 현대 윤리학에서는 안사술, 동성애, 낙태 등이 중요한 문제로 떠오르고 있는데, 이런 주제는 『중용』의 세계에 들어설 틈이 없다. 반면 부모와 자식, 남편과 아내처럼 오륜의 관계에서 흔히 일어나는 일을 윤리적 삶의 문제로 삼는다.

용의 성품의 측면은 습관, 조율된 반응을 나타낸다. 윤리적 삶은 한 번의 행위로 평가를 받기도 하지만 그것으로 결코 완성되지는 않는다. 예컨대 어버이에게 전화를 걸어 안부를 묻는 행위가 효도에 해당되지만, 한 번의 전화가 효도를 완전하게 매듭짓는 것은 결코 아니다. 동일한 대상에게 비슷한 행위 패턴이 안정적으로 지속되는 것이 중요하다. 꼭 무슨 일이 있지 않더라도 늘 연락하고 날씨가 바뀌면 안부를 물어보고 어디 아픈 데가 없는지 챙기는 등의 행동을 스스로 습관처럼 할 때 효도한다고 할 수 있다. 이렇게 보면 사랑이란 것도 한 번의 선물로 완성되는 것이 아니라 지속적인 관심으로 이루어지는 것임을 알 수 있다. 이상의 설명을 도표로 나타내면 아래와 같다.

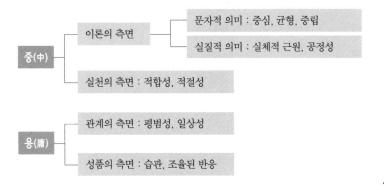

지금까지 중과 용에 대한 개별적인 규정을 살펴보았다. 이를 종합해 보면, 중용은 어떤 특징을 지닌 윤리적 삶으로 드러날까?

첫째, 반대되는 가치와 성향들이 배척되지 않고 창조적으로 종합된다. 예컨대 아리스토텔레스는 금전과 관련해서 인색함과 낭비의 극단적인 씀씀이보다 절약을 강조한다. 반면『중용』에서 말하는 중용은 중간을 인정하기도 하지만 경우에 따라서 인색과 낭비를 인정하기도 하다. 오히려 우리나라의 격언 "써야 할 때는 쓸 만큼 쓰고 아껴야 할 때는 한 푼이라도 아끼라."는 말이 중용에 가깝다. 또 사람을 대우할 때 관대함과 엄격함 사이의 중간 상태로서 중용이 있는 것이 아니라, "관대하면서도 엄격하게 하는 것"이 중용이다. 이처럼 중용은 행위자가 재량을 가지고 상반되는 성질을 상황에 맞게끔 창조적으로 종합하는 특성이 있다.

둘째, 공정성에 기반을 둔 균형 잡힌 삶이다.『중용』은 극단과 모험의 시대에 쓰였다. 극단주의가 있는 곳에는 고통을 분담하거나 이익을 공유하는 일이 일어나지 않는다. 공정성을 잃어버린 곳에서는 사람에 대한 무절제한 폭력과 강압이 판을 치게 된다.『중용』은 한쪽으로 치우친 상태를 균형 잡힌 상태로 되돌리고자 했다. 균형이 잡힌 대칭의 상태가 요구되는 영역은 부자, 군신, 부부, 장유, 붕우의 오륜(五倫)*만이 아니라 군주와 인민, 귀신과 사람 사이로까지 확장되었다.

이에 대해서는 앞으로 이 책 전체를 통해 자세히 살펴보게 될 것이다.

---

*고대 사회의 다섯 가지 기본적인 인간관계와 윤리. 즉, 부자유친(父子有親), 군신유의(君臣有義), 부부유별(夫婦有別), 장유유서(長幼有序), 붕우유신(朋友有信)이다. 전국 시대 맹자를 거쳐 한 제국의 동중서(董仲舒)에 의해 유학의 기본 이론으로 여겨지게 되었다. 고대 사회에서 인간의 관계는 오륜 안에서 고정되지 않고 끊임없이 확장되는 특징이 있었다.

3
'중'이면 부족하고
'중용'이라야 충분하다

시험 때가 되면 학생들은 선생님에게 조른다. "선생님, 시험 범위
좀 줄여 주세요!" 시험 범위가 적다고 해서 꼭 시험을 잘 치는 것
은 아니다. 하지만 범위가 적으면 공부를 해야 할 양이 줄어들기
때문에 좋다. 반대로 범위가 너무 넓으면 뭘 어떻게 공부해야 할
지 몰라 공부 자체를 포기할 수도 있다. 하지만 분량이 적다는 것
이 꼭 좋은 것만은 아니다. 우리가 친구와 이야기를 나눌 때 상대
의 뜻이 분명하지 않으면, "제발, 좀 자세히 이야기해 봐!" 하고
말한다. 말이 적으면 애매하고 많을수록 확실하게 된다.

그러나 많고 적은 것 자체가 탈은 아니다. 많아도 쓸데없이 많
지 않아야 하고 적어도 알 수 없게끔 적지 않아야 한다. 즉, 꼭 있
어야 할 만큼 있어야 한다.

'중용'이라는 말을 두고서도 많다 적다 한다. 얼핏 보면 납득이
잘 되지 않는다. 중용은 달랑 두 글자뿐인데 그걸 두고 많다 적다
할 게 없어 보이기 때문이다. 하지만 엄밀함을 중요시하는 철학자
들에겐 글자 수가 중요하지 않다. 두 자라도 많은 건 많은 거다.

이 문제는 그렇게 간단하지 않다. 왜냐하면 이에 대한 논의는 『중용』을 어떤 맥락으로 파악하느냐와 관련되어 있기 때문이다.

많다는 쪽은 중용의 용이 독립적인 의미를 지니고 있지 않기 때문에 그것이 불필요하다고 여긴다. 『중용』의 핵심은 중에 있다. 중은 자연과 인간을 망라하는 세계의 본질이다. 그러므로 이 견해에 따르면, 『중용』은 형이상학의 문헌이 된다.

이와 달리 적정하다는 쪽은 중과 용이 각각 독립적인 의미가 있다고 주장한다. 『중용』의 중점은 중과 용에 나뉘어 있다. 여기서 중은 추상적인 이론의 측면, 용은 구체적인 실천의 측면과 관련된다. 그러므로 이 견해에 따르면, 『중용』은 윤리학 문헌이 된다.

중과 용의 어원

어원 단계의 의미가 이후 새롭게 생성될 모든 의미와 용례를 결정하는 것은 아니다. 하지만 어원과 초기 단계의 의미는 언어 사용자들에게 쉽게 지워지지 않는 잔상을 남기기 마련이다. 이런 점에서 중과 용의 어원을 살펴볼 필요가 충분히 있다.

우리는 갑골문*에서 '중'의 가장 원시적인 글꼴을 확인할 수 있다. 갑골문에 나타난 중의 어원을 살펴보기 전에 먼저 기의 생

---

*오늘날 쓰는 한자의 가장 이른 자형이다. 전쟁, 기후 등과 관련해서 점을 치고서 그 결과를 거북의 배껍질이나 소의 어깨뼈에 기록했다. 은나라의 실체를 확인하는 등 동아시아 고대 문화의 자취를 확인할 수 있는 중요한 자료다. 금석학자 왕이룽(王懿榮)이 1899년에 베이징의 한약방에서 용골(龍骨)이란 한약재에 새겨진 글자를 보고 발견하게 되었다.

 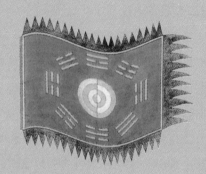

中의 갑골문 자형과 깃발

중의 갑골문 자형은 마치 바람에 휘날리는 깃발과 깃대의 모습을
본떠 만든 듯하다. 중의 갑골문 자형에서 중이 가운데, 기준, 중심 등의
의미로 사용되는 이유를 추정해 볼 수 있다. 깃발은 조선 시대의 것으로
태극과 팔괘가 그려져 있다.

김새부터 보자. 기는 크게 깃대와 깃발로 나뉜다. 깃대는 깃발을 매다는 기다란 나무이고, 깃발은 직사각형 모양인데 천으로 만들며 다양한 문양과 문구를 넣어서 신분을 나타낸다. 깃대가 너무 길면 바람에 부러지기 쉽기 때문에 중간에 나무 조각을 덧댄다. 깃발은 직사각형 모양의 넓은 기폭 가장자리에 여러 가닥의 천 조각으로 된 오리를 덧대어 만든다.[14]

中(중)의 丨(곤)은 깃대를 나타내고 口(구)는 깃대의 중간에 덧댄 나뭇조각을 나타낸 것이다. 오늘날 중의 글꼴은 그렇지 않지만, 갑골문 글꼴에는 바람에 나부끼는 기의 오리나 기폭 부분이 나타난다.

고대 사회에서 깃발은 공동체 생활에서 나름대로 특별한 기능을 수행했다. 중대한 일이 생기면 넓은 터에 사람을 불러 모았는데, 이때 깃대를 중앙에 세워서 모이는 장소를 표시했다.[15]

지금까지 이야기를 종합하면, 중은 깃대를 단단하게 안정시키는 기능, 사람을 불러 모으는 위치, 바람과 같은 외부 환경에 꺾이지 않는 특징 등의 이미지를 담고 있다. 그렇기에 중은 가운데, 기준, 중심 등의 의미를 나타내게 된 것이다.[16]

다음은 용을 살펴보자. 庸(용)은 庚(경)과 用(용)이 합쳐진 글꼴이다. 庚은 다지거나 빻는 데 사용하는 나무로 된 공이 모양이다. 用은 대나 나무를 엮어서 통 모양으로 만든 것이다. 전체적으로 보면, 庸은 양옆에 나무로 받침대를 세우고 그 사이로 흙을 집어넣어서 단단하게 다지는 담, 즉 용(墉)을 나타낸다.

庸이 用과 발음이 비슷하여 서로 맞바꾸어 사용되면서, 용은 '쓰다, 사용하다'는 뜻을 나타내게 되었다. 그렇게 사용하고서 거둔 효과가 적지 않게 되자, 용은 '공로, 공적'의 의미도 나타내게 되었다. 또 용이 용부(庸夫), 용신(庸臣), 용인(庸人)처럼 사람과 결합되어 쓰이면서 특별하지 않거나 주위에 늘 있다는 뜻, 즉 '보통, 평범함, 늘' 등의 양상을 나타내게 되었다. 아마도 이런 의미는 담과 같은 구조물은 한번 만들고 나면 돋보이지는 않지만 그 자리를 늘 차지하고 있으면서 쉽게 없앨 수 없는 특징이 연상되어 생겨났으리라 추정해 본다.

중용의 용은 불필요하다

어떤 문헌에서 '중용'이 가장 먼저 쓰였까? 『중용』일까? 아니다. 『논어』에 제일 먼저 나온다. "중용이 덕에서 차지하는 비중이 아마 최고라고 할 수 있다. 사람들 사이에 희미해진 지 참 오래되었구나!"[17] 하고 나온다. 그 이전의 문헌에서 '용'은 특별한 의의를 가진 개념으로 쓰이지 않지만, '중'은 나름대로 중요하게 쓰였다. 예컨대 『서경』에서 "진실로 중도(中)를 잡아라!"[18] 하고 주문하는 것처럼 중은 가치를 나타내는 개념으로 쓰였다.

이런 사정을 『중용』에 그대로 적용하면, 중이 풍부한 의미와 중요한 역할을 하는 반면에 용은 중의 보조적인 지위에 머무르게 된다. 즉, 중용은 중으로 바꿔서 그 의미를 파악해도 별다른 문제가 없다. 이런 견해를 살펴보자.

주희는 『중용』을 전체적으로 검토한 끝에 중을 치우치지도 기대지도 않음과 넘치지도 모자라지도 않음으로 정리한다.[19] 이로써 주희는 간단하고 분명하게 중의 이론과 실천의 측면을 잘 풀이한다.

치우치지도 기대지도 않는다는 것은 중이 모든 것에서 똑같은 거리를 유지하고 있다는 말이다. 또 어떤 것과도 특별한 관계를 맺지 않는다는 것을 잘 나타낸다. 이것은 중의 이론의 측면이다. 이 풀이가 어렵다면, 컴퍼스를 가지고 원을 그리는 장면을 떠올려 보라. 컴퍼스의 한쪽을 고정시키고 다리를 벌려서 한 바퀴 돌려 이으면 원이 된다. 이때 원의 둘레 위에 있는 모든 지점은 중심에서 같은 거리에 있다. 그런데 원을 그리다 잠깐 흔들리면 시작점과 끝이 만나지 못하고 엇갈리게 된다. 즉, 원을 그리는 데에 실패하게 된다. 이런 점에서 원의 중심은 중의 이미지를 가장 적절하게 전달한다.

넘치지도 모자라지도 않는다는 것은 사람이 감정을 표출하거나 어떤 일을 할 때 적정한 범위 안에 머무른다는 뜻이다. 이것은 중의 실천의 측면을 가리킨다. 어떻게 보면 넘치는 것과 모자라는 것을 같게 보는 것이 의아할 수 있다. 넘치는 것은 적정하게 있는 것의 범위를 넘어서 없어도 될 것이 더 들어가는 것이다. 반면에, 모자라는 것은 적정하게 있어야 하는 범위를 제대로 채우지 못했다는 것이다. 하지만 범위를 넘어서거나 미치지 못하거나 간에 벗어났다는 점에서는 같은 셈이다.

감정을 적정하게 표현하면 사람 사이가 부드럽고 편안하게 된다. 예컨대 처음 본 사람을 지나치게 반갑게 대하면 상대가 오히려 어색해한다. 반면에, 오래 보지 못한 친구를 만났는데 덤덤하게 인사하면 둘 사이가 서먹해진다. 또 배고프다고 평소보다 너무 많이 먹으면 탈이 나고, 다이어트를 한답시고 너무 적게 먹으면 건강을 해치게 된다. 감정이든 행위든 적정한 범위를 벗어나지 않는 것이 중의 실천의 특징이다.

아리스토텔레스가 말하는 윤리 문제의 특징

서양 철학에서도 동양 철학 못지않게 중용의 가치를 높이 쳐 왔다. 특히 아리스토텔레스는 윤리적 삶과 중용이 연관되어 있음을 강조한 사상가로 유명하다. '중용'에 해당되는 그리스 말은 메소테스(mesotēs)다. 지나침과 모자람의 극단으로 기울지 않는 중간(to meson)을 나타낸다.

『중용』에서 말하는 '중용'과 비교해 볼 때, 아리스토텔레스가 말하는 메소테스는 교육과 수련을 통해서 극단으로 흐르지 않는 탁월한 품성을 길들이는 데에 초점을 두고 있다.[20] 전쟁터는 일상과 달리 상대를 죽여야만 내가 살 수 있는 참혹하고 끔찍한 곳이다. 그렇더라도 영화에 나오는 인간 병기처럼 아무렇지 않게 살상을 하기란 쉽지 않다. 하지만 군인이라면 비겁하게 숨어서는 안 된다. 또한 앞뒤 가리지 않고 만용을 부려서도 안 된다. 그 둘의 중간 상태인 용기를 발휘해야 한다. 이 용기가 전쟁에서 군인이 발휘해야 할 중용이다. 그것은 날 때부터 가지는 품성이 아니라 정신 무장을 하고 전쟁을 겪으면서 길러지는 품성이다.

용기만이 아니라 절제, 관대 등의 탁월한 품성을 닦으려면 어떻게 해야 될까? 아리스토텔레스는 윤리학이 정치를 하거나 물건을 만들거나 진리를 탐구하는 것과 구별되는 특성이 있음을 알아야 한다고 주장한다.

윤리적 앎은 논리적 추론을 통해 증명 가능한 인식과 구별된다. 또한 논증될 수 없지만 직관을 통해 포착하는 세계의 제일원리*와도 구별된다. 윤리학은 좋은 것을 알아야 하고 또 아는 것을 행동으로 연결하도록 해야 하기 때문이다. 좋은 삶이 무엇인지 아는 것만으로 현실에서 좋은 삶이 펼쳐지는 것은 아니다. 이런 맥락에서 아리스토텔레스는 윤리적 앎을 학문적 인식(episteme)이나 철학적 지혜(sophia)와 구별하여 실천적 지혜(phronesis)라고 했다.

실천적 지성은 사람을 윤리적 삶으로 이끌기 위해서 두 가지 역할을 수행하게 된다. 하나는 일반적인 원리를 탐구하는 것이 아니라 윤리적 삶에 늘 귀를 기울이는 것이다. 예컨대 우리는 과속 주행이나 무단 횡단과 같이 교통 법규를 어기고서 "몰라서 그랬다. 한 번만 봐 달라. 다시는 그러지 않겠다!"는 말을 한다. 한국

---

*세계의 제일원리는 그 자체로 분명하여 다른 것에 의해 설명될 수 없고 그것에 의해 모든 것이 설명될 수 있는 최초의 원리를 뜻한다.

상황에서는 봐주는 것이 융통성 있는 법 집행으로 여겨질지도 모르겠다. 하지만 아리스토텔레스의 기준으로 보면 절대로 용서받을 수 없는 것이다. 우선 모르고 한다는 것 자체가 이성을 지닌 사람이 할 말이 아니다. 교통 법규를 모르고 보행하거나 차를 모는 것 자체가 말이 되지 않기 때문이다. 성숙한 행동을 하려면 실천적 지성이 해야 할 것과 하지 말아야 할 것의 경계와 기준을 참조할 수 있어야 한다. 그래야 조직폭력배처럼 무엇을 하는지도 모르는 채 시키는 대로 무엇이든 하거나 자신의 행동이 어떤 결과에 이르게 되는지 모르는 채 묵묵히 앞만 보고 달려가는 부도덕한 상황을 피할 수 있다.[21]

다른 하나는 일반적인 원리를 잘 알고 익혀서 그것을 구체적인 상황에 적용하여 행동하는 것이다. 수학 문제는 적절한 풀이 과정을 통해 정확한 해답을 찾아내는 것으로 끝나지만, 윤리 문제는 반드시 원리에 부합하는 행동을 해야 한다. 예컨대 관용의 경우, 그것에 대한 개념적 정의를 잘 알고 문제 상황에서 가혹하지도 않고 무르지도 않게 적용하는 것이 중요하다.

윤리적 삶은 일회로 끝나지 않는 특성이 있다. 한 번 푸는 것으로 맞느냐 틀리느냐, 또는 아느냐 모르느냐가 결정되는 수학 문제와는 다르다. 상대의 잘못을 용서해야 한다고 하더라도, 어떤 때는 용서가 너무도 어려워 가혹하게 굴 수도 있다. 용서하지 않는 것보다 한 번이라도 하는 쪽이 낫지만, 용서하며 사는 삶은 단 한 번으로 끝나지 않고 살아가는 동안 지속된다. 이런 점에서 윤리적

삶은 일정한 성향대로 변함없이 반복되는 습성과 관련이 있다.[22]

정리하면, 아리스토텔레스의 경우에 윤리는 실천적 지혜를 통해 일반 원리를 숙지하고, 그것을 구체적인 상황에 적용해서 일정한 경향대로 행동하는 습성을 기르는 문제가 된다. 그는 이를 성품의 탁월성을 기르는 것이라고 말한다.

『중용』의 특징은 중용에 있다

우리는 앞에서 중용의 의미를 중으로 환원해서 파악하는 시도와 아리스토텔레스의 경우를 살펴보았다. 이제 중용을 중과 용, 즉 각각 독자적인 의미의 영역을 가지는 것으로 보는 견해를 살펴보자.

이와 관련해서 먼저 주목할 인물이 정자(程子)*다. 그들은 치우치지 않는 것을 중으로, 변하지 않는 것을 용으로 규정했다.[23] 이 규정은 그들이 죽은 뒤에도 존중을 받았지만, 그 안에는 오해의 소지가 있다. 치우치지 않는다는 규정은 중이 어느 쪽으로도 편향되지 않는 점을 잘 나타낸다. 변하지 않는다는 규정도 용이 윤리적 삶에서 존중된다는 것을 잘 드러낸다. 그렇지만 이는 상황이 변해도 고정된 형식을 가진다고 볼 수도 있다. 이렇게 되면 중과 용이 모두 절대적인 원리인 것처럼 비춰질 수 있다. 그러면 중

---

*정자는 세계 철학사에서 보기 드문 형제 철학자를 가리킨다. 형 정명도와 동생 정이천을 말하는데, 이 둘을 이정자(二程子)라고도 한다. 그들은 유교 문헌을 이기(理氣), 심성(心性) 철학의 맥락으로 재해석하여 유교 부흥에 주춧돌을 놓았으며, 주희의 지적 세계에 무한한 영감을 선사했다. 그들의 저작은 주희의 손에 의해서 편집되어 오늘날에 전한다.

과 용은 실천의 문제가 아닌 인식의 주제가 되어 버린다.

주희는 정자의 규정이 가진 문제점을 날카롭게 파악하고서 약간의 수정을 시도했다. 그에 따르면 중은 치우치지도 않고 기울어지지도 않으며 지나치거나 미치지 못함이 없는 것의 의미다. 그리고 용은 평상적인 것의 의미다.[24] 이 규정은 정자의 규정과 비교해서 두 가지 특징이 있다.

하나는 중이 치우치지도 기울어지지도 않은 것과 지나치거나 미치지 못함이 없는 것으로 나뉜다는 점이다. 원의 중심이 둘레의 어떠한 지점에서든 똑같은 거리에 있는 것처럼, 전자는 객관적 거리의 유지를 강조하는 원칙으로 볼 만하다.[25] 반면 걸어갈 때 앞서지도 뒤처지지도 않고 보조를 딱딱 맞추는 것처럼, 후자는 원칙이 오차 없이 구체적 사태에 딱 들어맞는 경험을 강조하는 적용의 문제로 볼 만하다. 이로써 중은 공정해야 한다는 이론의 측면과 실제로 공정하게 처리하는 실천의 측면을 모두 가지게 된다.

다른 하나는 용을 변하지 않는 것에서 평상적인 것으로 바꿈으로써 지속적으로 반복되는 측면이 부각된다는 점이다. 주희에게 윤리적 삶은 무척 가까운 곳에 있다. 특별한 사람만이 추구할 수 있는 심원하며 어려운 과제가 아니라, 모든 사람이 일상생활에서 부딪치는 문제이기 때문이다. 또 주희에게 윤리적 삶은 끊임없이 되풀이되어 하나의 성향으로 굳어지는 것이다. 오륜의 인간관계에 놓여 있는 한 우리는 각각의 관계에 합당한 행위를 몸에 밸 정도로 익숙할 때까지 반복하게 된다. 예컨대 인사를 한 번 했다고 다음에 안 할 수 있는 것이 아니다. 만날 때마다 웃는 얼굴로 깍듯하게 하면 인사성이 밝은 사람이 된다.

이로써 주희는, 아리스토텔레스가 윤리학의 특징을 규정했던 것처럼, 중용이 이론과 실천, 그리고 습성의 문제에 걸쳐 있다는 점을 밝힌다. 중과 용에 대한 이러한 의미 규정은 아리스토텔레스가 말하는 윤리적 삶과 닮은 점이 많다.[26] 구체적으로 말하면, 중의 원칙과 적용 문제는 학문적 인식과 실천적 지혜와 닮았고, 용은 습성에 견줄 만하다.

이는 실제 『중용』의 내용을 보면 더 확실해진다.

먼저 중의 원칙을 보자. "중이란 세계의 위대한 근본이다. (……) 중정(中)과 조화(和)가 완전한 상태에 이르면 거기에서 하늘과 대지가 제자리를 잡고 만물이 잘 자라게 된다"(1장)고 할 때, 중은 모든 현상을 낳고 모든 일에 합당한 의미를 부여하는 기준이자 원칙을 가리킨다.

다음으로 중의 적용 문제를 보자. "군자는 중을 현실에 맞추려고 노력한다."(2장)고 할 때, 중은 더 이상 추상적인 원리의 세계에 머무르지 않는다. 그것은 구체적인 행위의 영역으로 내려온다. 우리가 중에 적합한 시간성을 부여할 때 중은 윤리적 삶을 실제로 안내하게 된다. 예컨대 선생님이 학생에게 사랑의 매를 들 때 조금도 감정이 실리지 않고 잘못한 만큼 체벌한다면, 중이 현실의 시간에서 적절하게 실행된 것이다(체벌 자체에 대한 찬반은 논외로 한다). 또 "순임금이 사태의 두 극단을 다 고려하고서 그것의 중을 백성에게 사용한다."(6장)고 할 때의 '중'도 이와 같은 맥락이다.

마지막으로 용을 살펴보자. "일상적인 덕행을 실제로 해 나가고 일상적인 언어생활을 조심한다. (……) 말은 행실이 따라올 수 있을지 고려하고 행실은 말이 책임질 수 있는지 고려한다."(13장)고 할 때, 용은 특별히 높고 원대한 과제를 하는 것이 아니라 "자식이 나에게 어떻게 해 주기를 바란다면 그런 자세로 어버이를 모시"(13장)는 것과 같은 일상적인 행실이다. 아울러 이 행실은 한두 번으로 끝나는 것도 아니고 모든 경우에 들어맞는 답이 있는 것도 아니며, 어버이와 자식 관계가 지속되는 한 지켜야 하는 특성을 갖는다.

이렇게 볼 때 중용은 결코 중 하나만으로 완결되는 것이 결코아니다. 중과 용이 다 갖추어질 때 오륜 관계에서 발생하는 윤리적 삶이 가능하다. 이제 신발 끈을 조여 매고 『중용』의 산을 올라가 보자.

I 중용과 도

극단을 넘어 균형 잡힌 삶을 위해서

극단의 시대가 펼쳐지다

연말연시가 되면, 무던한 사람도 지나온 한 해를 돌이켜보고 다가
올 한 해를 계획하곤 한다. 마찬가지로 지금부터 한 10년 전에는
21세기를 맞이하면서 20세기를 돌아보는 것이 큰 유행이었다. 에
릭 홉스봄(1917~)은 20세기를 '극단의 시대'(ages of extremes)
로 규정한다. 20세기에 일어난 세계 전쟁은 이전의 전쟁과 달리
총력전의 성격을 띠었다. 그리하여 전쟁은 제로섬 게임, 즉 완전
한 승리 아니면 완전한 패배만이 있는 양상으로 전개되었다. 그
이유는 20세기의 전쟁이 제한된 목표를 위해서 수행된 전쟁과는
달리 무제한의 목표를 위해 수행되었기 때문이다.[27]

그럼 이제 시선을 20세기에서 전국 시대(B.C 475~B.C 221)로
돌려 보자. 전국 시대(戰國時代, warring states)는 그 말을 한자나
영어로 보면 의미가 쉽게 밝혀진다. 즉, '싸우는 나라들의 시대'라
는 뜻이다. 그만큼 전쟁이 빈번하게 일어났다.

『좌씨전』(左氏傳)이 기록하는 B.C 722~B.C 468년, 즉 춘추
시대에 발생한 전쟁 빈도를 조사해 보면, 대략 연평균 5개국이 두

전국 시대 수군 전투

두 나라의 수군이 전투를 벌이는 모습이다.
맨 위의 병사들이 긴 창을 가지고 싸우고, 아래층에서는 노를 젓고 있다.
또 잠수하여 적의 배에 접근하기도 한다. 이렇듯 전국 시대의 전쟁은
전면전으로 펼쳐졌다. 전국 시대 청동 항아리에 그려진 것이다.

차례 이상 전쟁을 벌인 것으로 나온다. 지금으로서는 당시 전쟁이 정치와 경제에 미친 직접적인 결과를 확인할 수 없지만, 전쟁이 일상이 된 시대라고 해도 지나친 말이 아닐 정도다.

이렇듯 춘추 시대에는 전쟁이 빈번히 일어났음에도, 홉스봄이 말한 제로섬의 양상으로 진행되지는 않았다. 전쟁 중에도 교전 수칙을 지켜야 했다. 만약 교전 수칙을 지키지 않으면 승전국은 곧바로 패전국이 중심이 된 연합군에게 응징을 당해야 했다. 이 때문에 전쟁이 전면전이 아니라 일정한 수준에서 억제될 수 있었다. 또 춘추 시대의 전쟁은 부분적으로 귀족들이 명예를 앞세우며 기량을 겨루는 양상이었다. 하지만 전국 시대에 이르러 전쟁의 양상은 크게 변하게 되었다.

기원전 328년 진(秦)나라와 조(趙)나라가 장평(長平) 전쟁을 벌여서 진나라가 승리를 거두었다. 이 전쟁을 지휘한 장군 백기(白起)는 승리한 뒤 포로로 잡은 병사와 상당(上黨) 지역의 주민 40만 명을 구덩이에 묻어 몰살했다. 물론 이 숫자는 적국에게 공포감을 심어 주기 위해 일부러 부풀렸을 수도 있다. 그렇다고 하더라도 몰살을 선택했다는 것 자체는 이제 전쟁이 제한전이 아니라 전면전으로 바뀌었다는 것을 상징적으로 보여 준다.[28]

이 시기가 바로 『중용』이 잉태된 시기다. 우리는 20세기의 폭력을 성찰했던 에릭 홉스봄과 『중용』의 저자를 기계적으로 비교할 수는 없지만, 『중용』에는 극단의 시대를 반성하고 그것이 되풀이되는 것을 막아 보려는 성찰이 있을 것으로 예상할 수 있다.

하늘(신)과 땅(사람) 사이의 사다리가 끊어지다

장평 전쟁은 한 시대의 획을 긋는 사건이다. 몰살이 처참하고 가혹하다는 점 때문에 그런 것은 아니다. 백기는 상당 지역의 주민을 몰살하지 않으면 살아남은 자들이 나중에 진나라를 향해 복수의 칼날을 갈 것으로 생각했다. 이처럼 전쟁은 양쪽을 모두 수긍시킬 명분도 정의도 없을 뿐만 아니라 오직 자기 나라의 안전과 이익을 위해서 치러졌고, 그 과정에 인간적인 고려가 끼어들 여지가 전혀 없었다. 상황이 이렇게 극단적인 양상으로 진행된 이유는 전쟁을 억누를 수 있는 힘이 없었기 때문이다.

전국 시대 이전에도 왕조의 운명을 가르는 큰 전쟁이 있었다. 예컨대 서부 지역의 주족(周族)은 포악한 정치를 끝내겠다는 명분을 내걸어 천자국인 동부 지역의 은족(殷族)과 목(牧) 지역의 들판에서 전쟁을 벌였다.

사실 이 전쟁은 전투가 일어나기 전부터 승패가 갈려 있었다. 은나라 최후의 임금 주(紂)는 로마 5대 황제 네로(37~68)를 연상시킬 정도로 폭군이어서 역사의 무대에서 퇴장하도록 결정되어 있었기 때문이다. 그는 술로 연못을 만들고 고기를 나뭇가지에 걸어 숲을 이룰 정도로 호사스러운 술잔치를 벌여 국가 예산을 거덜냈다. 반면에, 주의 초대 임금 무(武)는 백성을 고통에서 해방시킨다는 정의를 가졌을 뿐만 아니라 천명을 받았기 때문에 전쟁에서 이길 수밖에 없었다. 이처럼 하늘의 존재 또는 하늘의 명령은 전쟁의 승패를 예시하며 결정적 전투 이후 또 다른 무력 사용을 억제할 수 있었다.

그러나 신화와 전설의 시대에서 역사 시대로 넘어오면서 상황이 달라졌다. 하늘신과 인간 사이에 유대가 끊어짐으로써 인간은 신에게서 독립하고 하늘의 명령은 힘을 잃게 된다. 그렇지만 인류는 아직 그것을 대체할 새로운 공동 규약을 세우지 못했다. 이런 상황에서 사람은 새로운 것을 욕망할 수는 있지만 그것이 조정되고 중재되지 않을 때에는 극단의 양상을 띨 수밖에 없다.

그럼 언제부터 하늘신과 인류 사이의 유대가 끊어지게 되었을까? 이와 관련해 두 가지 신화가 전해진다.

하나는 땅과 하늘 사이의 사다리를 끊어 버린다는 절지천통(絶地天通) 신화다.

하늘과 땅을 잇는 사다리 신화는 세계 신화에서 자주 보인다. 중국 신화에도 사람은 사다리를 타고 하늘로 올라가서 신들에게 지상의 사정을 말하고 신도 지상으로 내려와 노니는 이야기가 나온다. 신의 세계와 인간의 세계는 위치와 역할에서 구별되었지만 신과 인간은 평화롭게 공존하면서 상호 소통이 이루어지는 관계를 유지했다.

그런데 치우(蚩尤) 신이 지상으로 내려와 반항하던 묘족(苗族)을 형벌의 힘으로 장악하고 그들을 자기편으로 만들게 되자 상황이 바뀌기 시작했다. 사람들은 자신들과 관련된 특별한 신만 섬기고 나머지 신들에게는 제사를 바치지도 않았다. 신이 부족의 수호신이 된 것이다. 신들도 편이 갈려서 지상에 골고루 은혜를 베풀지 않게 되자 인간 세계도 굶주림으로 갈등이 생겨났다. 마침내 전욱(顓頊) 신이 신의 세계와 인간의 세계가 명확하게 구분되어 뒤섞이지 않는 게 좋겠다고 생각하여 중(重)과 여(黎)를 시켜서 사다리를 끊어 버리게 했다.[29]

지상과 천상을 잇는 통로는 천상의 평화, 지상의 평화, 그리고 천상과 지상의 공존을 상징했다. 그러나 신이 지상의 특정 지역을 편애하기 시작하면서 천상과 지상의 운명 공동체가 깨지게 되었다. 사람들은 특정 신을 수호신으로 삼아서 종족 간 대립을 일삼고 공통의 신을 모시지 않게 되었다. 따라서 전욱은 지상에 대한 천상의 우월권을 확보하기 위해서 지상의 통로를 차단하는 극단적인 조치를 내렸다.

하지만 지상의 세계는 천상의 직접적 개입이 없는 한 갈등을 풀고 대립을 끝장낼 수 있는 규제의 힘을 상실하고 말았다. 이로써 인간은 종족 단위로 분화되어 힘에 의해서만 자신의 안전을 보장받는 정글의 세계로 들어서게 되었다.

하늘과 땅의 유대가 끊어진 데 대한 또 다른 신화는 공공(共工)이 부주산(不周山)을 들이받아서 지축이 서북쪽으로 기울어진 이야기다.

황제(黃帝)는 황하 중류 지역을 관장하는 신이고, 염제(炎帝)는 동쪽 해안 지역을 관장하는 신이었다. 그런데 판천(阪泉) 싸움에서 황제가 승리를 거둔다. 염제의 뒤를 이어서 치우가 탁록(涿鹿)에서 황제에 도전했다가 패배한다. 또 형천(刑天)이 도전했다

형천

목이 잘렸어도 도끼와 방패를 들고 싸우는 형천의 모습이다.
대단한 투지로 황제에게 다시 도전하지만 또 패배한다.
형천은 절망의 끝에서도 실패와 좌절을 모르는 존재로 숭앙받는다.

가 다시 패배를 당한다. 특히 형천은 황제에게 목을 베인 다음에
도 굴복하지 않고 젖꼭지를 눈으로, 배꼽을 입으로 삼아 또다시
싸움을 벌여 훗날 실패와 좌절을 모르는 존재로 숭앙받는다.

둘의 싸움은 여기에서 그치지 않았다. 황제의 후손 전욱과 염
제의 후손 공공이 부주산에서 치열하게 싸웠다. 패배를 감지한 공
공은 부주산을 들이받았고, 이 때문에 지축이 서북쪽으로 기울었
다.[30] 이 사건이 오늘날 지구의 지축이 23.5°가량 기울어진 원인
이 되었다.[31]

중국 신화에는 그리스 신화의 제우스처럼 최고신 개념이 없
다. 비슷한 것으로, 경쟁자와의 싸움에서 이긴 승자로서 신 개념
이 있다. 이 신화는 황제 계열이 승자 신으로 등장하는 서사라고
할 수 있다. 신의 세계는 최고신부터 차례대로 높낮이가 정해지면
서 직능별로 분화되는 것이 아니라, 각각 독립적인 조직을 가진
경쟁 세력이 투쟁을 벌이는 장으로 나타난다.

이렇듯 신화가 지상에서 일어날 극단의 시대를 천상의 세계에
서 미리 보여 준다는 점에서 흥미롭다. 신들도 자리를 두고 대를
이어서 싸움을 벌이는데 하물며 사람이야 말해 무엇 하겠는가?

극단과 독주의 시대가 열리다

지상과 천상에서 거대한 변화의 물결이 일렁거렸다. 이 변화의 물
결로 천(天)의 위상이 떨어지고, 개인이나 집단 사이의 갈등이 전
면적인 투쟁으로 진행되었다. 이제 이 상황을 어떻게 극복할지 문

제가 되었다.

신이 사라진 상황에서 인간은 막연한 두려움을 느끼면서도 욕망을 아무런 제한 없이 쏟아 내기 시작했다. 또 개인이든 국가든 자기 보존이 화두가 되었다. 어떤 이는 개인을 희생해서라도 공동체의 조직 역량을 국가에 집중시켜야만 집단의 안전을 보장받을 수 있다고 외쳤다. 이들은 부국강병(富國强兵, 나라를 부유하게 만들고 군대를 강하게 함)을 구호로 내걸었다. 어떤 이는 너와 나를 갈라서 차별적으로 대우하는 것이야말로 대립을 낳는 원인이라고 주장했다. 이들은 겸애(兼愛, 차별 없는 사랑)를 구원의 방책으로 내놓았다.

요컨대 힘과 사랑 중에서 어떤 길을 선택해야 할까? 전자를 따를 경우, 우리는 최고의 강자에 도달할 때 비로소 나의 의지를 타자에게 강요할 수 있고, 바로 그 상황이 통일이자 안정의 시작이 된다. 즉 '경쟁자 없는 독주'를 추구하는 것이다. 후자를 따를 경우, 우리가 내 안의 적대 의지를 완전히 잠재울 때 현실의 대립이 잦아들게 된다. 즉 '경쟁 없는 공존'을 추구하는 것이다.

전국 시대의 사람들은 자발적이든 아니든 후자의 길보다 전자의 길을 선택했다. 내가 경쟁을 원하지 않더라도 이웃이 경쟁을 추구하면 나는 살아남기 위해서 생존 게임에 빠져들 수밖에 없다.

이처럼 변화의 정체가 드러나자 그것에 동참하는 것이 선이고 그것을 거부하는 것이 악인가 하는 논란이 일어났다. 상앙(商鞅, ?~B.C. 338)*은 "세상 돌아가는 상황이 바뀌면 그것을 처리하는

〈평화를 염원하며〉
마크 리부, 1967년

미국의 베트남 전쟁 반대 집회에서 한 여인이 꽃을 들고
총을 든 군인들 앞으로 다가서고 있는 모습이다.
그녀의 표정은 이 지구 상에 더 이상 전쟁의 비극이 일어나지 않도록
진심으로 비는 듯하다. 진정 전쟁을 끝낼 수 있는 것은
더 커다란 폭력뿐일까? '사랑의 길'로 전쟁의 비극을 막을 수는 없을까?
이 문제에 대한 주장을 상앙이나 묵자 등에게서 찾아 볼 수 있다.

방법도 달라지게 마련"이라고 주장했다.[32] 즉, 망설이지 말고 변화에 빨리 적응할 것을 요구한다. 반면에, 공자는 "날씨가 추워진 다음이라야 소나무와 측백나무가 늦게 시드는 것을 알게 된다."고 말했다.[33] 즉, 세상이 모두 변화의 길로 달려가더라도 끝내 그것을 거부할 수 있는 굳건한 자세를 요구한다.

전국 시대에 진행되었던 극단과 독주의 특성을 과연 『중용』 텍스트 안에서 찾아볼 수 있을까?

들도 보도 못한 해괴한 주장을 찾아내고 납득하기 어려운 극단적
인 길을 버젓이 실행하여 그것으로 후세에 칭찬받고 기리는 대상
이 된다고 한다. 나는 이런 짓을 결코 하지 않을 것이다.(11장)

인용문의 '나'는 보통 공자로 간주된다. 그러나 여기서 '나'가 공자인지 아닌지는 중요하지 않다. 그냥 '전 자사'로 말해지는 어떤 저자로 보는 것으로 충분하다.

그의 목소리는 불만에 가득 차 있다. 학설과 행동의 모든 영역에서 정답으로 알려져 있던 것이 심각하게 도전받기 때문이다. 나아가 이제까지 주장될 수 없었던 새로운 학설과 행동이 얼마간 시

＊전국 시대 진나라의 정치가이자 사상가. 법치(法治)를 운용하여 이후 진시황제의 통일 사업에 기초를 다졌다. 법치를 추진하는 과정에서 귀족들의 반감을 사게 되어, 자신의 든든한 후원자 효공(孝公)이 죽은 뒤에 거열형(車裂刑, 두 대의 수레에 몸을 묶어 찢어 죽이는 형벌)을 당했다. 그의 사상은 『상군서』에서 확인할 수 있다.

간이 지나자 추종자를 거느린 집단으로 성장했기 때문이다.

여기서 '해괴한 주장'과 '극단적인 길'이 정확히 무엇을 말하는지 알 수 없다. 『중용』은 사회 현상을 추상화해서 논지를 펼칠 뿐, 무엇이 해괴하고 극단적이라는 건지 제시하지 않기 때문이다. 그렇다면 『중용』 텍스트를 벗어나서 찾아볼 수밖에 없다.

『사기』 「자객 열전」에 소개된 예양(豫讓)의 일대기를 보자. 예양은 지백(智伯)을 주군으로 섬기고 있었는데, 어느 날 지백이 조양자(趙襄子) 등의 반대파에게 처참하게 살해당하면서 그의 가문이 몰락하게 되었다. 예양은 지백이 죽은 뒤에도 그의 원수를 갚기 위해 살았다. 이름을 바꾸고 일꾼으로 변장해서 조양자를 죽이려다 실패했다. 또 얼굴에 옻칠을 하여 문둥이로 가장하고 다니다 신분이 들통 나기도 하고, 다리 밑에 숨어서 조양자를 저격하려다 사전에 발각되기도 했다. 그는 계획이 모두 실패로 끝나자 조양자의 옷을 구해 그것에다 몇 차례 칼질을 했다. 그렇게 복수를 했다는 상징적 의식을 치르고 스스로 목숨을 끊었다. 그는 "선비는 자신을 알아주는 사람을 위해 죽는다."는 신조에 충실했던 것이다.[34]

예양의 행동은 해괴한 주장을 찾아내고 극단적인 길을 걷는 시대상의 전형이라 할 수 있다. 그의 주장과 행동을 그만두게 할 수 있는 것은 아무것도 없다. 누가 뭐라 해도 자신이 옳다고 생각하므로 혼자서라도 나아가며 극단의 실험을 멈추지 않았다. 하지만 『중용』의 저자는 그 길이 영광의 길이라 할지라도 자신이 가야할 길로 받아들이지 않는다. 그럼 그는 어떤 길을 가려고 할까?

새로운 상황에 군자와 소인이 갈리다

변화의 추세가 뚜렷해지고 속도가 빨라지자 그 흐름에 동승하는 자와 거부하는 자 사이의 간격이 더욱 벌어졌다. 아니, 그 간격이 메워질 수 없는 차이를 나타내는 기호가 되었다. 기호는 다시 사람들이 사회 현상을 분류하여 재배치하는 작업에 앞서서 방향을 지시하는 상징이 되었다. 그 기호란 다름 아니라 군자(君子)와 소인(小人)이었다. 이것은 『중용』에 앞서 공자가 기존의 개념에다 뺄 건 빼고 넣을 건 넣는 재활용을 통해서 만들어 낸 개념이다.

군자는 글자 그대로 다스리는 사람이라는 뜻이다. 원래 군자는 사람을 불러 모아 그들을 다스리는 사람, 즉 통치자를 의미했다. 공자는 사람을 다스리려면 먼저 자신을 다스릴 줄 알아야 한다는 점을 강조했다. 그래서 공자에게 군자는 자기 자신을 다스리는 사람, 즉 자율적 인간을 가리킨다.

소인은 글자 그대로 작은 사람을 말한다. 원래 이 말은 생산에 종사하는 사람을 뜻했다. 그들은 공동체의 운명을 결정하는 공적 영역의 정치 활동에 참여하지 못한 채 가정 경제(oikos) 운영에 매몰된 사람이었다. 나아가 소인은 차츰 사회·정치 문제를 경제적인 이해관계로 환원해서 파악하고 인문, 예술, 도덕의 가치를 낮게 평가하는 개인이나 집단을 가리키게 되었다.

이런 군자와 소인의 분화가 『중용』에 어떻게 반영되고 있을까? 그와 관련해서 적절한 예문을 찾아보면 다음과 같다.

자기 주도적인 사람(君子)의 삶은 중용에 들어맞지만, 이기적인 사람(小人)의 삶은 중용에 어긋난다. 중용을 따르는 군자의 삶은 자율적으로 중을 현실(時)에 적용하려고 노력한다. 반면에, 중용에 어긋나는 소인의 삶은 이해관계를 우선시하여 어려워하거나 거리끼는 것이 없다.(2장)

자기 주도적인 사람은 편안한 자기 자리에 머물러서 일이 되어 가는 형편을 느긋하게 살펴본다. 이기적인 사람은 위험을 무릅쓰면서 행운을 바란다.(14장)

아직 중용의 의미가 드러나지 않았으므로 먼저 소인의 삶의 특징을 살펴봄으로써 군자의 경우를 간접적으로 추리해 보자.

소인의 삶의 특징은 두 가지로 요약된다. 하나는 이익 추구를 위해 어려워하거나 거리끼는 것이 없는 점이다.

각 사회는 지역과 시대에 따라 차이가 있지만 도덕, 미풍양속, 전통 등의 이름으로 하지 말아야 할 금기가 있기 마련이다. 아무리 이익을 위한다고 하더라도 타인의 자유와 같은 기본권을 해칠 수는 없다. 그럼에도 어려워하거나 거리낌이 아예 없다면, 인간 사회는 강자가 약자를 지배하는 정글의 상태와 다를 바 없게 된다. 물론 여기서 말하는 소인은 실제 모습보다 과장된 측면이 있다. 하지만 소인이라고 해도 위반할 수 없고 최소한 존중해야 하는 것에 대한 약속이나 계약을 정하지 않는다면, 나의 유흥비(이익)를 위해 사람을 죽이는 행위까지 용인하게 되는 문제가 생길 수 있다.

다른 하나는 위험을 무릅쓰면서 행운을 바라는 점이다. 소인은 하지 말아야 할 금기를 넘어서지만 그 일이 어떤 결과를 가져올지는 알 수 없다. 그럼에도 그들은 미래마저 만나고 싶은 것으로 만들기 위해 수단과 방법을 가리지 않는다.

몇 년 전, 우리나라에서 대학 입시나 편입학 시험장에서 전자통신 장비를 이용해 시험 문제 답을 알려 주는 기상천외한 일이 벌어졌다. 이것은 『중용』에 나오는 소인의 전형적인 사례라고 할 수 있다. 그들은 공정한 경쟁의 가치를 부정하고 결코 해서는 안 되는 부정행위를 서슴없이 저질렀다. 나아가 그들은 노력에 대한 응분의 대가로 어떤 대학을 가는 것이 아니라 자기가 바라는 특정 대학에 가고자 했다.

이러한 소인을 통해서 반대되는 군자의 특징을 엿볼 수 있다. 군자는 현재 자기에게 주어진 역할에 만족한다. 나아가 미래에 다른 역할을 한다면 그것은 현재 자신이 맡은 역할을 성실하게 수행한 결과 주어지는 응분의 대가인 것이다. 아울러 군자는 이익 창출과 구별되는 원칙, 즉 중(中)을 현실에서 구현하려고 노력하는 존재다. 이러한 특징은 다음 구절에서 여실히 드러난다.

자기 주도적인 사람(君子)은 지금의 자리를 본래적인 것으로 여기고 그것의 바깥을 자기 것으로 바라지 않는다. 부귀한 처지에 놓이면 그대로 처신하고, 빈천한 상황에 놓이면 그대로 살고, 외국에서 살게 되면 그대로 살고, 환란의 상황에 놓이면 그것에 맞춰 살아간다. 군자는 어디를 가더라도 스스로 만족하지 않는 상황이 없다.(14장)

첫 문장은 군자의 특징을 압축적으로 보여 준다. 사회 변동이 심한 상황에서 소인은 원하는 자리를 얻기 위해 끊임없이 자리를 바꾸지만, 군자는 주어진 자리를 굳게 지킨다. 아울러 상황이 바뀌면서 주어진 자리가 달라지더라도 그것은 애써 추구해서 획득한 자리가 아니다. 이런 점에서 군자는 사회 안정을 지키려고 하는 보수적 태도를 보인다.

경쟁과 강자를 부추기는 사회, 그리고 반성

극단과 독주의 시대에 자기 보존은 하늘도 공동체도 책임지지 못하는 문제였다. 이런 상황에서 인문과 도덕이 내세우는 평화, 사랑, 그리고 공정 등은 생존이 보장된 뒤에 고려할 수 있는 주제로 밀려난다. 그럼 늘어나는 소인들이 참여하는 '싸우는 나라들'의 시대정신은 무엇으로 표상될까? 그것은 다름 아니라 모든 경쟁자를 전적으로 배제할 수 있는 상황에 도달하는 것, 즉 극강(極强)이었다. 그 시대의 말로 하면, 제후로는 패자(覇者)*가 되는 것이고 국가로는 패권국**이 되는 것이다.

그렇지 않아도 『중용』에 등장한 공자의 제자 자로(子路)는 당시에 떠도는 말에 궁금증을 가지고 있다가 슬며시 질문을 던진다. 자로가 아니라도 누구라도 물어봄 직한 질문이다.

"도대체 굳세다(强)는 것은 무엇을 가리키는가요?"

이 물음에 대해 공자는 기다리고 있었다는 듯이 대답한다. 공자가 책임 있는 지식인이라면 시대 담론을 모른 채 넘어갈 수는 없는 일이었기 때문이다.

"남쪽 지역에서 높이 치는 굳셈인가? 북쪽 지역에서 높이 치는 굳셈인가? 아니면 자네가 높이 치는 굳셈인가?"

굳셈의 의미가 벌써 여럿으로 나뉜다. 남과 북의 지역적인 차이도 있고 너와 나의 개인적 또는 집단적 차이가 있는 것으로 그려진다. 내친김에 공자는 다음처럼 개별적인 설명을 시도한다.

"너그럽고 부드러움으로 이에 미치지 못하는 이들을 가르치고 무도한 자에게 일일이 대응하지 않는 것이 남쪽 지역에서 말하

*제후 가운데 공인된 최고 실력자. 인의(仁義)를 존중하는 왕도(王道)를 거슬러 무력과 권모술수로써 실력을 갖추어 천하를 다스리는 이를 말한다.
**패자가 경제력이나 무력으로 다른 나라를 압박하여 국제 문제를 조정하거나 자기의 세력을 넓히는 국가를 말한다.

는 굳셈이다. 자기 주도적인 사람이라면 마땅히 여기에 머물러야 한다. 일정치 않은 숙영지에서 병기와 갑옷을 깔고 자며 싸우다 죽더라도 걱정하지 않는 것이 북쪽 지역에서 말하는 굳셈이다. 강자라면 마땅히 여기에 머물러야 한다."(10장)

여기에 나오는 강자의 이미지는 『맹자』에 나오는 내용과 비교하면 한층 더 뚜렷해진다. 제자 공손추(公孫丑)와 스승 맹자가 흔들리지 않는 마음(不動心)을 주제로 대화를 나누다가 그 방법에까지 이야기가 미쳤다. 이에 맹자는 북궁유(北宮黝)와 맹시사(孟施舍)가 용기를 기른 이야기를 끄집어낸다.

북궁유는 살이 찔려도 움칫거리지 않고 눈이 찔려도 피하지 않고 남에게 한 소리 들으면 많은 사람들이 쳐다보는 시장에서 매 맞는 것처럼 여기고, 제후에게도 모욕을 당하지 않으려고 하며, 제후를 칼로 찌를 때 시시한 사람을 찌르는 것처럼 한 치의 망설임이 없었다. 이와 달리 맹시사는 태도상으로 이기지 못하는 것과 이기는 것에 차이를 보이지 않고, 적의 세력을 헤아려서 전진하며, 승리 가능성을 고려한 다음에 싸움을 벌였다.

『중용』에서 말하는 북쪽 지역의 굳셈은 『맹자』의 북궁유와 비슷하다. 그것은 영화 〈터미네이터〉의 아널드 슈워제네거와 〈다이 하드〉의 브루스 윌리스처럼 어떤 상황에서도 살아남을 수 있고, 지고는 살 수 없으며, 혼자서 수많은 적을 상대할 수 있는 살인 병기로 보인다. 이는 승리 지상주의 또는 힘 만능주의라고 할 수 있다.

반면 남쪽 지역의 굳셈과 맹시사의 굳셈은 투쟁과 승리를 사태 해결의 열쇠로 보지 않는다. 전투를 치르더라도 무모하게 자신의 힘만 믿고 공격을 외치지 않는다. 상황의 유동성을 충분히 고려하고 일어날 일의 결과를 신중하게 검토한다.[35]

양쪽을 '굳셈'과 연관 지을 수 있지만 그 특성은 다르다. 북쪽의 굳셈은, 물리력으로 환산될 수 있는 능력으로 상대를 굴복시켜서 그들을 내 생각대로 움직이게 만드는 힘의 논리 또는 패도 정치를 대변한다. 남쪽의 굳셈은, 나의 변화를 통해 상대의 호응을 이끌어 내기 위해서 주위의 동조를 얻을 수 있는 역량을 극대화하는 덕의 논리 또는 왕도(王道) 정치를 대변한다.

『중용』의 공자는 군자라면 남쪽의 굳셈에 힘써야 한다고 주문한다. 그럼으로써 북쪽의 굳셈 또는 북궁유의 용기를 부정한다. 공자는 왜 그렇게 보는 것일까? 『논어』에서 그 답을 찾을 수 있다.

공자는 부모님을 모실 때 자신의 모든 힘을 쏟는 것과 두려워하지 않는 용기를 긍정적으로 평가한다. 그와 함께 힘과 용기가 낳을 수 있는 부정적 결과를 염려했다. "용기를 앞세우고 예의를 무시하면 혼란해진다", "용기를 좋아하고 가난을 병처럼 여기면 혼란스러워진다", "용기를 좋아하고 배우기를 싫어하면 그 폐단은 혼란에 있다", "용기를 내세우고 정의를 무시하면 군자는 혼란을 초래하고 소인은 강도짓을 한다."[36]

여기서 용기는 사회 질서를 지키는 측면이 아니라 파괴하는 작용을 하는 것으로 간주된다. 용기가 파괴를 통해 창조를 할 수도 있지만, 공자는 그 측면보다 파괴의 연속으로 이어지는 것으로 본다. 그래서 용기는 그 자체로 긍정되기보다는 늘 예의나 배움, 정의 안에서 발휘되도록 제한을 둔다.

다시 『중용』으로 돌아와 공자가 자신이 생각하는 굳셈의 이미지를 어떻게 설명하는지 살펴보자.

조화를 이루어 어디로 휩쓸리지 않으니 굳세구나, 꿋꿋함이여! 가운데에 서서 기울어지지 않으니 굳세구나, 꿋꿋함이여! 나라에 원칙이 통할 때 가난한 날의 뜻을 버리지 않으니 굳세구나, 꿋꿋함이여! 나라에 원칙이 통하지 않을 때 죽게 되더라도 지조를 바꾸지 않으니 굳세구나, 꿋꿋함이여!(10장)

굳셈은 완력, 물리력과는 완전히 다른 것으로, 어떤 상황에서도 자기중심을 잃지 않고 또 주어진 역할을 위해 목숨까지 내놓을 수 있는 정신적 기개를 나타낸다. 즉, 나의 외적 영역을 장악하는 데에서 나의 내적 세계를 강화하는 쪽으로 관심의 초점을 바꾼다. 이것은 『주역』에 나오는 자강불식(自强不息, 스스로 굳건해지기 위해서 쉼 없이 수양하는 것)과도 통하며, 『중용』의 저자가 극단의 시대에 대처하며 얻은 자세로 보인다.

마음에 거점을 마련하다 5

『중용』을 펼치는 사람은 1장에 '중용' 이야기가 없는 것을 보고 놀라곤 한다. 그러고는 "이거 '중용'을 다루는 책이 맞나?" 하는 의구심을 품게 된다. 지금부터 약 1000년 전 주희도 이 같은 의심을 품었던 듯하다. 그는 2장부터 10장까지는 '중용'을 논의하며 제1장의 의미를 풀이하고 있지만 1장과 2장 사이의 문맥이 잘 이어지지 않는다고 지적한 바 있다.

이 문제를 푸는 실마리는 실천과 마음가짐의 연관성을 살펴보는 데에서 찾을 수 있다. 우리는 일을 처리하는 데에 폭력을 행사해서는 안 된다는 것을 잘 알고 있다. 하지만 가끔 말다툼을 하다보면 손찌검으로 이어지는 경우가 있다. 때린 동작을 한 것은 손이지만, 상대를 때리도록 한 것은 손이 아니다. 상대의 말을 듣고 더 이상 참지 못하고 흥분을 하게 된 감정 또는 마음 상태를 내가 누르지 못하고 그대로 내버려 두었기 때문에 손찌검이 일어나게 된 것이다. 그렇다면 올바른 실천을 한다는 것은 몸으로 이루어지는 일련의 동작을 실수 없이 한다는 것만이 아니라 동작을 낳는 마음을 잘 다스린다는 것을 빼놓고 말할 수 없다. 즉, 실천과 마음가짐은 연관된 것이다.

이론의 탐구와 함께 실천이 필요한 중용도 마음을 다스리는 문제와 긴밀한 연관이 있다. 이와 관련해서『중용』에서 살펴볼 말이 중화(中和)다. 중화는 마음에 감정이 드러나지 않는 '중정'(中)과 제대로 드러나는 '조화'(和)를 말한다. 중화는『중용』1장에 나오는데, 중용과 연결시켜 생각해 볼 수 있다. 그렇게 보면 중용이 이론과 실천으로 구분되면서도 동시에 마음과 연결되는 측면이 뚜렷하게 부각된다. 그래서 "본성과 감정의 측면으로 말하면 '중화'라고 하고, 덕목 실천의 측면으로 말하면 '중용'이라 한다."고 할 수 있다.[37] 그렇다면『중용』1장에는 '중용'이 나오지 않지만 '중화'를 통해서 '중용'을 다루는 셈이다. 중용이 중화와 관련이 있으므로, 중용은 성정(性情, 본성과 감정)과도 관련을 맺게 된다.

그렇다면 의문이 생긴다. 프롤로그에서 보았듯이 중용이 기준과 현실 적용, 그리고 습관의 맥락에서 이야기되는데, 그것이 어떻게 사람의 주관적인 본성이나 감정과 관련된다는 것일까?

이 물음은 사격의 조준과 격발, 축구의 승부차기, 농구의 자유투와 같이 결정적인 순간에 놓인 선수를 생각해 보면 쉽게 이해할 수 있다. 사격 시합에서 한 선수가 줄곧 선두를 유지하다가도 승리를 확신하다 보면 마지막 10발째에 어이없이 낮은 점수를 쏘곤 한다. 그 선수가 사격의 기본 지식이 없어서 그런 것도 아니고 승리에 대한 의지가 약해져서 그런 것도 아니다. 문제가 되는 것은 한 발 한 발에 대한 집중력이 흐트러지고, 경기의 승패에 대한 걱정과 마음의 동요가 생겨난 데에 있다. 즉, 선수가 10발째를 앞두고 이전처럼 평정 상태를 유지하지 못하고 흔들리는 마음(감정) 때문에 그렇게 된 것이다. 스포츠의 경우지만 새삼 좋은 성적과 감정의 평정이 깊은 연관이 있다는 것을 알 수 있다.

일상생활에서 감정 조절이 중요한 경우가 많다. 부모가 사랑이 넘쳐서 뭐든지 오냐오냐하다가 자식의 버릇을 나쁘게 들일 수 있다. 만원 버스 안에서 부딪힐 경우 가볍게 넘어갈 수도 있는데 예민하게 반응해서 주먹다짐으로 이어지기도 한다. 또 도로에서 앞지르는 차를 참지 못하고 속도를 내다가 사고를 내기도 한다. 공자도 한때의 분노에 사로잡혀서 참지 못해 욱하는 성질대로 했다가는 자기 자신만이 아니라 어버이에게까지 피해가 돌아오는 것을 잊어버리지 말라고 주문한 적이 있다.[38]

이처럼 우리는 좋아하고 미워하고 성내는 감정이 아무런 제지 없이 행동으로 이어져서 '사고'를 치고 난 뒤에 후회를 한다. "그냥 그때 참을 걸!" 하고 후회하고 다음에 그와 같은 일을 되풀이하지 않는다면 그것도 나름대로 교훈을 얻은 것이다. 하지만 더 중요한 것은 자신의 감정을 잘 다스려 결코 일어나지 말았어야 할 일을 저지르는 주인공이 되지 않는 것이다. 이런 점에서 감정이 치우치고 기울어져서 문제를 낳게 하지 않으려면, 감정이 중화만이 아니라 중용과도 관련이 깊다는 것을 알 수 있다.

감정은 변덕스럽고 위험하다

사실 『중용』 1장에서 '중용'이 아니라 '중화'를 다루어서 읽는 이에게 약간 당혹감을 주지만, 중용이 중화와 호환될 수 있다는 점에서 읽는 이는 일단 안심할 수 있다. 역시 『중용』은 제목대로 처음부터 '중용'을 다루고 있다고 생각할 것이기 때문이다.

중화를 통해 중용이 감정과 관련이 있게 되었다. 그렇다면 사람이 윤리적으로 살기 위해서 감정대로 살면 되는 것일까, 그렇지 않을까? 이에 대해 『중용』은 나름대로 대답을 내놓아야 한다.

감정의 가치에 대해서는 부정하는 쪽과 긍정하는 쪽으로 나누어서 생각해 볼 수 있다. 긍정하는 쪽은 "감정대로 하면 모든 문제가 풀린다."고 할 것이고, 부정하는 쪽은 "감정에 맡기면 문제만 생긴다."고 말할 것이다. 『중용』 이전에 공자와 한비자(韓非子, B.C. 280?~B.C. 233)*가 이 문제를 남다르게 다루었다.

먼저 공자가 감정을 어떻게 고려하는지 알아보자. 오늘날 사람이 죽으면 대부분 삼일장을 치르고 이후에 다른 절차 없이 일상으로 돌아온다. 춘추 시대 공자는 장례를 포함해서 삼년상(실제로는 25개월)을 주장했다. 그런데 제자 재아(宰我)가 삼년상이 너무 길다며 1년 정도로 줄이자고 제안했다. 평소 하던 일을 오랫동안 비워 두는 것이 개인적으로나 국가적으로나 바람직하지도 효율적

---

*전국 시대 한나라의 정치가이자 사상가. 말을 더듬는 언어 장애를 가졌지만 노력으로 극복했다. 상앙의 법치에다 통치의 기술, 객관적 추세 등을 결합시켜 법가 사상을 완성한 인물로 평가받는다. 친구의 배반으로 자신의 꿈을 펼치지 못한 채 자살로 생애를 마감했다.

이지도 않다는 이유에서다. 이에 대해 공자는 반대한다. 이어서 부모님을 차가운 땅에 묻고서 자식은 편안한 잠자리에서 잠자고 맛있는 음식을 먹으면 마음이 편안한지 불편한지 묻는다. 재아가 편안하다고 느낄 거라고 대답하자 공자는 그렇다면 "1년 상도 좋다!"라며 비난한다.

여기서 불편은, 우리가 해야 할 일을 하지 않거나 하지 말아야 할 일을 할 때 겪는 심리적 저항감으로 꺼림칙함, 주저함, 껄끄러움 등을 말한다. 편안은 대수롭지 않음, 무덤덤함을 가리킨다. 흥미로운 점은, 우리가 어떻게 행동할지 판단할 때 공자가 그 기준을 "편안한가, 불편한가?"라는 감정에 둔다는 점이다. 그는 "마음에 드는 느낌(감정)대로 하라."는 기준을 제시하는 것이다.[39]

반면 한비자는 감정의 문제를 극단으로 끌고 간다. 추울까 봐 옷을 덮어 준 것이 죄가 된 가의지죄(加衣之罪) 고사를 보자.[40]

한(韓)나라의 소후(昭侯)가 술을 먹은 뒤 방으로 들어가지 않고 그 자리에서 잠이 들었다. 마침 옆에 있던 모자 담당 비서가 왕이 추울까 봐 옷을 덮어 주었다. 왕은 깨어난 뒤 자신의 몸을 덮은 옷을 발견하고 누가 그렇게 했는지 물었다. 그는 모자 담당 비서가 한 일임을 알고서 의복 담당 비서와 모자 담당 비서를 둘 다 처벌했다.

언뜻 소후의 처사가 이해되지 않는다. 의복 비서는 벌받는 것이 당연하다고 하더라도, 모자 비서는 벌이 아니라 상을 받아야 할 게 아닌가? 모자 비서는 왕을 추운 곳에 그대로 내버려 두면

병에 걸릴지 모른다고 염려해서 그렇게 했기 때문이다.

소후도 추운 것을 싫어하고 옷을 덮어 준 것에 고마워한다. 하지만 모자 비서가 자신이 할 일이 아니라 다른 사람이 할 일을 대신한 것이 이 이야기의 초점이다. 옷 덮어 주는 것이 사소한 일로 보이겠지만 그렇지 않다. 사람들이 지켜야 할 규정이 있는데도 그것에 따르지 않고 자기 마음이 느끼는 대로 행위를 한다면 사회 규범은 아무런 힘을 발휘하지 못해 쓸모없게 되는 것이다.

이렇게 생각하면 문제는 행위의 기준을 주관적인 감정에 두느냐 객관적인 규범에 두느냐가 된다. 한비자는 객관적인 규범을 따를 것을 요구한다. 왜냐하면 각자 자신의 주관적 감정에 따를 경우 행위의 책임을 묻기도 어려울 뿐만 아니라 모두 따라야 할 기준을 무시할 수 있기 때문이다. 결국 한비자는 감정을 문제 해결의 기준이 아니라 쓸데없는 문제를 만드는 골칫거리로 생각한다.

감정대로 하면 문제가 풀린다

그렇다면 감정을 믿어야 하나, 믿지 말아야 하나?

이 문제를 해결하기 위해서 맹자는 사유 실험을 제안한다. 상황은 이렇다. A가 길을 걸어가고 있다. 그는 갑자기 어떤 상황을 목격한다. 어린아이가 바로 앞에 우물이 있는데 그것을 모르고 기어가고 있는 것이다. 이런 상황에서 A는 어떻게 해야 할까?

어떤 사람은 A가 무슨 일로 길을 가고 있는지 드러나야 정확한 답변을 할 수 있다고 한다. 예컨대 외국에 가기 위해 공항에 가는 길이거나, 회사 면접을 보러 가는 길이거나, 동네 슈퍼에 물건을 사러 가는 길이거나. 그러나 이것은 사유 실험이므로 A가 처한 다양한 변수를 모두 제쳐놓고 이야기하는 것이다.

이런 상황에서 우리는 "아이를 구하겠다!"고 대답할 수밖에 없다. 중요한 것은 어떤 이유로 구한다고 생각을 했는지에 있다. 아이를 구하고서 받을 대가 때문에? 착한 일을 했다는 칭찬을 받기 위해서? 그냥 지나쳤을 경우 돌아올 비난이 무서워서? 여기서 맹자는 회심의 카드를 꺼낸다. 세 가지 이유로 아이를 구한다면 A는 이해관계에 사로잡힌 것이다. 하지만 우리는 세 가지 이유를 털끝만큼도 고려하지 않고 구할 수도 있다.

맹자는 후자의 대답에 주목한다. 후자대로라면 A는 이해관계에 전혀 영향을 받지 않으면서 자기가 아니라 남을 위해서 도울 수 있는 적극적인 연대의 감정을 가진 것이다. 맹자는 이 연대의 감정을 '남에게 차마 하지 못하는 마음'(不忍之心)이라고 말한다. 이어서 이런 마음은 한 가지가 아니라 네 가지가 있다고 주장한다. 이것이 유명한 도덕의 네 가지 싹(四端)이다. 어려운 상황에 놓인 사람을 동정하는 마음(惻隱之心), 잘못을 부끄러워하는 마음(羞惡之心), 다른 사람에게 기회를 미루는 마음(辭讓之心), 옳고 그름을 판별하는 마음(是非之心)이 그것이다. 맹자는 이런 마음을 지니고 그 상황에 맞게 행동할 때 사람다운 사람이 된다고 주장한다.[41]

〈자비심〉

장 프랑수아 밀레, 1859년

어떤 부인이 딸을 시켜 문밖의 굶주린 이에게 음식을 주려는 모습이다.
맹자는 인간은 누구나 어려운 처지에 놓인 사람을
동정하는 마음이 있다고 주장한다.

한국의 법정으로 잠시 눈을 돌려 보자. 판사가 판결문을 읽을 때 상투적으로 쓰는 말이 개전의 정이다. 예를 들면 "피고가 개전의 정을 보여 형량을 ○에서 ○으로 줄인다."고 말한다. '개전의 정'은 자신이 저지른 과오를 뉘우치는 빛이 있다는 것이다. 이 개전의 정이 바로 맹자가 말한 사단 중의 하나인 잘못을 부끄러워하는 마음인 것이다.

맹자는 감정을 사람다운 사람이냐 아니냐를 판가름하는 기준으로 취급한다. 한비자와 비교했을 때 정반대라고 할 수 있다. 맹자의 주장에 수긍하더라도 감정의 지위를 이렇게까지 높이 평가할 수 있을까 얼마쯤 믿으면서도 한편으로 의심할지도 모르겠다. 이에 대해 더 살펴보자.

중화, 중용의 사촌

감정이 맹자의 시도에 의해 인간다움과 연결되는 지위를 차지한다고 하더라도 변덕과 탐닉, 과잉과 온정은 늘 감정을 따라다니면서 괴롭히는 골칫거리다. 감정이 이 굴레에서 벗어나는 길은 없을까? 『중용』은 바로 이 문제를 풀어냈기 때문에 오늘날까지도 고전으로 대우를 받는 것이다. 여기서 주목해야 할 것이 바로 『중용』에 등장하는 중화(中和), 또는 중(中)과 화(和)다.

> 기쁨, 성냄, 슬픔, 즐거움이 아직 드러나지 않은 것을 중정(中)
> 이라고 하고, 드러나서 모두 절도에 들어맞은 것을 조화(和)라

고 한다. 중이란 세계의 위대한 근본이고, 화란 세계의 공통된
길이다.(1장)

이 구절을 보고서 양파 껍질이나 러시아 인형 마트료시카
(matryoshka)를 떠올린다면, 중화의 의미를 이해할 준비가 된 셈
이다. 양파는 이게 마지막이다 싶어도 까면 그 속에 또 한 층이 보
인다. 마트료시카도 하나로 된 것이겠거니 생각하지만 인형 속에
크기만 작은 똑같은 인형이 계속 들어 있다. 마찬가지로 혼란한
감정이 있고, 그것과 다른 절제된 감정으로서 화가 있고, 다시 그
것에 앞서 중정으로서 중이 있다.

한 가지 예를 들어 보자. 총으로 살인한 사람이 "내 손이 방아
쇠를 당겼으니 손만 처벌해 달라!"고 한다면 그 주장은 어딘가 이
상하게 들린다. 왜 그럴까? 방아쇠를 당긴 것은 물론 손이지만 특
정한 일시와 장소에서 누구를 겨냥할 것을 꾸민 것은 손이 아니
다. 그래서 우리는 손만이 아니라 범행을 꾀하고 의논한 정신의
주인까지 함께 처벌한다.

행동을 한 것은 몸이고, 몸을 움직인 것은 감정이다. 그렇다면
『중용』의 지은이는 화까지만 말하면 될 텐데 왜 중까지 이야기를
하는 것일까?

먼저 화(和)를 살펴보자. 화는 즐거움, 슬픔 등의 개별 감정이
사태에 따라 표출되고, 표출된 양상이 기준에 들어맞는 것을 말한
다. 쉽게 말해, 화는 감정을 상황에 맞게끔 적절하게 드러내는 것

이다. 이를테면, 기뻐할 만큼 기뻐하고, 화낼 만큼 화내고, 슬퍼할 만큼 슬퍼하고, 즐거워할 만큼 즐거워하면 된다.

하지만 실제 생활에서 도대체 어떤 일에 얼마만큼 기뻐하고 얼마만큼 슬퍼하는 것이 적절한지 기준을 정하기란 결코 쉽지 않다. 예를 들어 착한 일을 한 아이에게, 얼마 동안 무슨 말로 어떻게 칭찬을 해야 하는지 정할 수 있을까? 또 프로야구 선수가 뜬공을 잡지 못해 실점을 했다면, 감독이 휴식 시간에 그 선수에게 얼마나 화내는 것이 적절하게 화내는 것일까?

물론 이것은 엄밀하게 시간이나 숫자로 계량화해서 규정할 수는 없다. 하지만 화를 내면서 다칠 정도로 폭행을 한다든지 오랜만에 만난 친구를 반긴다면서 눈웃음만 친다면, 우리는 그 정도가 지나치거나 모자란다고 판단할 수 있다. 화를 낸 사람도 냉정해지고 난 뒤 "내가 좀 지나쳤나?"하고 후회하기도 하고, 웃기만 했던 사람도 "내가 오늘 너무 무심했나?"라며 계면쩍어할 수 있다. 즉, 이것은 모두 상황에 들어맞는 적절한 표현이 있고 그것에 미치지 못하거나 넘칠 경우 문제가 된다는 것을 말한다.

이 적정성은 사람이 재량을 발휘할 수 있으면서도 동시에 공동체에서 지나치지도 모자라지도 않을 정도로 널리 받아들여지는 상황 적절성의 뜻으로 이해하면 좋을 듯하다. 이런 의미에서 화는 상황에 맞게끔 감정을 표출하는 것, 즉 상황에 대한 당사자의 승인, 호의와 기피, 적대 의사 등을 합당하게 드러내는 것이라고 할 수 있다.

공자와 한비자가 제기했던 변덕과 탐닉, 과잉과 온정이라는 감정의 문제는 결국 화(和)와는 무관하고 불화(不和)와 관련이 있다. 감정이 조절되어 화의 상태를 벗어나지 않는다면 변덕과 온정 등의 문제 자체가 생겨날 리 없기 때문이다. 이처럼『중용』의 저자는 감정 문제의 발생 원인을 불화로 돌리고, 그것에 의거해서 감정을 공격한다고 하더라도 감정을 옹호할 수 있는 길을 찾은 것이다.

그럼 화의 발견으로 감정이 문제시될 수 있는 위험에서 벗어난 것일까? 만일 그렇다면 다시 중에 대해 이야기할 필요가 없을 것이다.

『중용』7장에 보면 공자의 흥미로운 고백이 나온다. 공자는 주위 사람들에게서 "당신 참으로 지혜롭다."고 칭찬을 받았던 모양이다. 그렇지만 그런 자신도 다른 사람이 작정하고서 자신을 위험에 빠뜨리려고 음모를 꾸미거나 꼬투리를 잡기 위해 함정을 파면 영락없이 걸려들 수밖에 없다고 고백한다.

공자라면 성인(聖人)인데 왜 음모와 함정을 간파할 수 없었을까? 유교에서 성인은 같은 부류 중에서 뛰어난 자, 탁월한 자를 가리킬 뿐이다. 결코 전지전능한 신과 같은 존재가 아니다. 그럼에도 우리가 성인을 신처럼 생각한다면, 그것은 성인을 너무나도 특별하게 보아 보통 사람과 다른 존재로 여기는 선입견 때문이리라.

만약 공자 자신의 말대로 누군가의 음모에 멍청하게 당했다는 것을 나중에 안다면, 그는 자기 자신에 대해 어떻게 해야 할까? 바보같이 당한 자신에게 적정하게 화를 내야 할까? 아니면 일의 전개 과정을 면밀하게 관찰해서 상대의 노림수를 꿰뚫어 알아차리지 못한 자신의 어리석음을 반성해야 할까?

당한 것은 억울하고 분통 터지지만 피할 수 없었던 만큼 자신에게 화를 낼 수는 없는 노릇이다. 그럼 피할 수 없어 당했으므로 그냥 넘어가도 좋은가? 다음에 또 당해도 같은 소리를 할 것인가? 그렇지는 않다. 이 일은 지성의 발휘가 정확했는지 반성해야 할 문제이므로 그대로 넘어갈 수 없다.

공자의 고백처럼 감정의 조화로만 풀 수 없는 문제 상황이 있다. 불화의 감정만이 아니라 화의 감정도 규제를 받아야 한다. 여기서 바로 화를 넘어서 중이 등장하게 된다.

중(中)은 어떤 상황에서 감정이 적절하게 표출된다고 하더라도 그 감정이 과연 표출되어야 하는 건지 검토하도록 한다. 이런 측면에서 중은 기준의 기준이 된다. 화가 감정을 적절하게 표출하도록 하는 기준이었는데, 중이 그 화 자체를 다시 규제하기 때문이다. 이제 앞에서 왜 양파 껍질 이야기를 끄집어냈는지 이해가 될 것이다. 행위가 전부가 아니라 그 껍질 다음에 불화와 조화의 감정 껍질이 있고 또 그 다음에 중의 껍질이 있는 것이다.

중은 기쁨, 성냄과 같이 개별 감정이 드러나지 않은 것이다. 감정이 어느 방향으로 기울어져서 드러나면 슬픔, 즐거움 등의 상태에 있는지 지각하고 분류할 수 있다. 그렇지만 중은 개별화되지 않으므로 감각적 지각을 넘어서 있다. 또 중은 모든 존재자들, 특히 인간이 인간다움을 실현하기 위해서 반드시 가져야 하는 가치와 직접 연결이 되어야 한다. 이런 맥락에서 중은 존재자의 본성, 특히 사람의 경우 어떠한 상황에서도 마땅히 행해야 할 바른 길, 즉 도리를 나타낸다고 할 수 있다.

완전한 중화가 이루어지면……

우리나라 대통령들은 취임사에 자신의 재임 기간에 한국이 여러 분야에서 발전을 이룩할 것이라고 주장한다. 발전된 상태를 묘사하면서 '정의가 강물처럼 흐르는 사회'라는 표현을 즐겨 사용한다. 수사적으로 멋있는 말이다. 이 말이 몇 번이나 반복되었으므로 한국은 정의가 강물이 아니라 홍수가 날 지경이어야겠지만, 현실에서 불의가 사라진 적은 없다.

『중용』의 지은이는 중과 화를 통해 감정의 문제를 해결하고 나서도 이야기를 그치지 않는다. 내친김에 이상까지 말한다. 완전한 중화가 이루어지면 세상은 어떻게 바뀔지 다음처럼 희망적으로 예측한다.

중정과 조화가 완전한 상태에 이르면 하늘과 대지가 제자리를 잡고 만물이 잘 자라게 된다.(1장)

『중용』에서 표현한 희망은 '정의가 강물처럼 흐르는 사회'와 그렇게 달라 보이지 않는다.

나라를 다스리는 왕의 입장에서 이 구절의 의미를 이해해 보

자. 현실에서 왕은 둘로 나눠 볼 수 있다. 하나는 중화와 반대되는 정치를 하는 경우고, 다른 하나는 중화에 들어맞는 정치를 하는 경우다. 정치 지도자의 유형에 따르면, 전자는 폭군의 길이고 후자는 성군의 길이다.

오늘날의 단체나 가정에도 작은 폭군들이 있다. 이들은 개인의 감정을 공적 영역으로 끌어들이고, 다른 사람의 작은 실수에 필요 이상으로 성내고, 감정 변화가 너무 심해서 가정과 단체 사람들을 숨쉬기도 어렵게 만든다. 이런 인물이 있다면, 그 단체의 경우 일은 일대로 나빠지고 관계는 관계대로 틀어진다.

반면에 감정 조절이 되고 원리 원칙을 철저하게 지키고 공과 사를 확실하게 구분하는 생활 속의 작은 성군도 있다. 그 사람과 함께 있는 것만으로도 우리는 웃음을 짓게 되며 행복을 느끼게 된다. 언론 매체에 이따금 소개되는 주변의 미담 사례 주인공이나 선우경식(1945~2008),* 마더 테레사도 그에 해당된다.

*가톨릭의대를 나와 미국 유학을 마치고 국내 종합병원에서 근무하다가, 1983년에 신림동 철거민촌 의료 봉사를 하면서 인생의 진로를 바꿨다. 1987년 신림동 요셉의원을 설립하고, 1997년 영등포역 인근 쪽방촌으로 병원을 옮긴 후에도 노숙자와 행려병자들을 돌보았다. 21년간 연인원 40여만 명이 요셉의원에서 무료로 진료를 받았다.

진리는 가까운 곳에 있다

수영을 배우는 사람이 혼자서 물에 뜨기 어려워도 킥보드(kick board)를 잡으면 그럭저럭 물에 뜨게 된다. 초보자는 킥보드 없이 헤엄치는 사람을 보면 그렇게 될 날이 멀어 보일 것이다. 2008년 베이징 올림픽 400m 수영 대회에서 우승한 박태환 선수와 비교하면 더 멀어 보이고, 8관왕을 이룩한 마이클 펠프스 선수와 비교하면 훨씬 더 멀어 보인다. 아니 메울 수 없을 정도로 멀어진다. 이처럼 차이가 너무 크면 수영을 하고 싶은 생각조차 하기 어렵게 된다. '가깝다'와 '멀다'는 단순히 거리상의 차이를 나타내기도 하지만 가능과 불가능을 나누는 경계로 쓰이기도 한다.

『중용』을 보면 도리가 만물, 특히 사람에게서 멀리 떨어져 있지 않고 가까이에 있다는 말을 여러 곳에 걸쳐 되풀이한다.

도리(道)란 잠시라도 떨어질 수 없다.: 떨어질 수 있다면 도리가
아니다.(1장)

도리는 사람에게서 멀리 떨어져 있지 않은데, 사람이 도리대로 살면서 사람에게서 멀어진다면 도리라고 할 수 없다.(13장)

도와 사람의 관계를 이야기하고 있다. 도는 사람에게서 멀리 떨어질 수 없고 반드시 함께 붙어 있어야 한다. 그렇지 않고 도가 사람에게서 멀리 떨어진다면 사람은 결코 도에 다가갈 수 없으며 자신과 무관한 것으로 간주할 것이다.

그런데 생각해 보면 뭔가 이상하다. 수영의 예에 비춰 보면, 수영이야 잘하면 좋겠지만 인생에서 꼭 해야 하는 것은 아니다. 즉, 할 수도 있고 못할 수도 있다. 하지만 도리란 사람이 사람답게 살려면 반드시 해야 한다. 도는 사람이 어떠한 조건에 있든지 상관없이 존중되고 실현되어야 한다. 그만큼 도는 절대적인 지위를 갖고, 사람은 그것을 실현할 의무를 갖는다.

위의 인용문을 보면 이야기가 좀 다르다. 도가 사람에게서 멀어지면 아예 도가 될 자격이 없다고 한다. 인용문에 '도' 대신 '신의 명령'을 넣어 보라. 그러면 그 말이 얼마나 이상한지 훨씬 더 분명하게 된다.

『중용』의 저자는 왜 이런 말을 하는 것일까? 도가 사람을 시험하는 것이 아니라 사람이 도를 시험한다는 것을 말하고 싶어서 그랬을까? 도가 멀어지면 사람들이 도를 어렵게 생각하게 될까 봐 그랬을까? 이런 측면이 없는 것은 아니지만 충분하지는 않다.

잘 생각해 보면 인용문은 도 자체를 부정하는 것이 아니라 도의 특성에 제한을 두는 말로 읽힌다. 사람을 개별적인 사람으로 보지 말고 일상의 삶으로 생각해 보자. 이런 풀이를 할 수 있는 실마리를 13장에 대한 주희의 주석에서 얻을 수 있다.

> 도는 본성대로 따라가는 것일 뿐이다. 진실로 보통 사람들이 충분히 알 수 있고, 충분히 실천할 수 있다. 그래서 늘 사람에게서 멀리 떨어져 있지 않다. 만약 도를 실천하는 사람이 비근(卑近)한 것을 싫어해서 실천할 만한 가치가 없다고 생각하고 반대로 고원 (高遠)하고 실천하기 어려운 일에 힘쓴다면 도라고 할 수 없다.[42]

주희가 도를 비근한 것과 고원한 것으로 크게 나누는 데에는 당시 사상계의 풍토가 반영되어 있다.[43] 당시 도교에서는 기의 수련을 통해 유한한 인간이 무한한 신적 존재가 될 수 있다고 주장했다. 또 불교에서는 세계를 실재가 아니라 환상으로 본다. 따라서 세상살이를 고통으로 보므로 출가하여 수행을 해서 윤회의 사슬을 끊어야 한다고 주장했다. 주희가 보기에 도교와 불교의 학설은 하나같이 보통 사람의 지성으로 따라갈 수 있는 것이 아니었다. 또 보통 사람의 노력으로 실현 가능한 것도 아니었다. 즉, 도교의 신선과 영생, 그리고 불교의 해탈과 윤회, 출가 등은 사람에게서 너무 높고 아득하여 실천하기 어려운 것이었다.

반면에, 유학에서 말하는 도리는 사람이 살아가면서 늘 겪는 일상생활과 직결된다. 그런데 사람들은 그것을 시시하게 생각해서 탐구하고 실천할 의욕을 느끼지 못한다. 그렇지만 주희는 비근한 것이 바로 도리의 생명력이고 유학의 장점이라고 보았다. 사람이 가져야 할 도리는 특별한 사람이 추구하는 것이 아니라 누구나 알 수 있고 실천할 수 있는 일상의 윤리다. 그것은 세상과 인연을 끊고, 수행에 정진하며, 해탈을 구하는 것이 아니다. 형제자매끼리 싸우지 않고, 친구와 선의의 경쟁을 하고, 공무원으로서 직무를 충실히 실행하는 것이다. '일상의 재발견'이라고 할 수 있다.

이렇게 보면 『중용』에서 도와 중용은 유일신의 계시, 칸트가 말하는 정언 명령 등과 성격이 완전히 다르다는 것을 알 수 있다. 계시는 신의 명령이므로 달리 행동할 수 없고, 정언 명령도 결과를 따지지 않고 옳기 때문에 무조건 해야 한다. 그것은 일상생활에서 찾아보기 힘들더라도 있어야 하고 그럴 가치가 있으므로 사람들이 반드시 실천하고 지켜야 한다. 반면, 도와 중용은 철저하게 일상생활에 뿌리박은 윤리적 가치를 확산시키고자 한다. 따라서 도와 중용의 삶을 산다고 하더라도 현재의 나를 초월하여 전혀 다른 존재가 되는 것은 아니다. 그것은 이미 본성으로서 나에게 있는 것을, 일상생활에서 전면적으로 널리 퍼뜨려 무한히 확대 재생산하는 삶이라고 할 수 있다.

도끼 자루 이야기

『중용』이 말하는 윤리는 이미 인간에게 갖추어진 본성을 바탕으로 한다. 그런데도 그것을 해 보지 않고 어렵게만 생각하는 사람들을 위해서, 『중용』의 지은이는 『시경』에 나오는 〈벌가〉(伐柯, 도끼 자루를 베다)라는 시를 인용하며 자신의 생각을 덧보탠다. 동아시아 철학 문헌에서 사상가들은 진리를 발견하거나 표현하기 위해서 상투적으로 『시경』의 시를 활용하곤 했다.

"도끼를 잡고 쓸 도끼 자루를 베니, 만드는 본이 멀리 있지 않네."
도끼 자루가 낡으면 헐거워지므로 새 자루를 끼워야 한다. 이때
우리는 새 자루를 고르기 위해 한 눈 감고 고개를 비스듬히 해서
쓸 만한 나무를 쳐다보며 자꾸만 "아직 멀었는데……" 하는 말
을 되풀이한다. 그러므로 자기 주도적인 사람은 사람의 기준에
서 사람을 이끌어 가고 상대가 고쳐 나가면 아무 말 없이 그만둔
다.(13장)

인용된 부분은 〈벌가〉의 전체가 아니라 일부분이다. 이해를 돕기 위해 전체 내용을 보면 다음과 같다.

"도끼 자루를 베려면 어떻게 해야지? 도끼가 아니면 안 되지. 아내를 얻으려면 어떻게 해야지? 중매쟁이가 아니면 안 되지. 도끼를 잡고 쓸 도끼 자루를 베니, 만드는 본이 멀리 있지 않네. 내가 내 님을 맞아 그릇에 음식을 담아서 예를 올리네."[44]

시를 잘 모르는 사람도 소리 내서 한두 번 읽어 보면, 〈벌가〉가

나무를 베려면 도끼가 있어야 하듯이 혼인을 하려면 중매쟁이가 있어야 한다는 결혼 풍속을 읊고 있다는 것을 알 수 있다. 도끼는 혼인을 이야기하면서 성적 비유로 끌어들이고 있다.

『삼국유사』에서도 비슷한 비유를 볼 수 있다. 원효대사가 길거리에서 부른 노래다. "누가 내게 자루 없는 도끼를 주겠는가? 내 하늘을 받칠 기둥을 깎으리라!"(誰許沒柯斧? 我斫支天柱!) 이후에 이 노래가 무열왕의 귀에 들어간 뒤 원효는 마침 홀로 된 요석공주와 잠자리를 같이했고, 이로 인해 설총이 태어났다.

『중용』을 보면 〈벌가〉가 결혼과 관련된다는 맥락은 쏙 빠져 있다. 인용 부분만 보면 이 시가 원래 결혼과 관련이 있는지조차 알 수 없다. 『중용』의 지은이는 이 시를 도대체 어떤 맥락으로 바꾸어서 이해하고 있는 것일까?

『중용』의 지은이는 헐거운 도끼 자루를 새것으로 바꾸기 위해서 사람이 나무를 고르고 다듬는 작업 과정을 연상시킨다. 하지만 그 사람은 도끼 구멍에 딱 맞는 자루를 구하지 못하고 계속 "이게 아닌데……" 하는 소리를 되풀이한다. 이어서 군자라는 지도자가 사람을 윤리적 삶으로 이끌어 가는 맥락을 덧붙인다.

이 둘은 뭔가를 만들어 가는 공통점이 있다. 앞의 내용은 낡은 것을 대신해서 새로운 도끼 자루를 만드는 것이고, 뒤의 내용은 사람을 이끌어서 윤리적 삶을 가꾼다는 것이다. 도끼 자루를 제대로 만들거나 윤리적 삶을 제대로 살려면 그 과정을 착착 진행해 나가도록 지침이 있어야 한다.

그 지침을 어디에서 찾아야 할까? 원래 『시경』에 실린 〈벌가〉라면 '외부'에 있는 중매쟁이에게서 찾아야 한다. 그러나 『중용』에서는 외부의 개입을 철저히 배제한다. 장인이 외적 기준을 나무에 적용시키면 만족스런 재료를 찾지 못하고 "왜 없지?"라는 소리를 되풀이한다. 애를 업고서 딴 데에서 애를 찾으면 찾을 수 없다. 이미 기준을 손안에 쥐고 있으면서, 외부의 기준을 들이대니 들어맞는 것을 찾지 못하고 헤매는 것이다.

정치도 마찬가지다. 지금 여기에 없는 초월적 기준을 사람들에게 들이대며 각자 그것에 맞추라고 하면 사람들은 따라오지 않는다. 사람들이 이미 알고 있고, 또 실제로 하고 있어서 누구도 할 수 있고 해야 하는 것으로 사람을 이끌어 가야 한다. 그리고 하나 끝나면 또 하나를 요구하거나 더 높게 이르기를 계속 요구하는 것이 아니라, 일단 윤리적 삶의 세계로 들어서고 나면 개개인이 재량권을 발휘하도록 내버려 두어야 한다. 이렇게 되면 정치가 초월적 원칙에 복종하고 그것을 존중하라고 요구하는 것이 아니라, 내재된 원칙에 주목하도록 이해시키고 설득하는 특성을 지니게 된다.

도끼 자루를 만드는 경우와 마찬가지로 자율적 인간이 세계를 이끌어 가거나 우리가 자신의 삶을 가꾸는 길은 이미 내 안에 있다. 자꾸만 밖에서 찾으려고 기웃거릴 필요가 없다. 그래서 『중용』은 "진실(忠)과 관용(恕)은 도와 멀리 떨어져 있지 않다. 나에게 시킬 경우 내가 바라지 않는 것이라면 주위 사람에게도 시키지 마라."(13장) 하고 말한다. 왜냐하면 내가 싫은 것은 남도 싫어할 것이기 때문이다. 이렇듯 『중용』은 우리에게 이미 갖추어진 본성을 살펴 윤리적 가치를 확산시키고자 한다.

가까이 있는 것이 어렵다

『중용』에서 말하는 윤리적 삶은 자신이 처한 기본적인 인간관계에 충실하라는 것이다. 우리는 신의 응답을 듣기 위해 끊임없이 기도를 하지 않아도 되고, 보편타당한 도덕 원칙을 정립하기 위해 이론적 탐구에 열중하지 않아도 된다. 또는 윤리적 충돌 상황에서 결국 하나밖에 선택할 수 없는 인간의 한계에 직면해서 고통스러워하지 않아도 된다.

　『중용』에 따르면 그냥 관계를 잘 유지해 나가면 된다. 예컨대 자식이라면 어버이에게 잘하고, 부모라면 자식에게 잘하는 것이다. 그렇다면 실천만 하면 되므로 앞으로는 쉬운 것만 남았다고 할 수 있을까? 『중용』에는 공자의 고백 투의 글월이 남아 있다. 그의 말을 통해 대답의 실마리를 찾아보자.

　　자기 주도적인 사람(君子)이 해야 하는 도리가 네 가지다. 나는 그중에서 한 가지도 제대로 하지 못한다. 자식이 나에게 어떻게 해 주기를 바란다면 그런 자세로 어버이를 모시면 되는데, 나는 아직 잘 못한다. 팀원이 어떻게 하기를 바란다면 그런 자세로 리더를 도우면 되는데, 나는 아직 잘 못한다. 후배가 나에게 어떻게 해 주기를 바란다면 그런 자세로 선배를 모시면 되는데, 나는 아직 잘 못한다. 친구가 나에게 어떻게 대해 주기를 바란다면 내가 먼저 그렇게 하면 되는데, 나는 아직 잘 못한다.(13장)

내가 주위 사람들과 관계를 잘 유지하려고 생각해도 어떻게 해야 하는 건지 그 방안이 선뜻 떠오르지 않는다. 이를 위해서 『중용』의 지은이는 앞에서 충서(忠恕), 즉 진실(忠)과 관용(恕)을 원칙으로 내놓았다. 내가 진실하게 바라는 것이 무엇인지 알고, 내가 진실하게 바라는 것이라면 주위 사람도 그것을 진실로 바라고 내가 싫어하는 것이라면 주위 사람도 그것을 싫어하니, 그에 비춰 행동하라는 것이다.

위의 인용문에서는 진실과 관용의 원칙을 더 구체적으로 설명한다. 앞서 충서에 대해 말할 때는 바라고 싫어하는 것이 어떤 상황에서 일어날 수 있는 경우인지 밝히지 않고 추상적으로 다루었다. 그런데 그다음 인용문에서는 상황을 네 가지로 제시한다. '나'는 자식에 대해 어버이면서 어버이에 대해서 자식인 관계에 있다. '나'는 부하 직원에 대해 상급자이면서 리더에 대해 하급자가 된다. '나'는 후배에 대해 선배이지만 선배에 대해 후배다. '나'는 친구와 서로 친구가 되는 사이다. 내가 놓일 수 있는 관계는 이 밖의 경우로 확대될 수 있을 것이다.

『중용』에서 말하는 '나'는 신의 창조물도 이성적 동물도 아니다. '나'는 중층적인 역할의 집합으로 설정된다. 그리고 '나'의 윤리적 삶은 나와 관계되는 상대에게 잘하는 것이다. 잘하는 기준은

'나'를 관계의 중심축에 놓고서, "내가 A에게 대우받기를 원하는 방식 그대로 B를 대우하라."는 것이다.

이는 구체적인만큼 우리가 일상생활에서 어떻게 해야 하는지 분명하게 알려 준다. 그런데 공자는 왜 쉬워 보이는 원칙을 제대로 하지 못한다고 말하는 것일까? 내가 A에게 바라는 몫과 그것을 B에 실행하는 몫이 다르기 때문이다. 여기서 몫은 꼭 양적인 것만이 아니라 진심, 친절 등의 질적인 부분도 포함한다.

예컨대 자식이 나에게 어떻게 해 주기를 바라는 몫을 그대로 어버이에게 한다고 하지만, 실제로 하는 몫보다 바라는 몫이 크다. 두 몫 사이에 등식이 성립하면 나는 잘한다고 할 수 있다. 하지만 현실에서는 대부분 바라는 몫이 실제로 하는 몫보다 크고, 그 반대의 결과는 잘 나타나지 않는다.

공자는 왜 바라는 몫이 실제로 하는 몫보다 더 큰지 그 원인을 설명하지 않는다. 대신해서 우리가 원인을 찾아본다면 두 가지를 들 수 있을 것이다. 하나는 인간의 심성이 이기적일 수밖에 없다는 점이다. 사람은 주는 것보다 받는 것을 우선시하므로 바라는 몫이 클 수밖에 없다. 다른 하나는 실천의 어려움이다. 윤리적 삶은 원칙을 아는 것으로 끝나지 않고 구체적인 시공간에서 실현되어야 한다. 바라는 몫은 그냥 받으면 해도 저절로 이루어지므로 수동적이다. 그러나 실제로 하는 몫은 적극적으로 해야 한다.

전자가 맞다면, 현실에서 결국 실제로 하는 몫이 바라는 몫보다 더 큰 경우만이 아니라 바라는 몫과 실제로 하는 몫이 같은 경우도 일어나기 어려운 일이 된다. 공자는 실천의 어려움을 그 원인으로 생각했을 법하다.

가까운 데에서 소걸음으로

현세 중심의 일상 윤리가 가까이 있다고 하더라도 우리가 배고프면 밥 먹듯이 윤리적 삶을 자연적으로 살 수 있는 것은 아니다. 일상 윤리도 윤리인 한, 원칙의 인식, 그 원칙의 실천적 적용, 습관의 문제와 맞물려 있다. 원칙을 모르면 윤리와 반대되는 행위를 무턱대고 할 수 있고, 원칙에 들어맞는 현실적 방안을 찾지 못하면 행위를 선택하고서도 후회를 하게 되며, 습관이 되지 않으면 일시적인 윤리적 삶은 가능해도 그 삶이 언제 중단될지 모른다.

> 실행하지 못한 것이 있어서 실행하려고 할 경우, 독실하게(篤) 되지 않으면 그만두지 말 것이다. 주위 사람이 한 번 해서 잘하면 나는 백 번을 할 것이며, 주위 사람이 열 번 해서 잘하면 나는 천 번이라도 할 것이다.(20장)

『중용』의 지은이도 윤리적 삶에서 습관이나 성향이 갖는 중요성을 충분히 알고 있다. 그래서 그는 두 가지 방안을 내놓았다. 하나는 독(篤, 독실함 또는 돈독함)이다. 독은 물리적으로 두꺼운 것을 나타낸다. 행위와 관련해서 하나의 방향이 너무나도 군건하게 뿌리를 내려서 다른 흐름의 끼어듦을 허용하지도 않고 이전으로 돌아가는 것이 불가능하게 된 상태를 가리킨다. 결국 독은 특정한 방향의 행위가 사람의 성품이 되어 그렇게 하지 않으면 안 되는 상황으로 귀결되는 것이다.

예컨대 형제자매 사이의 우애가 돈독하다는 것은 그들 사이를 갈라놓을 수 있는 일이 발생하지 않는다는 뜻이다. 또 둘 사이의 신뢰가 독실하다는 것은 한쪽이 불리한 상황에 놓이더라도 상대를 저버리지 않는다는 것을 가리킨다.

어떻게 하면 이런 독의 상태에 도달할 수 있을까? 『중용』의 저자는 사람마다 차이가 있을 수 있다고 인정한다. 극단적인 경우, 어떤 사람은 단 한 번 해 보고서 다음부터 타고난 천성처럼 똑같이 처신할 수 있다. 어떤 사람은 앞의 사람보다 열 배, 아니 백 배 천 배를 해야만 습성이 되는 경우도 있다. 물론 현실에서는 한 번 해서 되는 사람과 천 번 해서 되는 사람 사이에 수많은 사람이 있을 것이다. 요점은 돈독하게 되기 전까지 결코 멈추지 않고 되풀이하는 데에 있다.

고사 성어에 "도끼를 갈아서 바늘을 만든다."는 마부위침(磨斧爲針), "열 번 찍어 나무를 벤다."는 십벌지목(十伐之木) 등 꺾이지 않는 노력과 의지를 강조하는 말이 많다. 물론 이런 비유는 쌀(米)을 얻기 위해 88번이나 손을 대야 하는 농업 노동과 연관이 깊다(米 자를 쪼개면 八 자 두 개와 十 자 한 개가 나온다). 농사는 힘들다고 도중에 그만두면 앞에 들였던 노동마저 허사가 되니, 시작했으면 끝까지 지속하는 것이 중요하다.

부부와 성인은 다르지 않다

윤리적 삶과 관련해서 빠질 수 없는 주제가 '윤리적 주인 되기'다. 『중용』의 지은이를 비롯하여 윤리적 삶을 이야기하는 사람이라면 자신의 윤리를 책임지고 실천해 나갈 수 있는 주체를 설정하기 마련이다. 오늘날 시민 윤리는 시민이 주체가 되는 윤리다. 요즘 세계화와 국제화가 진행되면서 세계시민 윤리라는 말이 쓰이기 시작하는데, 이는 세계시민이 주체가 되는 윤리를 가리킨다. 『중용』의 지은이 이전에 공자, 맹자 등도 윤리적 삶을 이야기한 만큼 나름대로 주체를 설정한다. 『중용』 이전의 윤리는 성인(聖人) 윤리와 군자(君子) 윤리의 특성을 지닌다.

성인과 군자는 평범한 시민과는 다른 특성을 갖는다. 시민은 역사적으로 접근하면 그 의미가 복잡하지만, 기본적으로 국가의 구성원으로서 정치적인 권리를 가진 주체를 말한다고 볼 수 있다. 즉, 특별하지 않은 일정한 자격을 갖춘 일반 사람을 가리킨다. 반면 성인은 우주의 이치를 통찰할 수 있는 특별한 능력을 가지고서 문명을 건설하고 세계에 질서를 부여하는 사람을 가리킨다. 군자는 성인에 견줄 정도는 아니지만 비범한 재능과 고결한 품성을 가지고서 사회를 이끌어 갈 수 있는 지도자를 가리킨다.

이렇게 보면 성인과 군자는 특별한 능력을 가진 창조적 소수를 가리키므로 일정한 자격을 갖춘 일반 시민과는 다르다. 게다가 성인과 군자는 누구나 갖추고 있는 자격이 아니라 노력으로 성취해야 하는 이상에 해당된다. 여기에 미치지 못하는 사람을 평범한 사람, 즉 범인(凡人)이라고 한다.

성인 윤리와 군자 윤리는 어디까지나 성인과 군자가 주체가 된다. 반면 범부(凡夫, 평범한 사내)는 주체의 지도를 받아서 이끌려 가는 존재에 지나지 않는다. 범부가 노력하면 군자나 성인이 될 수 있다고 하더라도 어떻게 그렇게 되는지 방법이 공개되거나 비법이 전수되지 않는다면 둘 사이의 격차는 줄어들 수 없다. 결국 범부는 성인과 군자가 제시하는 길을 따라갈 자유는 있지만 그들과 나란히 갈 수는 없다.

이와 달리 맹자는 성인과 범부의 차이를 인정하지 않고 동류로 간주했다.

성인으로 알려진 순도 사람이고 보통 사람 '나'도 사람이다. 하지만 순은 세상에 본보기를 보여서 후세까지 이름이 전해지지만 나는 길 가면 이곳저곳에서 눈에 띄는 동네 사람의 신세를 벗어나지 못한다. 이것이 걱정할 만한 일이다. 걱정한다면 어떻게 해야 하는가? 순과 같아지도록 할 뿐이다.[45]

이런 점에서 『중용』의 지은이는 맹자를 충실히 계승한다. 그는 자신이 말하는 윤리적 삶에는 성인과 범부의 차이가 없으며 있다고 해도 얼마든지 줄어서 없어질 수 있는 것이고, 성인마저 한계를 가진 존재로 말한다. 또 범부에 해당되는 '어리석은 부부'가 완전하지는 않지만 주체로 등장할 가능성이 개방된다.

아는 게 없는 시골 부부라도 빼놓지 않고 일상적인 도리를 알 수 있지만, 최고의 도리는 성인이라도 모르는 지평이 있다. 변변찮은 시골 부부라도 일상적인 도리를 실천할 수 있지만 최고의 도리는 성인이라도 완전하게 할 수 없는 한계가 있다.(12장)[46]

　평범한 부부의 지성과 실행 능력이 성인과 똑같다고 말하는 것은 아니다. 그렇지만 부부는 『중용』의 도를 인식하고 그것을 현실에 적용해서 실천할 수 있는 주체의 자격을 성인과 나누어 갖는 존재로 그려진다. 반면에, 성인은 인식과 실천 두 영역에서 불완전하고 한계를 지닌 존재로 그려진다. 전지전능한 신이 아닌 한, 성인이 아무리 많이 그리고 깊이 안다고 하더라도 무지의 공백이 있을 수밖에 없으며 불가능한 일을 가능한 것으로 만들 수는 없다. 이것은 이전까지 성인의 비범한 측면에 주목하고 한계를 들여다보지 못한 인식의 오류를 바로잡는 것이라 할 수 있다. 이로써 묘하게 부부라는 범인과 특출한 성인 사이의 간격이 줄어든다. 『중용』의 저자는 이 점을 "자기 주도적인 사람(君子)이 가야 할 길은 부부 관계에서 단서를 찾을 수 있다."(12장)는 말로 표현한다.

중용, 삶에 균형추를 달다

7

사회 철학에서는 무엇을 사회의 바람직한 상태로 보느냐는 문제와 관련해서 입장이 두 가지로 갈린다.

하나는 사회를 구성한 다양한 집단 또는 계급이 대립과 투쟁을 통해 자신의 이익을 늘리는 것이 당연하다고 본다. 이 견해에 따르면, 갈등은 없어야 할 것이 아니라 더 나은 단계로 나아가기 위해 필요한 것이다. 그리스 철학자 헤라클레이토스(B.C. 540?~B.C. 480?)는 말했다. "전쟁은 만물의 아버지요, 만물의 왕이다." [47], "전쟁이란 공통의 것이며 정의는 투쟁이라는 점, 그리고 모든 것은 투쟁과 필연에 의해 생긴다는 것을 알아야 한다." [48] 여기서 대립은 질서를 파괴하는 것이 아니라 생명을 낳는 힘으로 간주된다. 이런 관점은 마르크스(1818~1883)에게도 이어져서 그는 투쟁을 역사 발전의 원동력으로 간주했다.

다른 하나는 대립과 투쟁을 사회를 해치는 요소로 보고 조화와 화합이 중요하다고 보는 견해다. 중국에서는 전통적으로 조화와 화합을 바람직하며 반드시 달성해야 하는 이상적 상태로 여겼다. 현대 중국을 세운 마오쩌둥(毛澤東, 1893~1976)에 이르러 모순과 투쟁을 새로운 사회를 창조하는 활동으로 보기 시작했을 뿐이다. 전통적인 관점에서 보면, 투쟁은 사회 성원을 이해관계에 따라 편을 나누어 증오의 씨앗을 뿌리는 범죄 행위다. 이런 관점에서는 이기심에 빠지지 않고 동질성과 상호 신뢰를 회복할 때 인간의 진정한 성숙이 이루어진다고 본다.

투쟁과 조화 중 어느 쪽이 『중용』의 세계와 연결될 수 있을까? 지금까지 이야기를 따라왔다면 쉽게 대답을 찾을 것이다. 바로 조화 쪽이다.

『중용』이 탄생했던 전국 시대는 이름 그 자체로 알 수 있듯이 투쟁의 시대였다. 이런 시대 상황에서 개인과 국가는 생존과 존속을 위해 노력할 수밖에 없었다. 이렇게 엄숙한 자기 보존의 요구를 이루기 위해서 개인은 살인 병기가 되고 국가는 병영 국가로 변해 갔다. 극단의 시대가 열린 것이다.

『중용』의 지은이는 전국 시대를 색은행괴(索隱行怪), 즉 남보다 튀기 위해 해괴한 주장을 해 대고 살아남기 위해 극단적인 길을 서슴없이 걸어가는 병든 시대로 규정했다. 그래서『중용』의 지은이는 극단으로 치닫는 시대에 제동 장치를 마련해야 한다고 생각했다. 이를 위해서 그는 동시대 사람들에게 감정과 사고 모두 한쪽으로 치우치지도 기울어지지도 않게끔 균형 의식을 갖추라고 요구한다. 나아가 균형 의식이 머릿속에서만 머물지 않고 실천으로 이어져서 하나의 품성이 되기를 요구한다. 이것이 현실에서 열

매를 맺으려면 어떻게 해야 할까? 『중용』은 다음처럼 말한다.

> 널리 배우고, 자세하게 묻고, 조심스레 생각하고, 분명하게 분별
> 하고, 돈독하게 실천하라!(20장)

기준이 뭔지, 선과 악이 어디에서 갈리는지 모르는 채 무턱대
고 몸을 움직일 수 없다. 그러므로 한 점 의문이 없을 때까지 물어
보고 시간과 공간의 지평을 넓혀서 배움의 범위를 확장해야 한다.
그렇게 해서 알게 된 것을 현실에 적용할 때 성급하게 "이 길이
다!" 하고 외칠 것이 아니라, 이걸 하면 어떻게 되고 저걸 하면 어
떻게 되는지 미리 꼼꼼하게 따져 보고 확실하게 노선이 나누어진
뒤에 선택을 해야 한다. 그리고 작심삼일이 되지 않도록 행위를
통해 자신을 단련하도록 해야 한다.

중의 이론적 측면은 도와 통한다

『중용』에서는 중이 언급되기는 하지만 그것이 무엇인지 직접적으
로 논의하지 않는다. 몇 차례 언급되는 중 자체에만 주목해서는
중의 특성과 의미를 밝혀내기 쉽지 않다. 그래서 중이 가진 어원
과 의미 맥락에 주목해서 그것과 밀접하게 대응하여 쓰이는 어휘
를 살펴볼 필요가 있다.

실마리는 아무래도 '중은 세계의 위대한 근본'이란 구절이다.
이 규정에 따르면 중은 세계에 의미를 부여하고 질서를 수립하는

최종 근거로 자리 잡게 된다. 세계의 모든 존재나 현상은 중과 연관되는 정도에 따라 가치의 높낮이가 결정된다. 이에 따라 중과 어긋나는 것은, 중으로 돌아오기 전에 있을 수 있는 일시적인 상태이거나 중을 결여하고 있는 만큼 병적인 사태를 나타내게 된다.

공자는 『시경』에서 제일 먼저 나오는 시 「물수리」(關雎)에 대해 "즐거워하면서도 빠져들지 않고 슬퍼하면서도 상처받지 않는다."[49]며 매우 칭찬했다. 즐거워할 만큼 즐거워하고 슬퍼할 만큼 슬퍼하는 것은 바로 중과 일치되는 것이고, 그 일치가 완전하게 이루어진 만큼 높이 칭찬한 것이다. 즐거움을 좇다가 그것에서 헤어나지 못하고 슬픔에 빠져 몸과 마음이 망가지는 것은 중과 어긋나는 것이고, 어긋나는 정도만큼 가치가 떨어지는 몸가짐이다.

『중용』에서는 또 『시경』의 「한산 기슭」(旱麓)이란 시를 인용한다. "'솔개가 하늘 높이 날고 물고기가 연못에서 뛰논다.' 위의 하늘과 아래의 물에서 잘 드러나는 것을 말한다."(12장)[50] 인용된 시를 보면 어떤 생각이 드는가? 딱히 뭐가 떠오르지 않는다면, 포수가 솔개를 잡기 위해 총을 겨누고 있고 어부가 그물을 던져 물고기를 잡는 장면과 대비해 보라.

만약 이 시를 읽고서 아름다운 자연의 평화로운 한 장면을 연상했다고 치자. 솔개나 물고기는 생명의 위협을 느끼지 않고 자기의 생활 영역에서 날고 헤엄친다. 시인은 솔개와 물고기를 예로 들어 세계에 참여하는 존재가 본성대로 맘껏 삶을 누리는 것을 표현한다. 그리하여 시를 인용하고서 '무엇'이 "잘 드러난다."고 말한다. 이때 무엇이란 바로 중이다. 왜냐하면 존재가 자신이 있어야 할 자리에 머물고 발휘해야 할 본성을 아무런 장애 없이 드러내기 때문이다.

중은 감정만이 아니라 행동과 사고가 적정한지 그렇지 않은지 평가하는 기준이 되기도 하고, 어긋났다면 되돌아와야 할 목적이 되기도 한다. 아울러 모든 존재가 있어야 할 고유한 자리(본성)이기도 하고, 그 자리를 지킴으로써 이루게 되는 질서, 평화를 나타내기도 한다. 이제 그 유명한 『중용』의 첫 구절을 다시 보자.

하늘이 명령한 것을 본성(性)이라 하고, 본성에 따르는 것을 도리(道)라고 하며, 도리에 체득하는 것이 교육(敎)이다.(1장)

지금까지 이야기한 중이 이곳의 성(性), 도(道), 교(敎), 그리고 나중에 살펴볼 성(誠)과 완벽하게 일치한다는 것을 알 수 있다. 이들은 기독교의 삼위일체와 같은데, 동전의 양면처럼 같은 것을 다른 측면에서 말하는 것이라고 할 수 있다.

나는 이들 중에서도 중이 전면적으로, 특히 이론적 계기에서 도와 일치한다고 생각한다. 도는 모든 존재가 발휘해야 할 본성이며 마땅히 실현해야 할 원칙을 나타낸다.[51] 이러한 단계에 이르러서 다시금 『중용』을 들춰 보면, 중이 적게 언급되는 것이 아니라 가장 많이 논의되는 주제라는 것을 알 수 있다. 2장의 '군자의 중용', 12장, 13장의 '군자의 도', 20장의 '세상의 보편적인 도'를 비롯하여 곳곳에서 도를 논의하고 있다.

주희는 『중용』에 주석을 달면서 4장에서 "도란 자연의 섭리(天理)가 마땅히 그렇게 되는 것으로 중일 뿐이다."고 하면서 도와 중의 일치를 선언한다.[52] 왕양명도 중의 의미를 몰라 힘들어하는 제자에게 "중은 단지 천리"라고 대답한다.

그럼 『중용』의 저자는 기존에 있던 도나 성을 가지고 그것을 확대 발전시키면 되지, 왜 중에 주목했을까? 중이 도를 비롯한 다른 개념보다 어떤 것을 잘 드러낼 수 있는 장점을 지니기 때문이다. 그것은 다름 아니라 원칙과 본성이 가지고 있는 중심성, 균형성, 공정성의 측면이다. 도는 길의 이미지를 통해 사람이 가야 한다는 당위, 가야 할 방향과 목표를 드러내지만 중이 지닌 측면을 나타내기엔 부족한 게 사실이다.

우리는 날아가는 새를 보고도 중을 떠올린다. 좌우 어디에 치우치지 않고 균형을 잡아야 하늘을 날기 때문이다. 우리는 노동이나 놀이를 하면서도 중을 떠올린다. 전후좌우 어디라도 쏠리지 않고 중심을 잡아야 제대로 할 수 있기 때문이다. 박태환이 수영을 잘하는 이유 중 하나가 몸이 완벽하게 좌우 균형을 유지하고 있는 것이라고 한다. 우리는 정치적 선택의 장에서 중을 떠올린다. 당파 의식 때문에 부당하게 한쪽으로 쏠리지 않고 공정하게 판단을 내려야 하기 때문이다. 화내거나 기쁜 자리에서도 중을 떠올린다. 괜스레 감정에 휩쓸려 금지의 경계를 넘지 말아야 하기 때문이다.

시중, 중이 실천과 만나는 지점

주희와 왕양명은 각각 직관에 의거해서 중과 도, 또는 중과 천리를 연결시킨다. 두 사람은 철학사의 대가다. 그들은 위대한 사상가이지만, 치밀하게 논증하는 것이 아니라 일방적으로 선언하는 방식으로 철학을 한다. 그것은 이전에 있지 않던 것을 창조하는 자의 특권이라 할 수 있다.

다시 『중용』을 들여다보면 중과 도를 동일선상에서 볼 수 있는 또 다른 근거를 찾을 수 있다.

> 도가 현실에서 실행되지 않고 있는데, 나는 그 이유를 알고 있다. 지혜로운 자들은 ○에 지나치고 어리석은 자들은 ○에 미치지 못하기 때문이다. 도가 세상에서 밝게 드러나지 않고 있는데, 나는 그 이유를 알고 있다. 현명한 자들은 ○에 지나치고 못난 자들은 ○에 미치지 못하기 때문이다.(4장)

○ 안에 들어갈 말은 무엇일까? 지시할 수 있는 말이 하나밖에 없으므로 그렇게 어려운 문제는 아니다. '도'가 정답이다.

"지나침과 미치지 못함이 없다."는 무과불급(無過不及)과 "치우치지 않고 기울어지지 않는다."는 불편불의(不偏不倚)는 중을 정의하는 술어이자 중의 결정적 특징이다. 이러한 중의 중요한 계기를 4장에서는 보란 듯이 도를 설명하는 논리에 적용한다. 앞에서 풀었던 문제를 다시 풀어 보자. 도 대신 중을 넣어 보라. 전혀 이상하지 않다. 이런 점에서도 중과 도가 서로 통함을 알 수 있다.

중을 정의할 때 무과불급과 불편불의를 함께 사용한다. 그럼 이 둘은 어떤 점에서 다를까?

불편불의는 어느 한쪽으로 치우치지 않는 절대 중심 또는 균형 자체를 나타낸다. 이는 특정한 상태도 아니고 구체적 현실과 결부되지 않는 추상적인 규정이다. 다시 말하면 치우침과 기울어짐을 중과 대비시켜서 중이 가진 특성을 뚜렷하게 드러내는 것이다. 그런 것이 어디에 있느냐고 물을 수 있다. 우리가 칠판이나 종이에 삼각형을 아무리 정성을 다해 그려도 내각의 합이 정확히 180°인 완전한 삼각형을 그릴 수 없다. 그렇다고 우리는 삼각형의 정의를 만족시키는 삼각형이 없다고 말하지 않는다. 이처럼 불편불의의 중을 수학의 개념처럼 생각하면 이해하기 쉬울 듯하다.

무과불급은 무엇이 기준 또는 한도를 넘어서거나 미치지 못하는 측면을 나타낸다. 이는 이론이 현실에 적용될 때 나타나는 행위의 결과와 관련이 있다. 지나침과 미치지 못함은 어떤 기준 또는 한도를 전제로 삼고서 무엇을 측정하여 나타난 결과다.

무과불급을 중의 이론을 현실에 적용하는 것과 연관 지을 때 살펴볼 만한 개념이 있다. 바로 시중(時中)이다. 『중용』의 지은이는 중용에 따르는 군자의 삶과 중용에 반대되는 소인의 삶을 분명하게 대비시킨다.

중용에 따르는 군자의 삶은 자율적으로 중을 현실에 적용하려고

노력한다. 반면 중용에 어긋나는 소인의 삶은 이해관계를 우선·
시하여 어려워하거나 거리끼는 것이 없다.(2장)

중을 현실에 적용시킨다는 것이 시중을 옮긴 말이다. 찬찬히
살펴보자. 시중은 때(時)가 중(中)을 만나는 것이다. 때는 한순간
도 멈추지 않고 쉼 없이 흘러가면서 계속 바뀐다. 때와 중이 만난
다는 것은 중이 현실의 특정한 상황에 맞게 적용되는 것이다. 말
하자면, 시중은 중의 시간화이자 현실화라고 할 수 있다.[53]

이론 차원에서는 중이 언제나 불편불의하는 것이 가능하다.
그러나 중을 현실에 적용할 때에는 그것이 적절한 행위인지 논란
이 생긴다. 예컨대 살인을 보자. 살인의 정의에 들어맞는 행위는
도덕적으로나 법률적으로나 정당화될 수 없는 명백한 범죄다. 그
런데 이 살인이 자신을 살해하려는 명백한 범죄에 맞서서 상대를
살해하는 현실에 적용되면 정당방위가 된다. 또 전쟁에서 상대편
전투원을 살상하는 현장으로 들어설 수도 있고, 불치의 병으로 고
통스러워하는 환자에게 인간의 품위를 지키면서 죽을 수 있도록
돕는 상황 속으로 들어설 수도 있다. 전쟁은 공간, 안사술은 시간
이 두드러지는데, 모두 살인을 규정하는 이론으로만 판정할 수 없
는 구체적 현실의 특수성이 있다.

이처럼 중이 시공으로 짜인 특수한 현실과 만날 때 적절한가
부적절한가 하는 대응의 차이가 생겨난다. 적절했다면 중이 시공
에 성공적으로 안착한 것이지만, 부적절했다면 중이 시공에 제대

로 안착하지 못한 것이다. 후자가 바로 무과불급에서 지나침과 미치지 못함의 상태에 해당한다.

사람이 구체적인 상황에서 중에 따라 행동하려고 할 때, 즉 중과 시가 만날 때, 고려해야 할 사항이 있다.

첫째, 시의 특수성에 지나치게 중점을 두는 일이다. 즉, 어떤 행위의 옳고 그름을 따질 때 일반적인 원칙과 특수한 상황 중에서 후자를 너무 강조하는 것이다. 살인의 경우, 어떤 살인도 부당하다는 원칙보다 살인을 할 수밖에 없었다는 상황을 내세우면 무죄를 주장할 수 있다. 이렇게 되면 기준과 원칙으로서 중을 무시하는 일이 생길 수 있다. 그러면 사람이 하는 모든 것, 심지어 범죄마저도 일어날 수밖에 없는 이유를 지닌 것이 된다. 현실의 절대긍정이라고 할 수 있다. 이것이 바로 『중용』의 지은이가 '어려워하거나 거리끼는 바가 없는'이라고 말하는 소인의 행태다.[54]

둘째, 중과 시가 만나는 지점에서 지침이 있는 경우도 있고 재량을 발휘해야 할 경우도 있다. 일반 원칙은 간명하고 명확한 반면, 현실의 상황은 너무나도 다양하고 복잡하다. 일반 원칙이 세세하게 규정되어 있다면 사람은 그것을 상황에 기계적으로 적용하기만 하면 된다. 하지만 경우에 따라 일반 원칙이 특정한 상황에 완전히 들어맞는지 분명하지 않을 수도 있다. "살인하지 말라!"는 일반 원칙은 어떠한 상황에서도 존중되어야 하는 것이지만, 범죄 현장에서 부당한 폭행을 당할 때 자신을 지키기 위해서 어쩔 수 없이 범인을 죽이는 일이 생길 수 있다.

군인이라면 전쟁에서 싸워 이겨야 한다. 그러나 군인이 살상 무기를 아무렇게나 사용해서는 안 된다. 군인은 교전을 할 때 개인 판단으로 하는 것이 아니라 지침에 따라서 공격을 해야 한다. 이를테면, 2002년 삼팔선과 인접한 연평도 인근 해상에서 남북의 군사 충돌이 발생해 문제가 되었던 '교전 수칙'이나, 세계 전쟁을 교훈 삼아 1929년에 제정하고 1949년에 체결한 '전쟁 포로에 관한 제네바협정' 등이 있다. 하지만 세상살이가 복잡하고 다양한 만큼 모든 상황을 대비해서 지침을 마련할 수는 없다. 행위자가 감정적으로 흔들리지 않은 상태에서 건전한 상식에 근거해서 판단할 수밖에 없다. 이 경우, 사건이 끝난 뒤 그 대응이 적정했는지 그를 하려면 얼마만큼 해야 하는지 규정을 정할 수 없다.

그래서 그런지 공자도 일찍이 말했다. "자율적 인간(君子)이 세상 속에 있으면서 꼭 해야 하는 것도 없고 꼭 해서는 안 되는 것도 없다. 상황에 맞게 적절하게(義) 하면 된다."[55] 여기에 시중이란 말은 없지만 대신 의(義, 상황 적절성)를 통해 같은 의미를 전달하고 있다.

맹자도 자막(子莫)이 중을 강조하면서 그 중을 고정된 실체로 해석하는 것을 강렬하게 비판했다. "중을 존중하더라도 임기응변을 인정하지 않으면 하나를 고집하는 것과 같다. 하나를 고집하는 것을 미워함은 도리를 손상시킬 뿐만 아니라 하나를 지키려다 백가지를 잃어버릴 수 있기 때문이다."[56]

셋째, 시와 중의 모순이 너무 크면 시가 중의 특성과 본질을 변화시킬 수도 있다. 이 경우는 첫째와 구별해야 한다. 첫째 경우는 개인적인 목적이나 상황의 특수성에서 시와 중의 모순이 극대화될 수 있었다. 하지만 이번에는 개인의 목적보다도 역사성에 따라 시와 중의 모순이 격화되는 것이다. 시대가 변하는데도 도덕 원칙이 영원하다면 현실과 원칙이 부딪치지 않을 것이다. 그러나 과거의 진리가 시대 상황에 따라 거짓으로 바뀐다면 둘 사이의 충돌이 일어날 수밖에 없다.

예컨대 과거에는 여성의 사회적 지위나 역할이 남성보다 못한 것으로 여겼다. 여성이 사회에 참여하거나 재혼을 하는 것마저도 풍습이나 도덕과 어긋나는 것으로 여겼다. 이때 중은 현모양처나 정숙과 같은 규범이고, 시대 상황은 여성이 사회보다 가정에서 자신의 역할을 찾고 일부종사(一夫從死, 한 남편만을 섬김)하는 것이 된다. 그런데 근대 사회에 이르러 모든 사람이 천부 인권을 가진 것으로 여겨지면서 여성의 차별이 부당한 것으로 간주되었다. 이제 여성들이 자유연애를 하고 재혼을 하게 되었다. 이러한 '신'여성을 기존의 전통 도덕인 중에 따라 평가하려 든다면, 사람들은 도덕을 저버리게 될 것이다. 그렇게 되지 않으려면 중이 여성 차별적인 도덕에서 자유, 평등과 어울리는 도덕으로 탈바꿈해야 한다. 이것이 바로 역사성에 의해서 시와 중이 충돌하는 사례다.

용, 성품을 기르는 자기 주도의 훈련 과정

아리스토텔레스의 분류에 따르면 윤리, 기예, 정치 등은 공통점을 지닌다. 이것들은 모든 경우에 똑같이 적용되는 보편적인 것보다 이렇게 될 수도 있고 저렇게 될 수도 있는 개별적인 것과 관련을 맺는다. 아울러 이것들은 추상적 원칙을 인식하는 것으로 충분하지 않고 최종적으로 실천을 통해 이루어진다.[57]

내가 책상을 만든다고 해 보자. 모든 책상을 청와대의 대통령 집무실 책상처럼 만들 필요는 없다. 책상을 놓는 공간, 개인의 취향에 따라 책상의 기능을 할 수 있게끔 만들면 된다. 이런 인식 과정을 거치고 책상을 만드는 실천을 통해 개별적인 책상이 현실에 모습을 드러내게 된다.

이번에는 내가 법정에서 어떤 혐의를 입증할 중요한 증언을 해야 하지만, 그로 인해 내가 위험해질 수 있는 상황을 가정해 보자. 내가 보고 들은 사실을 혼자만의 공간에서 아무리 부르짖어도 혐의를 밝히는 데에는 아무런 소용이 없다. 내가 사람의 도리를 다하려면 용기를 내서 판결을 내리는 판사와 배심원이 있는 장소에서 보고 들은 대로 말해야 한다. 이를 통해 내가 보고 들은 것이 혼자만의 것이 아니라 모두가 참조할 수 있는 사실이 되고, 그 덕택으로 혐의가 제대로 밝혀지게 되는 것이다.

사이보그라면 프로그래밍대로 행동을 되풀이한다. 즉, 윤리의 추상적 원칙을 모든 현실에서 그대로 되풀이할 것이다. 그러나 사람의 경우는 어떠할까? 먼저 공자가 자신의 윤리적 삶에 대한 불안을 고백하는 글을 보자.

사람들이 모두 나더러 지혜롭다(知)고 하지만, 만일 누가 나를 몰아 음모와 함정 속에 빠뜨리려고 한다면 나는 어떻게 피해야 하는지 모른다. 사람들이 모두 나더러 지혜롭다고 하지만, 나는 실제로 중용의 삶을 선택하더라도 한 달 동안 충실하게 그렇게 살지 못한다.(7장)

사람들이 공자에게 지혜롭다고 한 것은 그가 중의 이론을 잘 안다는 말일 것이다. 공자는 그 말을 정면으로 부정하지는 않고, 다만 현실 생활에서 사람들의 속임수를 간파하지 못하고 당한다고 말한다. 이것은 경제학자가 경기와 물가 등의 경제 현상을 연구하지만 주식 투자를 해서는 재미를 보지 못하는 것처럼, 공자도 중의 이론을 꿰뚫고 있지만 중을 현실에 적용할 때에는 틀릴 수 있다는 것을 말한다.

다음은 공자가 자신의 제자 안회의 윤리적 삶을 관찰하고 평가하는 글이다.

안회의 사람 됨됨이를 보면, 중용의 삶을 선택해서 하나의 선을 발견하면 그것을 소중히 가슴에 품고서 결코 잃어버리지 않는다.(8장)

안회가 발견한 '하나의 선'이란 그가 중을 현실에 적용하여 사람들에게 적정하다는 공인을 받은 것을 가리킨다. 효도의 경우 부모님이 좋아하는 것을 해 드리면 되지만, 같이 살면서도 그게 무엇인지 잘 모를 수 있다. 우연한 계기로 부모님이 족발을 좋아한다는 걸 알게 되면 그 사실을 잊지 않고 이따금 사 드리면 된다.

또 늘 겪게 되지만 마땅히 어떻게 해야 할지 지침이 없어 답답한 일들이 많다. 예컨대 조문을 갔을 때 상주에게 뭐라고 위로의 말을 건네야 하는지, 범행을 부인하는 혐의자를 어떻게 잘 취조해서 사실을 밝혀내야 하는지, 진실을 말하는 것과 친구 사이의 우정을 지키는 것 사이의 윤리적 갈등을 어떻게 잘 조정해야 하는지 말이다.

이 경우 한 번 사태를 해결했다고 좋아하며 그냥 넘어갈 게 아니라, 소중하게 간직해서 비슷한 상황에서도 늘 같게 행동할 수 있도록 해야 한다. 안회가 가슴에 품었다는 것은 하나의 품성이 되었음을 말한다.

우리는 공자와 안회의 사례를 통해 일상생활의 비슷한 상황에서 윤리적 삶을 재연하는 것이 쉬운 일이 아니라는 것을 알 수 있다. 그와 함께 하나의 품성으로 굳어질 때까지 계속 노력해야 한다는 사실을 알게 되었다.

행위의 지속과 관련해서 『중용』의 저자는 독행(篤行)을 강조한다. 독이란 하나의 바람직한 행위가 되풀이해서 일어나고 좋지 않은 이전의 상태로 되돌아가는 일이 결코 발생하지 않도록 윤리적 행위를 강화하는 것을 말한다. 예컨대 형제 사이가 안 좋은 사람이 이제부터 동생에게 잘해 주겠다고 결심하고서 잠시 동생과 사이좋게 지내다가 다시 예전처럼 다투고 싸운다면, 그것은 독의 상태라고 할 수 없다. 독의 상태가 되면 동생과 잘 지내겠다는 결심이 굳건하고 행위로도 꼭 그렇게 나타난다.

『중용』의 저자가 행위의 재연, 윤리적 삶의 지속에 얼마나 관심을 지녔는지 또 다른 개념을 통해서 살펴보자. 하나는 성(誠)이고 다른 하나는 용(庸)이다. 성은 Ⅲ부에서 자세하게 살펴보기로 하고, 여기서는 용을 알아보자.

> 일상적인 덕행을 실제로 해 나가고 일상적인 언어생활을 조심한다. 덕행과 언어생활에 충분하지 않은 점이 있다면 채우기 위해 노력하지 않을 수 없고, 또 지나친 점이 있다면 절제하지 않을 수 없다. 말은 행실이 따라올 수 있을지 고려하고, 행실은 말이 책임질 수 있는지 고려한다. 이와 같다면 자율적 인간(君子)이 독실하지(慥慥) 않을 수 있겠는가?(13장)

마지막에 나오는 조조(慥慥)는 앞에 나온 독(篤)과 같은 뜻이다. 윤리적 삶에서 하나의 행위 성향이 독실한 상태에 이르기 위해서, 사람은 그 틈새를 지속적으로 메워야 한다. 이때 수행의 대상은 오륜의 인간관계에서 늘 하는 덕행이고 늘 하는 말이다.

늘 하는 것이기에 대수롭지 않게 여길 수 있다. 하지만 우리 생활에서 그렇게 사소한 말 한마디와 행동 하나로 사람의 관계가 벌어져서 회복하기 어려운 상태가 되지 않던가? 사태의 핵심을 찌르거나 품위가 있는 언행보다 자극적이고 폭력적이며 저주하는 독설을 훌륭한 논쟁으로 여기는 사회라면, 언행의 중용은 더욱 존중해서 길러야 할 품성이다.

정리하면, 용은 누가 시켜서 억지로 하는 것이 아니라 스스로 상황에 어울리게 행동하고 그런 행동이 비슷한 상황에서 되풀이될 수 있도록 자기 주도적으로 노력하는 것이라고 할 수 있겠다.

극단의 모험을 넘어 공정한 관점과 균형 잡힌 삶으로

사회 체제의 측면에서 보면, 『중용』에서 말하는 중용은 체제의 변화나 혁명보다는 체제의 유지나 안정을 강조한다. 따라서 『중용』이 정치적 보수주의를 대변한다고 볼 수 있다. 『중용』이 극단의 시대에 지어진 상황을 고려한다면, 보수주의를 표방한다고 하더라도 그럴 만한 이유가 있다고 생각할 수 있을 것이다.

극단의 광기는 인간에 대한 폭력을 민족과 국가, 독재자 개인의 영광을 위한 희생으로 미화시키지만, 극단으로 기울어진 진보는 일시적으로 혼란하다 해도 사람을 더 나은 미래로 이끈다. 따라서 중용이 지니는 안정론은 새로운 것에 들어 있는 희망을 제대로 보지 않는다는 혐의를 받기도 한다. 그러나 중용에 깃든 진정성은 사람이 사람으로서 지켜야 할 고귀한 가치를 돋보이게 만든다. 이런 점에서 『중용』은 보수주의의 색채를 띠지만, 우리는 그속에서 인간 존엄의 극대화, 즉 오류 없는 윤리적 삶을 위한 열정을 길어 올릴 수 있다.

아리스토텔레스는 『니코마코스 윤리학』에서 중용이 "지나침과 모자람이 아니라 중간을 선택"하는 것이고, "그 중간이란 올바른 이성을 이야기하는" 것이라고 주장했다.[58] 그는 운동선수에게 음식을 제공할 때 10단위가 많고 2단위가 적다고 해서 단순히 6단위를 주는 것이 중용은 아니라고 말한다.[59] 아리스토텔레스는 자신의 중용이 산술적 비례에 따르는 중간으로 이해되지 않기를 바랐다. 하지만 그의 중용은 양극단을 피하면서 중간이 가장 안전하다고 하는 적당론으로 오해받기도 했다.

아리스토텔레스는 앞의 말과 뉘앙스가 다른 말도 했다. "마땅히 그래야 할 때, 또 마땅히 그래야 할 일에 대해, 마땅히 그래야 할 사람들에 대해, 마땅히 그래야 할 목적을 위해서, 또 마땅히 그래야 할 방식으로 감정을 갖는 것은 중간이자 최선이며, 바로 그것이 탁월성에 속하는 것이다."[60] 이 말을 좀 적극적으로 해석하면, 구체적인 상황에서 불같이 분노를 드러내는 것이 지나친 게 아니라 오히려 중용에 따른 감정 표현이자 행위가 될 수 있다.[61]

중용을 지나침과 모자람이 아닌 중간으로 규정하게 되면, 문화권마다 중용의 덕행과 언행이 무엇인지 나름대로 지침이 있게 된다. 예컨대 비겁함과 무모함에 대한 용기가 중용인 것이다. 이와 달리 마땅히 그래야 하기에 그렇게 하는 경우는 행위자에게 많은 재량권이 주어지고 어떤 상태가 중용인지 언어적으로 규정하기가 어렵다. 이는 중용의 이중적 특성이라고 할 수 있다.

사실 아리스토텔레스가 말하는 중간으로서 중용은 『중용』을 비롯하여 동아시아 문화권에서 잘 나타나지 않는다. 반면 마땅함을 따르는 것으로서 중용은 동아시아 문화권의 중용과 부분적으로 겹치는 면이 있긴 하지만 같은 것은 아니다. 바로 이 점이 같은 중용을 주제로 윤리적 삶의 탁월성을 논의한다고 하더라도 아리스토텔레스와 『중용』이 차이를 보이는 지점이다.

이제 『중용』을 통해 동아시아 문화권에 나타나는 중용의 형식을 살펴보자. 『중용』과 논리적 연관성을 가진 『서경』과 『논어』에서 중용의 언어적 형식을 뽑아낼 수 있다.[62] 이를 통해서 동아시아의 중용의 특성이 한층 더 명백하게 드러날 것이다.

첫째, A하면서 B하기. 『서경』에 보면 "너그러우면서 위엄이 있고, 부드러우면서 꿋꿋하고……"처럼 상반된 감정 또는 자세가 동시에 열거된다.[63] 행위자가 A쪽이나 B쪽 한 방향으로만 기울어지는 것이 아니라 A를 주도적으로 하면서 B로 보완하고, 반대로 B를 주도적으로 하면서 A로 보완하게 한다.

둘째, A하지도 않고 B하지도 않기. 『논어』에서 공자는 몇몇 인물의 처세를 특징적으로 설명하고서 자신의 입장을 밝힌다. "나는 이들과 다르다. 꼭 그래야 하는 것도 없고 꼭 그래서 안 된다는 것도 없다."[64] 이 형식은 행위자가 전적으로 재량권을 행사하는 사태이기도 하고, 윤리적 삶이 언어적으로 규정되기 어려운 특성을 갖는다는 것을 나타내기도 한다.

셋째, A하면서도 B하지 않기. 공자는 정치를 하면서 미덕을 지켜야 한다고 요구했다. "은혜를 베풀더라도 낭비하지 않고, 힘들게 시키더라도 원망하지 않게 하고, 뭔가를 바라더라도 탐내지 않는다."[65] A 자체만으로도, 중용에 해당된다. 하지만 행위자가 중용인 A에 머물지 않고 넘어서면 반드시 B의 상태로 진행될 내재적 개연성이 있다.

『중용』의 지은이가 말하는 중용이 모든 사태에 관련해서 언어적 형식으로 규정될 수는 없다. 하지만 세 가지 형식으로 동아시아 문화권에서 중용이 사용되는 맥락이 꽤 드러난다.

이제 마지막으로 중용의 형식에 내재된 특성을 살펴보자.

첫째, 아리스토텔레스는 사유의 형식으로 모순을 극력 배제하려고 했지만, 『중용』의 지은이는 모순의 공존을 주장한다. 감정의 표현과 행위의 전개가 A만이 아니라 반대되는 B까지 끌어안는 창조적 종합이 중용의 특성이다. 우리가 일상에서 찾을 수 있는 사례로는 "오냐오냐 받아 주면 버릇이 나빠지므로 때로는 엄격할 필요가 있다."는 경우를 들 수 있다. 이것은 부모가 자식을 양육하는 태도와 관련된다. 이를 중용의 형식으로 바꾼다면 "사랑하면서도 엄격하라."(愛而嚴)고 할 수 있다.

둘째, 중용에는 어떤 이념과 원칙을 현실에 그대로 적용할 수 없을 정도로 현실의 다양성이 긍정된다. 공자는 지식인의 현실 참여와 관련해서 반드시 어떻게 해야 한다는 원칙을 내놓지 않는다. 그는 마르크스가 "이제까지 철학자들은 단지 세계를 다양하게 해석해 왔을 뿐이다. 그러나 문제는 세계를 변혁하는 데에 있다."고 하면서 변혁의 특정한 방법을 제시했던 것과 같은 방식을 만능으로 보지 않을 것이다. 공자는 지식인의 현실 참여를 부정하지 않았지만 사회를 분석하고 성찰하는 지식인의 이론적 활동도 중시했으며, 이론이 현실로 실현되는 데에 여러 가지 방법이 있다고 보기 때문에 특정한 방식을 절대시하지 않았다.

이런 점에서 동아시아 문화권에서는 이념, 원칙 우위의 사고가 자리 잡기보다는 융통성, 탄력성과 같은 균형적 사고가 긍정된다. 동아시아 문화권에서는 상황을 획일적으로 규정될 수 없는 유동성을 지닌 것으로 보고, 사태를 하나로 뭉뚱그릴 수 없는 특수성을 가진 것으로 보기 때문이다.[66]

요약하면, 모순의 공존, 현실의 다양성 긍정이라는 사유가 균형성과 융통성을 그 특징으로 하는 중용을 낳았다고 할 수 있다.

Ⅱ

정치와 효

효에 따라 국가를 다스리다

정치, 중용의 확산

아리스토텔레스에 따르면 윤리와 정치는 같으면서도 다르다. 같은 점은 두 영역 모두 실천적 지혜가 관여한다는 것이다. 다른 점은 윤리가 전적으로 자기 자신과 관련되는 것인 반면, 정치는 폴리스와 관련된다는 것이다.[67)]

우리가 자기 자신과 관련해서 실천적 지혜를 잘 발휘한다면 자신의 삶을 탁월하게 할 수 있다. 우리가 공동체와 관련해서 실천적 지혜를 잘 발휘한다면 국가를 '정의가 강물처럼 흐르는' 상태로 만들 수 있다.

탁월성과 관련해서 개인과 공동체의 관계를 조합하면 네 가지 상황이 나온다.

		개 인	
		탁월함	탁월하지 못함
국가	정의	A	B
	불의	C	D

A는 개인이 윤리적으로 탁월하면서 국가도 정의로운 상태다. B는 개인이 윤리적으로 탁월하지 못하지만 국가가 정의로운 상태다. C는 개인이 윤리적으로 탁월하지만 국가는 불의가 넘치는 상태다. D는 개인도 윤리적으로 탁월하지 못하고 국가도 불의가 넘치는 상태다.

이 중에서 가장 바람직한 상태는 당연히 A다. 그러나 우리가 A의 상태에 있기 원한다고 해도 현실이 꼭 그렇게 되지 않을 수 있다. 왜냐하면 윤리적 삶은 내게 달려 있지만 공동체의 상태는 개인을 넘어선 영역에 있기 때문이다. 그럼 공동체가 불의가 아니라 정의로운 상태에 있으려면 어떻게 해야 할까?

아리스토텔레스의 경우라면, 시민(자유민)이 민회에 참석하여 실천적 지혜에 따라 공동체의 문제를 심의하고 평결하는 길을 제시할 것이다. 그러나 『중용』의 경우는 그리스의 아테네와 사정이 다르다. 여기서는 군주와 그를 보좌하는 관료 집단이 중요하게 부각된다. 만약 군주가 성군, 즉 성인이면서 군주라면 국가는 불의의 상태에 빠지지 않을 것이다. 만약 군주가 성군이 아니라면, 군주를 보좌하는 관료, 특히 현명한 재상이 군주를 정의의 길로 이끌기 위해 지속적으로 충고를 해야 한다.

이런 관점은 공자의 사고에도 그대로 드러난다. 예컨대 공자는 당시 노나라의 실력자 계강자(季康子)에게서 정치에 대해 질문을 받고 다음과 같이 대답했다. "정치란 올바름 또는 역할 모델을 제시하는 것이다. 당신이 백성들 앞에서 올바름으로 스스로 이끌어 간다면 누가 감히 부정한 짓을 할 수 있겠습니까?"[68]

『서경』을 비롯해서 '훌륭한 정치'를 이야기하는 문헌에서는 공통적으로 위대한 군주와 현명한 재상의 조화로운 협력 관계를 강조한다. 예를 들자면 요임금과 순, 순임금과 우, 은의 탕임금과 이윤, 주의 무임금과 여상(강태공) 등이 전설과 역사에서 완전한 만남으로 즐겨 이야기된다.

따라서『중용』의 지은이는 한 나라의 리더(군주)를 비롯하여 정치에 참여하는 이들에게 많은 자격을 요구한다. 그는 경제적으로 여유가 있는 사람이라고 해서 참정권을 인정하지 않는다. 왜냐하면 그들이 극단으로 치우치거나 기울어지지 않을 군건한 품성까지 갖춘 것은 아니기 때문이다. 한국의 정치사를 보면 일부 예외도 있지만 전체적으로 유독 대통령이나 국무위원, 그리고 국회의원에게 높은 도덕성을 요구해 왔는데, 이 점도『중용』의 정치관과 밀접하게 연결된다고 할 수 있다.

수신은 정치의 기본 원리

문제와 대상이 어렵고 복잡해 보일 때 그것을 간단하게 줄이거나 기초 원리를 파악하면 이해하기가 쉬워진다. 어렵고 복잡한 것도 알고 보면 간단하고 기초적인 것들이 서로 포개어지고 합쳐져서 만들어졌기 때문이다. 좋은 실례로 이케다 가요코가 구성한『세계가 만일 100명의 마을이라면』(*If the world were a village of 100 people*)이라는 책을 들 수 있다.[69] 지구를 100명 규모의 마을로 줄여서 생각하면 복잡하고 어렵게 여겨지던 지구의 인구, 남녀 성비, 종교, 교육 등의 실태와 특성을 쉽게 알 수 있다. 지구 마을 사람 63억을 100명으로 환산하면, 여자 52명이고 남자가 48명이다. 우리는 63억의 52%와 48%에 해당하는 큰 숫자를 떠올리지 않고서도 이것으로 지구의 남녀 성비를 손쉽게 파악할 수 있다.

『중용』에서 말하는 정치도 이처럼 간명하게 파악할 수 있을까? 우리가 기초 원리를 파악한다면 그 특징을 쉽게 들여다볼 수 있을 것이다. 이번에는 『중용』에서 말하는 정치의 기초 원리를 파악해 보자.

근대 이전 정치 사상에서는 인간의 이기심을 긍정적으로 고려하지 않고 줄이거나 없애야 할 부도덕한 심성으로 보았다. 그러나 홉스(1588~1679), 루소(1712~1778) 같은 서구의 근대 정치 사상가들은 이기심을 긍정적으로 본다. 즉 사람이 이기적 욕구를 충족시키고 타인에게 침해받지 않으며 자신의 개체성을 보존하려고 하는 것을 자기 보존의 원리로 긍정한다. 나아가 자연 상태에서는 자기 보존이 자연적 조건이나 강자로부터 위협을 받으므로 협정을 통해 권리와 의무를 규정하는 사회 계약을 체결하자고 제안한다.

마르크스도 이기심을 인정하고 자신의 사상을 펼쳤다. 그는 일정한 역사 단계마다 생산 수단 소유 여부에 따라 지배 계급과 피지배 계급으로 나뉜다고 주장한다. 예컨대 자본주의 사회에서는 생산 수단이 없는 노동자 계급과 생산 수단을 소유한 사용자 계급으로 나뉜다. 마르크스는 두 계급이 각각 자기 계급의 이익을 더 많이 실현하려고 경쟁하거나 투쟁하는 과정에서 사회가 발전하게 된다고 보았다.

『중용』에는 이렇게 인간의 이기심을 인정하는 사회 계약설이나 계급 이익설이 없다. 그 대신 『중용』은 이기심을 극복하는 자기 수양, 즉 수신(修身)이 중요하다고 본다.

> 정치는 인재를 얻는 데에 달려 있다. 자기 수양에 의거해서 인재를 선발하고, 도리에 의거해서 자기 수양을 하며, 사랑(연대)에 의거해서 자기 수양을 한다. (……) 그러므로 자기 주도적인 사람(君子)은 자기 수양을 하지 않을 수 없고, 자기 수양을 고려하려면 어버이를 모시지 않을 수 없고, 어버이를 모시려고 생각하면 사람을 알지 않을 수 없고, 사람을 알려고 하면 하늘을 알지 않을 수 없다.(20장)

어찌 보면 너무나도 당연한 소리를 어렵게 하는 것처럼 보인다. 하지만 이 구절은 역사적인 반성 끝에 나온 결론이다. 은나라의 마지막 왕 주임금은 술로 호수를 만들고 고기를 나무에 걸어 숲을 만들 정도로 향락하는 생활을 하느라 나라의 살림살이를 거덜 내고, 반대의 목소리를 잠재우기 위해 잔혹한 형벌을 마다하지 않았다. 이 일로 은나라가 망하고 주나라가 등장하게 되었다.

왕조의 입장에서 보면 단순히 옛 지배 집단이 몰락하고 새로운 지배 집단이 등장했다고 할 수 있다. 그러나 인민의 입장에서 보면, 기존 정치가 실패하고 신왕조가 등장하는 그 사이에서 생긴 엄청난 고통은 겪지 말아야 할 것이었다. 여기서 한 가지 가정을 해 보자. 은의 마지막 왕이 현실의 주임금처럼 굴지 않고 평범하거나 현명한 임금이었다면 어떻게 되었을까? 적어도 고통이 줄어들었으리라 예상할 수 있다.

현대의 정치는 대체로 삼권 분립에 의해 입법부, 행정부, 사법부가 상호 견제한다. 우리나라의 경우 헌법 재판소가 있어서 대통령도 헌법에 위반되는 정책을 펼칠 수 없다. 하지만 그런 견제 장치가 없던 고대 사회에서 무자격자가 집권하거나 나라를 다스리는 것은 공동체에 불필요할 뿐만 아니라 지울 수 없는 정치적 재앙을 초래할 수 있었다. 그런 상황에서 어떻게 그런 사태가 일어나지 않게 하느냐가 고대 사회 사상가들의 핵심 연구 주제였다. 따라서 『중용』의 저자는 정치의 기본 원리로 자기 수양을 설정했다. 자기 수양을 거친 이라면 그가 반드시 공동체의 번영과 지속적 평화를 일구지는 못하더라도, 적어도 공동체를 파멸의 구렁텅이로 몰아넣지는 않을 것이다.

그런데 자기 수양은 그렇게 만만하지 않다. 『중용』의 지은이는 수양의 내용으로 전반부에서는 도리와 사랑(연대) 원칙을 인식하고, 후반부에서는 어버이를 섬기고 사람을 알고 하늘을 아는 것까지 포함시킨다.

도리를 깨친 자라면 그 도리를 어기지 않을 것이고, 사랑(연대)을 느끼는 자는 쉽사리 폭력에 의존하지 않을 것이다. 또 어버이를 섬기는 자라면 거칠 것 없이 몸을 함부로 놀리지 않을 것이며, 사람을 아는 자가 이른바 '예스맨'만을 갖다 쓰거나 무자격자에게 높은 자리를 맡기지 않을 것이다. 그리고 하늘을 아는 자가 우주에서 자신이 해야 할 일을 놓치지 않을 것이다.

현대 사회에서도 선출된 위정자가 무능력하거나 자격을 갖추지 못했을 때, 공동체는 이루 말할 수 없는 고통을 겪는다. 그래서 전국 시대 『중용』의 지은이는 자기 수양이라는 전제 조건을 통해 정치적 재앙이 일어날 가능성을 줄이고자 했던 것이다. 『대학』에서는 이 기본 원리가 좀 더 확실하게 규정된다. "천자에서부터 서인에 이르기까지 한결같이 수신을 근본으로 삼는다."[70]

정치를 위한 자격

『중용』의 저자는 정치 지도자의 기본 조건으로 수양을 내건다. 그렇다고 그가 정치 지도자에게 명석한 판단력, 과감한 추진력, 실용적 능력, 건전한 지성 등 복합적 자질을 요구하지 않은 것은 아니다. 다만 그런 자질들이 모두 도덕(도리와 사랑)에 바탕을 둔 수양, 즉 도덕성에 뿌리를 두지 않으면 안 된다는 점을 강조한다.

수양하지 않은 지도자는 우연히 중용에 따라 정치를 할 수도 있지만, 다른 상황에서는 또 어떻게 될지 모른다. 즉, 수양하지 않은 지도자는 언제든지 중용과 반대되는 한쪽 극단으로 치우치고 기울어질 수 있다. 예컨대 지도자가 상대를 평가할 때 누구나 납득할 수 있는 기준을 무시하고 어떤 때는 개인적 호오(好惡)를 앞세우고 어떤 때는 개인적 친분을 내세울 수 있다.

　이렇듯 『중용』의 저자는 중용을 사회 전역으로 널리 퍼뜨리기 위해서 제도의 완비보다 사람의 수양에 초점을 둔다. 제도를 운용하는 것이 결국 사람이므로 사람이 수양의 기본 요건을 갖추지 못하면 제도는 옷걸이에 불과하게 된다.

　『중용』의 지은이는 수양을 이룬 뒤에 지도자가 갖추어야 할 자격을 오달도(五達道, 다섯 가지 보편적인 도리나 관계)와 삼달덕(三達德, 세 가지 보편적인 덕성)으로 요약하여 제시한다.

> 세상에 보편적인 도리(관계)는 다섯 가지고, 그것을 실행하게 하는 덕성은 세 가지다. 지도자와 상대(군주와 신하) 관계, 어버이와 자식의 관계, 남편과 아내의 관계, 선배와 후배(형과 동생)의 관계, 친구 관계, 이 다섯 가지는 보편적인 관계다. 지혜, 사랑, 용기는 세상에 보편적인 덕성이다.(20장)

　『중용』의 지은이는 정치 영역을 인간관계로 환원해서 파악한다. 물론 이 관계에는 어버이와 자식, 남편과 아내, 형과 동생의 관계처럼 가족 관계에 기원을 두는 것도 있고, 지도자와 상대, 친구 관계처럼 가족 관계를 넘어서는 것도 있다. 기원이 두 갈래로 나뉘지만 정치는 사람이 상황에 따라 놓일 수 있는 구체적인 관계의 틀에서 검토된다.

　좋은 정치는 사람들이 놓일 수 있는 다섯 가지 관계가 갈등 없이 잘 지속되는 것이다. 반대로 나쁜 정치는 관계가 제대로 유지되지 못한 채 끊임없이 불협화음이 생겨나는 것이다.

만약 논의가 여기에서 그친다면 『중용』의 정치사상에 새로울 것이 없다. 왜냐하면 맹자가 이미 인간과 동물 세계가 구별되는 것으로 다섯 가지 인륜, 즉 "어버이와 자식 사이에 가까움이 있고, 군주와 신하 사이에 의리가 있고, 남편과 아내 사이에 구분이 있고, 어른과 아이 사이에 차례가 있고, 친구 사이에 믿음이 있다."는 것을 발견했기 때문이다.[71] 물론 그 발견도 맹자 자신의 것이 아니라 상고(上古)* 시대부터 있던 것을 다시 말한 것일 뿐이다.

『중용』의 지은이는 다섯 가지 관계를 말하는 것에 그치지 않고, 더 나아가 삼달덕, 즉 지혜(智), 사랑(仁), 용기(勇)에 의해 인간의 관계를 윤리적 삶으로 전환시킬 수 있다고 한다. 그렇다면 삼달덕은 어떻게 윤리적 삶을 가능하게 할까?

첫째, 동물 세계에서도 부분적으로 인간 사회와 유사한 조직을 볼 수 있다. 개미는 생리적인 차이에 따라 직능별로 분화된 조직을 운영한다. 하지만 오륜의 틀로 보면 동물의 세계는 혼란과 무질서로 비춰진다. 나이 든 무능한 수사자는 무리에서 쫓겨나고 대부분의 동물은 난혼 상태에 있기 때문이다. 그러나 사람에게는 지혜가 있으므로 사람이 인륜적 존재라는 것을 인식할 수 있다.

---

*역사에서 시대 구분의 하나로, 문헌을 통해 알 수 있는 한에서 가장 오래된 옛날을 말한다. 예를 들어, 우리나라에서는 고조선 때부터 삼한 시대까지를 이른다.

둘째, 동물은 철저하게 먹이 사슬의 틀에 갇혀 있다. 육식 동물은 초식 동물을 잡아먹고 초식 동물은 풀과 열매나 과일을 따 먹고 산다. 그러나 사람에게는 사랑이 있으므로 인간 사회가 약육강식의 정글로 빠져들지 않게 할 수 있다.

셋째, 포식자가 나타나면 약한 동물은 살기 위해서 달아난다. 때때로 약한 동물이 집단 대응으로 포식자의 공격을 무력화시키기도 하지만 늘 성공적으로 연합 전선을 펼치지는 못한다. 그러나 사람은 용기가 있으므로 위험한 상황에서도 오륜을 지키려고 한다.

중용의 의미 맥락으로 보면, 지혜는 사람이 인륜적 존재라는 것을 인식하게 하는 것으로 중의 이론적 계기에 해당된다. 사랑은 인륜을 개별적 상황마다 절실하게 느끼는 것으로 중의 현실 적용의 측면에 해당된다. 용기는 일상생활에서 인륜에 따르는 삶을 지속하도록 하는 것으로 용의 습성에 해당된다고 할 수 있다.

출발점은 다르지만 결승점은 똑같다

우리는 살면서 다양한 사람들을 만난다. 그리고 A란 사람이 어떻고 B란 사람이 어떻다는 식으로 특징을 이야기하곤 한다. 하지만

C란 사람이 말과 상식이 전혀 통하지 않고 사고의 일관성을 보이지 않을 때 우리는 "사람으로서 어떻게 저럴 수 있어?"라는 말을 한다. 이때 '사람'이란 누구나 갖추었으리라 생각되는 뭔가를 지닌 사람 일반을 가리킨다.

그렇다면 무엇이 사람을 '사람'이게 할까? 아리스토텔레스는 인간이 이성적 동물이라고 한다. 그는 이성의 소유와 발휘가 인간과 동물을 갈라놓는 결정적인 특징이라고 말한다. 반면 『중용』의 지은이는 인간을 인륜적 동물이라고 했다. 인륜의 자각에 따른 실천이 인간과 동물을 떼어 놓는 결정적인 특징이라는 것이다. 이러한 규정에 쓰이는 '인간'이란 말은 이 사람 저 사람, 또는 홍길동처럼 개별적인 사람을 가리키는 것이 아니라 인류를 가리킨다. 우리가 현실에서 만나는 온갖 사람들의 다양성이 아니라 공통성에 초점을 두는 것이다.

하지만 현실에서 사람은 다양한 차이를 보인다. 키도 크고 작은 차이가 있고, 몸무게도 많고 적은 차이가 있으며, 지능도 높고 낮은 차이가 있다. 어떤 경우 차이가 너무 많이 나서 같은 사람에 속하는지 의구심이 들 때도 있다. 이 차이와 관련해서 대응하는 방식이 철학(자)마다 다르다.

한비자는 모든 사람에게 동일하게 적용되는 법을 가장 우선적으로 고려한다. 따라서 개인적 '차이'는 전적으로 당사자가 해결할 문제다. 개인이 차이를 이겨낸다면 그이는 더 많은 사회적 기회를 누리게 되지만, 그렇지 못하면 남보다 못한 삶을 받아들일 수밖에 없다. 여기서 차이는 개인이 더 나은 미래를 일구기 위해서 노력하게 만드는 힘이 된다.

『중용』의 저자는 윤리적 삶의 두 축, 즉 아는 것과 행하는 것에서 나타나는 차이를 각각 세 가지로 분류한다.

> 어떤 이는 나면서부터 그것을 알고, 어떤 이는 배워서 그것을 알고, 어떤 이는 힘들여서 그것을 알게 된다. 세 경우에 차이는 있지만 아는 것은 동일하다. 어떤 이는 편안하게 그것을 실천하고, 어떤 이는 하나하나 따져 가며 그것을 실천하고, 어떤 이는 억지로 노력해서 그것을 실천한다. 세 경우에 차이는 있지만 성공은 동일하다.(20장)

훗날 삼지(三知), 삼행(三行)으로 알려진 유명한 글이다. 문장에 '그것'이 쓰이고 있어서 우리가 의미를 파악하기가 조금 어려운데, '그것'은 오달도를 가리킨다. 따라서 위 글은 인간이 동물과 달리 인륜적 존재라는 것을 알고 행하는 것에 3가지 정도의 편차를 보인다는 뜻이다.

첫째 부류는 태어나면서부터 오달도를 알 뿐만 아니라 아무런 어려움 없이 그것을 실천한다. 성인의 경지라 할 수 있다.

둘째 부류는 후천적인 학습을 통해서 사람이 인륜적 존재라는 것을 알게 되고 자신이 놓인 상황마다 하나씩 따져 가면서 자신을 단련해 나간다.

셋째 부류는 오달도를 아는 데에도 시간과 노력이 필요할 뿐만 아니라, 실천하는 데에도 미치지 못하거나 지나치기도 하여 많은 주의를 필요로 한다. 이 경우 오달도에 따른 삶을 살기 위해서 외부의 도움을 받는다면 거쳐야 하는 과정을 줄일 수 있을 것이다.

『중용』의 지은이는 오달도에 따른 삶에 도달하는 시간이 사람마다 차이가 난다는 사실에 주목하는 것은 아니다. "세 경우에 차이는 있지만 성공은 동일하다."고 말하듯이, 도달하고 나면 모두 같은 지평에 선다는 사실에 초점을 둔다. 여기에서도 『중용』에서 말하는 윤리적 삶이 특별한 지성과 의지를 가진 사람만이 완수하는 것이 아니라, 일상에서 누구나 실현할 수 있는 평범하며 통상적인 특성을 갖는다는 것을 알 수 있다.

가정 관리와 국가 통치의 차이 9

『중용』에서 말하는 극단을 넘어선 균형 잡힌 세상은 어떻게 실현될 수 있을까? 윤리학은 행위자 개인에게 중용에 따른 삶을 살 수 있게끔 원칙과 현실 적용, 그리고 반복된 실천과 품성의 배양 등과 관련된 가치를 일러 준다. 그러나 좋은 세상이란 개인의 윤리적 삶에서 그치지 않고 그것을 포함하면서 동시에 그것을 넘어선다. 즉, 윤리적 삶을 위한 가치의 확산과 공유가 이어질 때 좋은 세상이 이루어진다.

이 과제는 윤리학의 영역을 넘어서 정치학의 영역에서 다룰 만한 내용이다. 『중용』의 지은이는 이 문제를 어떻게 다루고 있을까? 그는 시를 인용해서 중용이 실현된 가정의 모습을 그린다.

처나 자식들과 사이가 좋아 하나로 어울려서 마치 화음을 이루는 금과 슬의 합주와 같다. 형제끼리 하나로 어울리며 조화롭고 즐겁구나! 그대의 집안을 마땅하게 하고 그대의 처자식을 즐겁게 하라! (15장)[72]

위의 인용문은 잘 어울리며 행복한 부부를 일컬을 때 종종 사용하는 금슬지락(琴瑟之樂), 금슬상화(琴瑟相和)라는 고사의 출처다. 오늘날 금슬상화의 장면을 보기는 어렵다. 그 대신 영화 〈적벽대전 1-거대한 전쟁의 시작〉의 명장면 중 하나인 주유와 제갈량의 금 합주 장면을 떠올리면 좋겠다. 제갈량은 조조(曹操)의 백만 대군에 맞서려면 한나라의 유비(劉備)와 오나라의 손권(孫權)이 동맹을 맺는 수밖에 없다고 생각했다. 그래서 그는 혼자 오나라로 가서 손권을 설득하고 이어서 주유를 만나 속내를 떠본다. 주유는 제갈량의 제안에 대답을 하지 않으나, 둘이서 금을 연주하며 의기가 상통한다. 말 한마디 없이 동맹이 성사되는 장면을 보면 금슬의 합주가 빚어내는 화음을 이해할 수 있을 것이다.

그런데 인용문을 들여다보면 그 속에 행복한 가정의 모습이 있긴 해도 정치와 동떨어진 것처럼 보인다. 공자도 일찍이 정치에 뜻을 두면서 기회를 얻지 못하고 집에 있을 때, 왜 정치를 하지 않느냐고 누군가 물은 적이 있다. 『논어』에는 공자가 『서경』의 "효성스럽고 효성스러우며, 형제끼리 우애가 있네! 정치에도 펼쳐 나가리라!"는 말을 인용하며 대답을 대신하는 장면이 나온다.[73] 변명하는 듯한 투가 조금 느껴지지만 가족 관리와 정치 영역의 차이가 드러나지 않는다.

공자의 설명이 이해하기 어려운 것은 아니다. 각자 집안에서 효도를 하고 우애를 지키면, 의도하지는 않았더라도 국가 전체로도 효도와 우애가 넘치게 된다는 것이다. 그런데 이렇게 되면 집

금과 슬의 합주

영화 〈적벽대전 1 – 거대한 전쟁의 시작〉에서 주유와 제갈량의 합주 장면이다.
주유와 제갈량은 합주를 하며 의기투합하게 된다.
금과 슬의 합주가 빚어내는 조화를 짐작할 수 있다.
『중용』의 지은이는 중용이 실현된 가정의 모습을 금슬의 화음에 비유했다.

안의 윤리가 곧 정치 영역에서 공통적으로 적용된다. 즉, 정치가 가족 윤리로 환원되어 설명된다면 정치의 독자성을 확보할 수 없게 된다.

그러나 『논어』뿐 아니라 『중용』을 보더라도, 정치의 공적 영역은 가족의 사적 영역과 구별되는 계기가 분명하게 있다.[74] 이런 측면에서 『중용』에서 말하는 정치는 중용에 따른 윤리적 삶을 사회 전역으로 확산시켜 소통하게 하는 역할을 수행한다. 이제 이 점을 알아보자.

확산의 논리

『중용』을 비롯한 유학이 혈연과 가족의 유대를 강조하지만 그것에만 매몰되지는 않는다. 사상과 종교가 세계 각지로 뻗어 나가려면 어디에서도 통용될 수 있는 보편주의가 밑바탕에 깔려 있어야 한다.

불교는 인도에서 태어났지만 지금은 오히려 한국 등 다른 지역에 많은 신자가 있다. 불교의 전파에는 헌신적인 전도자들의 노력과 열정적인 경전 번역자의 노고가 깃들어 있다. 하지만 이들이 아무리 열정적이라고 해도 불교가 풍토와 지역성이 전혀 다른 곳에서 꽃피운 것을 다 설명할 수는 없다.

불교가 널리 전파된 것은 보편성을 갖추었기 때문에 가능했던 일이다. 예를 들어서 사람의 삶에서 지울 수 없는 고통의 문제, 그 것을 해결하기 위한 구원의 문제 등이 새로운 지역의 사람들에게도 받아들여질 수 있었기 때문이다. 기독교나 이슬람교의 확산도 총과 칼로 이룬 것이 아니라 보편성이 있기에 가능했던 것이다.

그렇다면 『중용』은 어떤 보편성을 갖추고 있을까? 즉 『중용』은 가족주의에 빠지지 않고 그것을 넘어서는 계기를 어떻게 설명할까? 아쉽게도 우리는 『중용』에서 중용이 가족을 넘어 세계로 확산되는 일정한 논리를 찾을 수 없다. 단편적으로 그 논리가 나타나기는 하지만 온전하지 않다.

그 대신 『중용』과 함께 뒤늦게 사서의 구성원으로 승격된 『대학』에 보면 확산의 논리가 분명하게 제시된다.

옛날에 밝음의 덕성을 온 세상에 밝히려는 이는 먼저 나라를 다스리고, 나라를 다스리려는 이는 먼저 집안을 가지런하게 하고, 집안을 가지런하게 하려는 이는 먼저 몸을 닦고, 몸을 닦으려는 이는 먼저 마음을 올바르게 하고, 마음을 올바르게 하려는 이는 먼저 뜻을 진실하게 하고, 뜻을 진실하게 하려는 이는 먼저 지식을 완전하게 하고, 지식을 완전하게 하려는 이는 사태를 구조화해야 한다.[75]

이 부분은 『대학』의 유명한 3강령 8조목 가운데 8조목이다. 8조목은 먼저 타동사와 목적어 순으로 큰 범위에서 작은 범위로 진행되는 점강법으로 제시된다. 그런데 다음을 보면 주어와 술어 순으로 작은 범위에서 큰 범위로 진행되는 점층법도 나타난다.

사태가 구조화된 뒤에 앎이 완전해지고, 앎이 완전해진 뒤에 뜻
이 진실해지고, 뜻이 진실해진 뒤에 마음이 올바르게 되고, 마음
이 올바르게 된 뒤에 몸이 닦아지고, 몸이 닦아진 뒤에 집안이
가지런해지고, 집안이 가지런해진 뒤에 나라가 다스려지고, 나
라가 다스려진 다음에 천하가 평화로워진다.[76]

『중용』을 포함해서 『대학』에 담긴 정치학의 기본 원리인 ‘수
신’을 축으로 한쪽은 심리와 지식 등 개인의 영역으로 나아가고, 다
른 한쪽은 세계 전체를 뜻하는 천하로 나아가는 것을 볼 수 있다.

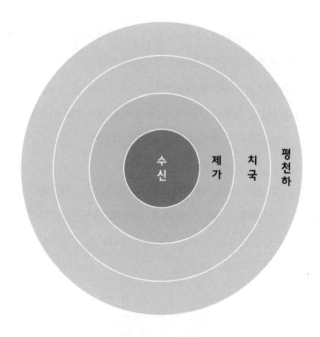

아리스토텔레스가 말한 실천적 지혜가 개인의 탁월함에만 국한된다면, 그것으로 개인의 윤리적 삶은 가능하다. 그러나 개인을 넘어서 사회와 국가, 나아가 세계 전체로 확산될 때, 실천적 지혜는 국가 정치나 세계 정치의 영역까지 활용될 수 있다.

『대학』은 실천적 지혜가 자기 자신에 머무르지 않고 자신을 출발점으로 해서 점차 확대되는 과정, 즉 수신→제가→치국→평천하로 순서를 설정한다. 결국 수신은 인종과 국적을 넘어 만인을 자매나 형제로 간주하는 세계 시민주의(cosmopolitanism)로 이끄는 촉매 역할을 한다.

사실 사해동포주의로 번역되는 코즈모폴리터니즘은 『논어』에 나올 정도로 유학에서 일찍부터 내세운 주장이다. 공자의 제자 사마우(司馬牛)가 "주위 사람들은 모두 형제가 있는데 나만 없구나!" 하고 탄식하자, 동학 자하(子夏)가 "세상 사람이 너나 할 것 없이 모두 형제인데, 자율적 인간(君子)이 어찌 형제가 없다고 걱정할 필요가 있느냐?"고 격려했다.[77] 공자의 제자들도 출신과 배경, 학식이 모두 달랐지만 공자와 함께 학문에 힘을 쏟으면서 형제가 되어 갔듯이 일반 사람들도 형제가 될 수 있다는 것이다.

유학이 가족주의 틀에 갇혀 있다고 주장하는 것이 얼마나 잘못된 오해인지 알 수 있다. 송 제국 유학자 장재(張載, 1020~1077)*에 이르러서는 "모든 인류가 나의 동포이며 만물은 나와 동류이다."라는 민포물여(民胞物與)로 확대되었다.[78] 이제 수신을 한 '나'는 세상 사람들을 모두 나와 같은 존재로 바라보는 세계시민일 뿐만 아니라 동식물까지 동류로 여기는 생태주의자가 된다.

한편 수신은 일시적인 자기 조절력으로 균형을 잡는 것이면서 또 지속적으로 그렇게 되도록 하는 것으로 정치의 기본 원리지만, 그것 자체를 규제하는 장치가 필요하다. 그래서 『대학』에서는 정심→성의→치지→격물의 과정을 설정한다.

'나'는 자신의 마음을 이끌어 가는 항해사다. 제 항로로 가지 않고 가지 말아야 할 곳으로 가면 타이타닉호처럼 아무리 거대한

---

*송 제국의 철학자. 세계를 태허(太虛)의 기(氣)가 모이고 흩어지는 것으로 설명했다. 그는 기를 중심으로 세계를 설명한 탓에 기일원론자로 불린다. 젊은 시절에는 요, 서하, 금나라의 침략에 시달리는 조국을 위기에서 구하고자 군인을 꿈꾸기도 했다.

선박도 침몰하고 만다. 그 마음이 거짓과 위선에 휘둘리지 않고 진실에만 반응하도록 자신의 뜻을 들여다봐야 한다. 오류와 편견에 사로잡히지 않고 사실과 진리에 터를 둬야 한다. 지식도 이데올로기와 미신에 물들지 않고 인륜(관계)이란 구조에 뿌리를 두고 있어야 한다. 이처럼 수신이 기초의 기초 위에 세워질 때 흔들리지 않는 절대 중심이 될 수 있다.

국가 운영의 아홉 가지 지도 규칙

리더는 수신을 통해 자기중심을 잡을 수 있다. 또 앞서 말한 오달도와 삼달덕을 통해 진실하게 중용을 자기 자신에서 공동체로 확산시킬 수 있다. 이렇듯 윤리적 삶에서 중의 이론적 계기만이 아니라 그것을 현실에 적용하고 실천하기 위해서 실천적 지혜가 중요한 작용을 한다. 정치도 원칙을 인식하고, 또 그 원칙을 현실에 적용하여 운용하기 위해 세부적인 지도 규칙이 필요하다.

이와 관련해서 『중용』에서 주목할 만한 것이 바로 구경(九經, 아홉 가지 지도 규칙)이다. 3과 5에 비해 숫자가 9로 늘어난 것은 그만큼 더 구체적으로 되어 간다는 뜻이다.

천하와 국가를 경영하는 데에는 아홉 가지 원칙이 있다. 하나하나 나열한다면 (정치 지도자가) 몸을 닦는 것, 현자(지식인이나 전문가)를 높이는 것, 친척과 가깝게 지내는 것, 대신(중역이나 실력자)을 우대하는 것, 여러 관료(구성원)들의 처지를 헤아리는 것, 백성을 자식처럼 아끼는 것, 각 분야의 기술자를 오게 하는 것, 먼 곳(변방과 외국)의 사람을 회유하는 것, 제후들에게 혜택을 주는 것 등이다.(20장)

위 글은 구경을 제시한다. 아래 글은 제시한 구경의 의의를 하나하나 설명한다. 위와 아래를 같이 읽으면 『중용』의 지은이가 왜 구경을 말하는지 그 속내를 짐작할 수 있다.

자기를 수양하면 길이 펼쳐지고, 현자를 높이면 헷갈리지 않고, 친척과 가깝게 지내면 숙부들과 형제들이 원망하지 않고, 대신을 우대하면 일이 헝클어지지 않고, 관료들의 처지를 헤아리면 선비들이 보답하는 예절이 소중해지고, 백성을 자식처럼 아끼면 백성들이 부지런해지고, 각 분야의 기술자를 오게 하면 각종 재화가 풍부해지고, 먼 곳의 사람을 회유하면 온갖 곳의 사람들이 귀순하게 되고, 제후들에게 혜택을 주면 사람들이 두려워한다.(20장)

구경도 수신에서 시작한다. 나머지 8가지 항목은 결국 지도자가 맺을 수 있는 관계를 다양하게 세분화해 놓은 것이다. 오륜에서는 군주와 신하라는 포괄적인 관계로 규정되었지만, 구경에서는 신하의 종류가 다양하게 분화된다. 이에 따라 군주는 신하들이 가진 덕망, 학식, 역할, 비중, 능력에 따라 달리 대우해야 한다.

분화된 관계를 보면 『중용』의 지은이가 염두에 두는 정치의 특징을 볼 수 있다. 먼저 대신과 여러 관료는 조직의 운영, 백성과 기술자는 국가 단위 물질 생산 증대와 관련된다. 친척은 직계를 넘어선 혈족 일반을 가리키는데 그들은 제후들과 함께 치안과 국방의 체제 안정을 위해 중요한 지지 기반이다. 여기까지는 특별한 것이 없다. 『중용』이 아니더라도 『서경』을 비롯하여 『논어』 등에서도 빈번하게 다루어지기 때문이다.

그런데 나머지 둘, 즉 현자와 먼 곳의 사람이 왜 구경에 들어 있는지 조금 의아해할 수도 있다. 왜냐하면 둘은 행정, 생산, 치안 등의 질서 유지나 내치 문제와 관련이 없어 보이기 때문이다.

오륜에서 현자는 원칙적으로 군주와 신하의 관계에 소속된다. 하지만 군주와 현자는 때로는 군신 관계를 뛰어넘어 서로 대등하거나 학생(지도자)과 스승(현자)이라는 새로운 관계로 조정되기도 한다. 군주가 성인(완전한 자)이라면 현자의 역할이 줄어들지 모른다. 그러나 군주가 자리만 차지할 뿐 늘 말썽을 일으킨다면 현자의 역할이 필수적이다. 왜냐하면 현자는 지도자가 가진 약점이나 그가 빠지게 되는 오류, 즉 중용에 어긋나는 일을 지적하여 중용으로 돌아가게 할 수 있기 때문이다. 현자는 군주가 만든 문제를 해결하는 역할을 맡는 것이다. 과장되게 표현해 보면, 군주와 현자는 이란성 쌍둥이일 때가 가장 바람직한 상태다.

이런 연장선상에서 유학자들은 재상 역할 강화론을 주장했다. 조선 시대 정치사에서 살펴본다면, 의정부서사제(議政府署事制)를 예로 들 수 있다. 의정부는 조정의 고위 관료들이 국정을 논의하고 전체 관료를 통솔하던 행정부의 최고 기관이고, 서사는 의정부에서 6조의 행정 부서가 보고한 사항을 의결한다는 뜻이다. 의정부서사제는 의정부가 국왕에게 올라가는 문건을 먼저 심의하고 해결 방안까지 보고하면, 임금이 최종 결정을 내려서 의정부를 통해 실무 부서로 전달하는 의사 결정 구조이다. 따라서 신하의 권력이 국정 운영에 적극적으로 반영될 뿐만 아니라, 군주의 권력보다 강화될 수 있는 제도다. 이는 세종 때 운영되었다.

세조가 집권한 뒤에 왕권 강화를 내세우면서 이전 제도를 육조직계제(六曹直啓制)로 바꾸었다. 육조는 이조, 호조, 예조, 형조, 병조, 공조 등의 행정 부서를 가리키고, 직계는 육조가 행정 사무와 안건을 의정부를 경유하지 않고 국왕에게 직접 보고하는 의사 결정 구조를 가리킨다. 따라서 의정부의 권력이 줄어들 수밖에 없다. 이러한 제도에서는 군주의 권력이 국정에 적극적으로 반영될 뿐만 아니라 신하의 권력을 완전히 통제할 수 있다.

이번에는 중국 역사에서 군주가 현자를 스승으로 모신 바람직한 예를 보자. 주나라를 세운 무임금은 압도적인 군사력을 지닌 천자 나라인 은의 주임금과 대결해야 했다. 그는 강태공(姜太公)*을 발탁해서 재능을 시험해 보고서는 '스승'으로 모셔서 왕조 교

---

*주나라 무임금을 도와 천하를 평정하였다. 무임금이 강태공을 등용한 일화가 유명하다. 하루는 강태공이 낚시를 하고 있는데, 인재를 찾아 떠돌던 주나라 문왕을 만났다. 문왕은 그와 문답을 통해 그의 인물됨을 알아보고 재상으로 등용했다고 전한다. 이 일화를 바탕으로 한가하게 낚시하는 사람을 강태공이라 부르기도 한다.

체를 성공적으로 이루어 냈다. 또 제나라 환공은 자신을 죽이려고 화살을 쏘았던 관중(管仲)*을 용서하고 '아버지'로 모셔서 춘추 시대의 첫 번째 패자가 될 수 있었다. 두 사람은 모두 형식적인 군신 관계를 뛰어넘어 현자를 스승으로 모셔 한 시대의 획을 긋는 업적을 이루었다.

다음으로, 구경 가운데 먼 곳 사람과의 관계는 더욱 의아하게 생각될 수 있다. 지도자가 자신의 정치적 지배력이 직접적으로 미치지 않는 영역의 사람까지 챙기라니 말이다. 하지만 공동체의 위기는 내부만이 아니라 외부에서 생겨날 수도 있다. 외부의 적은 보통 위치가 가까운 나라 중에 생긴다. 그러므로 자국의 변방 백성들이나 인접국의 백성들과 우호적인 관계를 유지한다면 외부에 의해 내부가 위험에 빠질 가능성이 줄어들게 된다.

또 두 나라가 경쟁 관계이거나 비교 대상일 때, 한 나라가 번영과 평화를 누리고 다른 나라가 상대적으로 뒤떨어진다면 후진국 백성들이 선진국을 동경하거나 실제로 떠나가서 살려고 할 것이다. 사람들이 오고 싶어 하게 만드는 것 자체가 자국의 평화를 굳건하게 만드는 길이 된다. 예컨대 중남미의 사람들이 바다를 통해

*춘추 시대 제 양공 이후 제 환공은 형 공자 규와 제후 계승을 두고 대립했다. 원래 관중은 공자 규를 밀고서 환공과 내전을 벌일 때 화살로 환공을 쏘았다. 환공이 승리한 후 포숙아의 노력으로 관중은 처벌을 받지 않고 오히려 환공을 돕게 되었다. 관중은 제나라의 재상으로 환공을 도와 부국강병을 꾀하였으며, 그를 중원의 패자로 만들었다. 포숙아와의 우정으로 유명하며, 이들의 우정을 관포지교(管鮑之交)라고 한다.

미국으로 밀입국하려고 노력하는 경우나 우리나라 사람들이 복지 제도가 잘 갖추어진 나라로 이민을 가는 경우를 생각해 보라.

비단 그런 경우만이 아니다. 오늘날 국제 정치에서 지도적인 국가라고 하면 거리를 막론하고 원조를 아끼지 않는다. 홍수나 지진과 같은 자연재해에 대해 대가를 바라지 않고 하는 인도적인 지원도 있지만, 자국에 대한 좋은 인상을 갖도록 하기 위해서 원조를 하는 경우도 많다. 이런 맥락에서 본다면 먼 곳 사람을 회유하는 것은 작게는 한 공동체의 질서와 평화를 유지하려는 노력이기도 하고, 크게는 제국을 꿈꾸는 자의 희망이 담긴 행동이기도 하다.

균형 있고 조화 넘치는 세계 공동체를 위해

지금까지 『중용』의 정치학을 수신이라는 정치의 기본 원리와 구경이라는 지도 규칙을 중심으로 다루어 봤다. 그런데 정치를 다루면서 빼놓을 수 없는 것이 이상이다. 『중용』은 자신의 기본 원리와 지도 규칙이 완전하게 실현되었을 때 그 상태를 어떤 말로 집약해서 표현할까?

전통적으로 동아시아에서 정치적 이상 세계를 표현하는 말로 대동(大同, 위대한 통일)이라는 말을 썼다.[79] 이 말은 서세동점(西勢東漸)의 근대에 캉유웨이(康有爲, 1858~1927)에 의해 되살아난다. 그는 『대동서』(大同書)를 써 대동을 한층 더 구체적이고 보편적인 삶의 양식으로 발전시켰다.[80] 현실에서 동양·서양, 여자·남자, 부자·가난뱅이 등의 분류는 강자와 약자를 결정하는 지표로 쓰인다. 그러나 대동의 세계에는 이들 사이의 넘을 수 없는 경계가 사라지고 소통이 이루어진다. 캉유웨이는 그 세계에 사는 사람을 천민(天民, 하늘의 백성)이라 불렀다. 오늘날 한국에서 대동이라면 정규직과 비정규직, 명문 학교와 비명문 학교 사이에 보이지 않는 차별이 없어지는 것을 가리킬 것이다.

전통적으로 이상 세계를 표현하는 말로 형조불용(刑措不用, 형벌을 쓰지 않음)도 있다. 『사기』에 따르면 "주나라 초기 성임금과 강임금 시절에 천하가 너무나도 태평해서 40년간 형벌을 내버려두고 쓸 일이 없었다."고 한다.[81] 우리나라 경찰은 2000년부터 경찰서 유치장에 수용자가 없으면 백기를 게양하기로 했는데 그런 소식이 이따금 들려온다. 그렇지만 정읍 경찰서가 2008년 4월 15일부터 17일까지 백기를 게양한 것 말고 연속해서 그런 일이 일어난 적이 거의 없다. 『사기』의 말에 과장이 있겠지만, 1년이 아니라 40년 동안 그랬다는 것은 보통 일이 아니다. 이 정도면 '범죄에서 해방'이라고 할 수 있겠다.

『중용』에는 지은이가 이루고자 하는 정치적 이상을 압축적으로 전하는 개념은 보이지 않는다. 하지만 구경의 동기를 설명하는 부분에서 『중용』이 지향하는 정치적 이상을 읽어 낼 수 있다.

철에 따라 백성들을 동원하고 세금을 깎아 주는 것은 백성들을 격려하는 길이다. 일별, 월별로 평가하여 국가 재정에서 하는 일에 어울리게 비용을 주는 것은 여러 전문가들을 격려하는 길이다. 떠나는 이를 따뜻하게 보내고 찾아오는 이를 반갑게 맞이하며, 능력자를 훌륭하게 여기고 무능력자를 안타깝게 여겨서 기회를 주는 것은 먼 곳의 사람을 회유하기 위한 길이다. 끊어진 세대를 이어 주고 망한 나라를 일으켜서 시조의 제사를 지내게 하며, 다른 나라의 혼란을 안정시키고 위기에 빠진 나라에 도움의 손길을 뻗치며, 방문과 답방을 때에 맞춰서 하며, 보내는 원조와 은전을 풍부하게 하고 받는 공물을 간소하게 하는 것은 제후(인접국 또는 동맹국)에게 혜택을 주는 길이다.(20장)

위 내용을 국내와 국외로 나누어서 살펴보자. 먼저 국내 정치의 경우, 국가는 백성에게 납세와 국방의 의무 등의 부담을 최소화해야 한다. 국가가 거두어들이는 것이 줄어드는 만큼 백성들은 삶의 조건을 개선하는 데에 힘쓸 수 있다. 인재를 활용할 때에도 철저하게 능력을 우선하고 공정한 평가를 실시하며 직무와 보수를 알맞게 해야 한다. 사회가 공정한 규칙에 의해 관리되면 개인은 자신의 잠재적 능력을 계발하는 데에 관심을 쏟을 수 있다.

다음으로 국제 정치를 보자. 국가는 현실적인 힘에 의해서 좌우되지 말고, 지속 가능한 관계의 유지와 공동의 번영을 위해 협력해야 한다. 나아가 『중용』은 개별 국가가 지닌 역사와 전통이 그 자체로 존중하고, 한 국가가 어려움을 겪고 위기에 빠지면 함께 문제를 해결하며, 상호 이해를 두텁게 하는 등의 역할을 하는 오늘날 국제기구와 같은 세계 정부를 구상한다.

이렇게 보면 『중용』이 그리는 정치는 국가가 백성에게, 또는 강대국이 약소국에게 의무를 강요하며 우위를 차지하는 것이 아니다. 강자와 약자의 차이는 있어도 국내외 정치가 강자에게 치우치고 기울어져서 운영되는 것이 아니다. 능력과 무능력도 현재의 차이로는 인정되지만, 극복될 수 없는 것으로 간주되지 않는다.

　이 세계는 현재는 차이가 있지만 미래에 발전적으로 재조정될 수 있는 가능성을 열어 둔다. 강자와 약자, 능력과 무능력 중 어느 한쪽으로 치우치고 기울어지는 것은 세계의 안정적인 균형을 유지하지 못하게 한다. 강자의 폭력은 약자의 저항을 일시적으로 멈추게 할 수 있지만 역전을 위한 모든 가능성을 막을 수는 없다. 강자의 폭력이 지속되는 한, 역전시키려 하거나 균형의 상태로 되돌리려는 약자의 저항은 끊임없이 되풀이된다.

　『중용』의 정치는 강자가 자신의 힘을 베풀고 약자가 자신을 키우도록 하여 동적 평형 상태를 유지하게 한다. 즉 강자와 약자, 능력자와 무능력자가 모두 현실에서 한쪽으로 기울어지고 치우친 것을 균형의 상태로 돌아가려는 정치에 동참하게 한다. 그 과정에서 누구에게나 똑같은 거리를 지닌, 즉 공정한 세계 정부가 탄생하게 된다. 이 가상의 정부가 곧 중의 이론적 계기와 일치하는 것이고, 이 정부가 현실에서 존중되도록 노력하는 것이 곧 중과 용의 실천적 계기가 만나는 지점이 된다. 이것이 『중용』을 비롯한 유학이 가진 보편주의의 특성이고, 18세기 이전의 동아시아가 유럽보다 국제 분쟁에 덜 휩싸이게 된 이유이기도 하다.

효, 영원의 삶에
응답하는 방식

당신이 100억원을 가진 부자이고·머지않아 죽을 것이라고 가정해
보라. 그동안 피땀 흘려 모은 것이 어찌 될지 모르는 운명 속에 놓
였다. 유언을 통해 재산 처분에 대해 의사를 밝혀도 그것이 제대
로 지켜진다는 보장이 없다면 불안은 줄어들지 않을 것이다. 돈을
벌 때는 한 푼이라도 더 버는 것에 신경을 썼지만, 막상 죽을 때가
되니 벌어 놓은 것이 문제가 된다. 후손에게 물려주었을 때 그들
은 스스로 벌지 않고 얻은 돈을 당연하게 여기며 아낌없이 써 버
릴까, 아니면 고마워하며 절약해서 다음 세대로 넘기려고 노력할
까? 이것도 확인할 수 없지만 너무나도 궁금한 문제다.

　중용에 따른 삶도 윤리학의 영역에 놓여 있는 한 지속이 문제
가 될 수밖에 없다. 오늘날 생태학과 관련해서 미래 세대에 대한
고려가 윤리적 쟁점으로 부각되고 있다.[82] 일례를 들면, 현 세대
가 유한한 자원을 아무런 제한 없이 마구 쓴다면 머지않은 미래에
자원이 부족하게 될 것이다. 현 세대는 자원을 이용하여 그 혜택
을 누리지만, 나중에 생길 고통스런 결과에 대해 책임지지 않는

다. 반면 미래 세대는 늦게 태어난 이유만으로 자신이 일으키지 않은 문제에 책임을 져야 하는 상황에 놓이게 된다.

현 세대가 앞서 태어났다는 이유만으로 유한한 자원을 마구 사용할 권리를 가지고 있는지, 미래 세대를 위해 현 세대의 사용을 제한하는 것이 가능한지 문제가 된다. 이런 관점에서 생각해 보면 대체 에너지 개발과 같은 과제는 단순히 현 세대의 경제적인 문제에 한정되는 것이 아니라 미래 세대를 위한 의무이기도 하다.

상속은 후손이 부모 세대에게서 재산(자원)을 물려받는 것이다. 이때 후손은 부의 형성에 기여하지 않았는데도 받을 권리만 있고 해야 하는 의무는 없는 것일까? 적어도 현행 법률과 도덕으로는 후손에게 책임을 물을 수는 없을 듯하다. 탕아가 부모 세대의 재산을 노름으로 다 날려 버렸다고 법률적으로 처벌할 수도 없고 도덕적으로 비난할 수도 없다. 그러나 『중용』의 주장에 따르면, 균형 잡힌 사회를 만들 수 있는 정신적 자산의 계승과 발전에 후손이 책임을 져야 한다. 그것이 바로 효다.

나아가 정신적 자산이 세대를 넘어 끊임없이 전승된다면 그것의 가치를 발견한 사람과 실천한 사람, 즉 참여자들은 생물학적 생명을 넘어서 영생을 얻게 된다. 예컨대 광화문에 동상으로 버티고 있는 이순신은 경복궁 앞의 해태 상처럼 수호신도 아니고 민족주의자들이 강조하는 국난 극복의 영웅도 아니다. 불리한 상황에서도 굽히지 않는 용기, 명철하게 전투를 지배하는 지략, 행복을 누리지 못하며 세운 공적 등의 주인공으로서 현대인에게 빛을 밝혀 주기에, 그는 죽어서도 죽지 않고 영원한 기념의 대상이 된다.

다음에는 효가 사람으로 하여금 어떻게 영원을 살게 하는지 살펴보자.

효의 어원

한자를 보면 孝(효도 효), 考(살필 고), 老(늙을 노) 사이에 공통점이 보인다. 오늘날 글꼴에서도 서로 비슷하다는 느낌이 들 정도다. 가장 기본형이 老 자인데, 그것은 머리카락을 길게 늘어뜨리고 힘이 약해진 것을 나타낸 것으로 보인다.[83] 考는 오늘날 생각하다 또는 살피다는 뜻으로 풀이되므로, 공통점이 보인다는 것을 조금 의아하게 여길지도 모르겠다. 하지만 考의 초기 의미가 제사 지낼 때 쓰는 지방(紙榜)에서 돌아가신 아버지를 가리킨다는 것을 알면 고개를 끄덕일 것이다.

『시경』은 서주 시대의 사회적 사실을 기록한 문헌으로 간주된다. 여기에 보면 놀랍게도 효는 산 사람보다도 죽은 사람과 관련해서 쓰인다.

좋고 깨끗한 것으로 음식(제물)을 마련하여 효향(孝享)하시도록, 네 계절마다 제사를 먼 조상과 가까운 조상에게 드린다.[84]

위대하신 조상님들, 신께서 편안히 음식을 즐기시니, 효손(孝孫)에게 행운이 있어 큰 복으로 돌려받으니 만수무강하시겠네![85]

두 시의 내용에서 효가 제사와 관련이 있다는 것을 알 수 있다. 『시경』에서 효손은 제사를 받는 이와 제사 지내는 이의 관계를 나타낸다. 효자(孝子)도 마찬가지다. 효향은 '효도하는 마음을 가지고 조상들께 음식을 올리는 것'으로 풀이되기도 하는데, 이것은 후대의 기준에서 본 의미일 뿐이다. 문맥을 보면 효향은 조상신들이 지상으로 강림하여 제사 음식을 먹는 것, 즉 흠향(歆饗)의 과정으로 보는 쪽이 자연스럽다.

오늘날 우리는 '효' 하면 자식이 어버이를 잘 돌보는 것으로 생각하기 십상이다. 그러나 이런 상식은 『시경』에 나오는 효와 상당히 다르다는 것을 알 수 있다. 『시경』의 효는 살아 있는 현 세대가 죽은 과거 세대를 주기적으로 기념하는 제사와 밀접하게 관련된다.[86] 그렇다면 제사의 의미가 밝혀져야 『시경』에 나오는 효의 의미나 특성이 드러날 것이다.

형식적으로 보면 제사는 현 세대가 정해진 날짜에 일정한 제물을 마련해서 과거 세대의 영령을 기리는 의례다. 아울러 공동체와 가족에게 부계 남성의 영향력을 공공연하게 강화하는 활동이다.

제사를 상속과 관련해서 생각해 보자. 남성 후보자 중에서 한 사람이 제주(祭主, 제사를 이끄는 이)가 된다는 것은 그이가 과거 세대가 일구어 놓은 물질적, 정신적 자산을 이어받았다는 것을 나타낸다. 그는 제사를 지낼 권리를 독차지하면서 동시에 과거 세대의 자산을 보호하고 다음 세대로 계승하는 의무를 갖는다.

이렇게 보면 제사는 세계의 여러 종교가 특정일에 예배를 드리는 것과 마찬가지다. 예배를 통해서 신이 베푼 은총에 감사하며 '나'와 신의 절대적 관계를 끊임없이 재확인한다. 아울러 예배를 통해서 신은 절대로 바뀌지 않지만 '나'는 신을 받아들여 참다운 존재로 변해 간다. 따라서 예배 참석 여부는 신앙심을 측정하는 지표가 된다.

마찬가지로 제주가 제때에 최고의 음식으로 제사를 지내는 것은, 특히 정치 지도자의 경우 현재의 영광을 과거 세대의 결실로 돌리고 그 세대의 힘으로 세계를 관리 운영한다는 것을 받아들이는 것이다. 따라서 가정이든 국정이든 제주가 독자적인 판단으로 자신의 이상을 실현하는 것이 아니라 자신이 겪는 문제를 대대로 전해 내려오는 전통에 대입해서 답을 캐내야 한다. 그러니 시간이 지나면 지날수록 전통이 풍부해진다. 텔레비전 사극에서 왕이 새로운 정책을 실시하려고 하면 관료들이 "조종의 옛 법을 함부로 고칠 수 없습니다!"라며 반대하는 것을 종종 볼 수 있다. 왕이라고 해서 뭐든 마음대로 할 수 있는 것이 아니다. 조상의 옛 법이 늘 현재가 되도록 해야 한다.

이렇게 보면 『시경』의 효는 가족 단위에서 살아 있는 사람끼리 사랑과 애정을 나누는 것이 아니다. 그것은 과거 세대가 물리적 죽음과 함께 완전히 사라지지 않고 생명의 한계를 넘어서 그의 존재가 현 세대로, 또 다음 세대로 전승되어 가는 상속의 의례를 나타낸다. 효자나 효손은 상속의 의례를 한 치의 오차도 없이 훌륭하게 치르는 사람을 가리키는 것이고, 효향은 과거 세대와 현 세

대의 교류가 이루어지고 있다는 것을 나타낸다.[87]

효의 종교 철학의 의미

현실에서 사람은 여러 가지로 차이가 나기도 하고 불평등하기도 하다. 하지만 죽는다는 사실 앞에서는 예외 없이 평등하다. 아주 오랜 세월 동안 사람은 죽는다는 평범한 사실을 벗어나기 위해서 노력해 왔다. 진시황제도 중원 지역을 통일하여 지배 공간을 크게 넓힌 뒤에 마지막으로 시간을 초월하려고 했다. 그는 서복(徐福)을 시켜 남녀 각 500명을 데리고 가서 죽지 않는 신비의 영약을 찾도록 했지만 실패로 끝났다.

세계의 종교마다 신의 구원을 통해 사람이 영원한 삶을 누릴 수 있다고 한다. 그러나 유학에는 인간의 세속적 욕망이나 영생에 응답할 수 있는 신적 존재가 없다. 더구나 맹자가 성선설(性善說)을 말한 이후로 유학에 따르면, 사람은 감정에 휘둘리는 약점을 지니지만 그와 함께 그런 인간적 약점을 극복할 수 있는 능력을 지니고 있다. 즉, 사람은 인성과 신성을 동시에 가진 존재다. 이것은 기독교, 이슬람교와 같이 유일신 전통에서는 상상조차 할 수 없는 발상이다. 사람은 어떤 외적 존재나 절대자의 도움 없이 결국 스스로 자신을 구원해야 하는 존재다.[88]

그렇다고 해서 유학에 영원에 대한 갈망이 없는 것은 아니다. 유학은 이 욕망에 어떻게 응답할까?

첫째, 제사다. 앞에서 제사를 통해 과거 세대가 이룩한 물리적, 정신적 자산이 세대를 넘어서 끊임없이 상속된다고 말했다. 사실 제사를 통해서 자산만이 아니라 관계도 끊임없이 지속된다. 예컨대 제사는 어버이와 자식의 관계가 끊어지지 않고 지속되게 만든다. 나아가 어버이와 자식이 모두 죽더라도 새로운 후계자, 즉 손자가 태어나서 관계의 사슬이 이어진다.

둘째, 남성 중심주의다. 오늘날 양성 평등의 시각에서 보면 남성 중심주의는 비판받기에 딱 알맞다.[89] 그렇지만 동아시아의 문화권이 이를 통해서 영원한 삶에 대한 해답을 찾으려고 했던 차원에서 이해해 줄 만한 특성이 있다. 하나의 부계 혈통은 새로운 남성의 등장을 통해서만 단절되지 않고 영속될 수 있다. 맹자도 일찍이 세 가지 불효 중에서 후사(대를 잇는 자식)를 얻지 못하는 것을 가장 큰 불효로 꼽았다.[90] 그렇기 때문에 옛날에 결혼이란 반드시 부모들의 주도 아래 중매쟁이가 주관하는 것인데도 순임금이 부모에게 알리지 않고 아내를 맞이한 것을 문제 삼지 않았다.

2008년 여름에 개봉한 이준익 감독의 영화 〈님은 먼 곳에〉에서 주인공 순이는 후사를 얻어야 한다는 시어머니의 윽박다짐에 못 이겨 다른 여자를 마음에 담고 있는 남편의 부대로 면회를 가고, 급기야 위문공연단이 되어 전쟁이 한창인 베트남까지 찾아간다. 시어머니의 말은 후사 없이 죽으면 나중에 저승에서 "조상을 뵐 면목이 없다."는 것이다. 후사가 없는 것은 법률상 문제가 되지 않지만, 가족사로 보면 이보다 더 큰 죄가 없다. 왜냐하면 영원히 이어 가야 할 대가 바로 자기 대에서 끊어지기 때문이다. 아울러 그 가족은 영원히 소멸될 수밖에 없다. 바로 이처럼 소멸과 망각에 대한 공포로 그렇게 오래되지 않은 과거에 아들을 낳기 위해 병적인 집착에 가까운 일이 벌어졌던 것이다.[91]

귀신, 세계 공동체의 성원이자 수호자

이제 제사와 효를 중용의 맥락에서 이해해 보자. 앞에서 하늘과 땅 사이를 이어 주던 사다리가 끊어진 절지천통과 공공이 부주산을 들이받은 신화를 다루었다. 이것은 신이 더 이상 자신들을 찾지 않는 사람에게 경고하는 메시지를 전달한다. 『중용』에서는 신화에서 일어났던 일과 정반대의 길을 걷는다. 즉, 신과의 관계 회복을 선언한다. 이를 16장, 일명 '귀신장'을 통해 살펴보자.[92]

먼저 『중용』의 지은이는 효 개념을 바탕으로 현 세대가 제사를 지내면서 과거 세대와 긴밀하게 교류하고 있다는 점을 일깨웠다. 과거 세대, 즉 조상(신)은 아무런 의의가 없는 존재가 아니다. 현 세대와 더불어 질서를 풍부하게 만들어 가는 존재다. 조상신은 물리적으로 살아서 활동하지 않는다고 하더라도 도리와 원칙을 마련해서 후손들이 걸어가야 할 길을 예비해 놓는다.

제사가 진행되는 한, 세계가 살아 있는 현 세대로 완전히 기울어지지 않게 된다. 즉, 죽은 자들은 언제든지 불러내어져 후손들이 위기를 풀어 가도록 빛을 던져 주면서 공동체를 수호한다. 이로써 생사를 경계로 절대적으로 불리할 것 같았던 조상과 후손의 관계가 어느 한쪽으로 치우치지도 기울어지지도 않고 균형을 유지한다. 나아가 죽은 자와 산 자의 균형은 인간의 오만으로 일어난 전국 시대의 파국을 치유할 수 있는 유력한 길로 재생된다.

그런데 조상신은 어디에 있는가? 조상이 죽은 것은 분명하다. 하지만 『중용』은 그들이 죽음과 더불어 세계에서 완전히 떠난 것이 아니라 보이지 않게 숨은 것으로 풀이한다.

> 산 사람이 죽은 사람(조상신)의 모습을 보려고 해도 보이지 않고 소리를 들으려고 해도 들리지 않지만, 존재 또는 사태의 본체가 되므로 현 세계에서 빠뜨릴 수 없다.
> 온 세상의 사람들, 즉 다음 세대로 하여금 재계하여 정갈한 자세로 복식을 성대하게 갖추어서 제사를 받들도록 한다. 존재감이 곳곳으로 흐르며 꽉 차 있어서 사람들(현 세대)의 머리 위에 있고, 또 사람들의 좌우에 있는 듯하다.(16장)

조상이 죽었다는 것은, 사람이 보고 듣는 방식으로 조상의 모습과 소리를 들을 수 없게 되었다는 것이다. 조상신은 사람들이 보고 듣는 영역에서 사라졌지만 다른 방식으로 존재한다. 아울러 조상신은 감각적으로 파악되지 않지만, 이 세계에 있는 사물이나 일어나는 사태에 끊임없이 가치를 부여한다.

한때 텔레비전 광고에 사용되었던 시를 예로 들어 보자. "눈 덮인 광야를 걸어가며 발길을 어지럽히지 마라. 오늘 내가 가는 이 발자취가 뒷사람의 이정표가 되리라."[93] 우리는 누가 눈 위에 발자국을 냈는지 모른다. 그 사람을 조상이라고 해 보자. 조상은 발자국을 냈지만 지금 우리 눈에 보이지 않는다. 하지만 눈 위에 나 있는 발자국은 우리에게 어디로 가야 할지 알려 준다. 즉 발자국을 낸 사람은 사라져 보이지 않지만, 그이가 낸 자국은 다음 사람에게 어디로 가야 할지, 뭘 해야 할지 방향을 가리켜 준다.

사람은 자신의 삶을 꾸려 나가고 세계에 질서를 부여하면서 현 세대와 조상신의 관계에 균형을 잡도록 해야 한다. 과거를 부정하고 오로지 현 세대의 욕망과 목적을 우선시한다면, 조상신은 육체의 사망과 더불어 이 세계에 남을 근거를 상실한다. 이 상실은 조정할 수 없는 욕망의 충돌로 진행되었다. 그로 인해 세계를 파국으로 이끈 싸우는 나라들의 시대(戰國時代)가 열렸다.

『중용』의 저자는 현 세대가 중심이 되어 벌이는 극단의 시대를 끝장내기 위해서 신과 인간 어느 한쪽으로 기울어지지 않은 균형을 되찾으려고 했다. 그래서 인간에게서 멀어졌던 신 또는 조상신을 지상 세계와 유대를 가진 존재로 불러들인 것이다.

효의 역할 모델 11

추상적인 가치를 이해하는 길에는 두 가지가 있다.

　하나는 지성을 발휘해서 가치의 정의를 인식하는 것이다. 우리는 행복을 바라지만 누군가 우리에게 행복이 무엇이냐고 물으면 선뜻 대답하기 쉽지 않다. 아리스토텔레스가 행복(eudaimonia)을 '인간다운 탁월성의 발휘'로 설명하는 방식을 참조해 보자.[94] 그의 설명대로라면 인간다운 탁월성의 의미를 이해할 때 행복이 무엇인지 알게 될 것이다. 탁월성은 요리사가 요리를 맛있게 만드는 것, 기술자가 물건을 잘 만드는 것 등 각자 맡은 기능을 뛰어나게 발휘하는 것이다. 하지만 모든 사람이 요리사와 기술자가 될 수는 없으므로, 요리하는 것과 만드는 것은 모든 사람에게 적용될 만한 인간다운 탁월성이라 할 수 없다. 그렇다면 모든 사람에게 해당되는 인간다운 탁월성은 무엇일까? 그것은 사람이면 누구나 지니고 있는 이성(지성)의 덕에 따라 합리적으로 생각하고 판단하는 것이다. 나아가 이성의 발휘가 우연히 한때에 나타나는 것이 아니라 일관되게 드러나도록 버릇을 들여야 한다. 아리스토텔레스에 따르면, 행복이란 이렇게 인간다운 탁월성이 발휘될 때에 가능한 것이다. 이것이 행복이라는 추상적인 가치를 지성의 힘으로 이해하는 길이다.

다른 하나는 추상적 가치를 더 쉽게 이해하는 방법으로, 그 가치를 몸에 익힌 인물의 언행을 살피는 것이다. 농구를 예로 들어 보자. 농구 교본에는 드리블, 패스, 슛의 요령이 설명되고 구분 동작으로 그려져 있다. 하지만 아무리 교본이 잘되어 있다고 해도 농구 코트에서 각종 기술을 익힌 사람의 동작을 보는 것만 못하다. 특히 열 번 설명하는 것보다 한 번이라도 마이클 조던의 경기를 직접 보는 것이 농구를 하는 데 커다란 도움이 된다. 조던은 교본에 없는 것을 채워서 현실에서 재현해 내기 때문이다.

효를 이해하는 것도 마찬가지다. 앞에서 효의 의의를 설명했지만, 그에 더해 효의 덕목을 실천한 인물을 함께 제시한다면 효를 더 생생하고 현실감 있게 받아들일 수 있을 것이다. 윤리적 삶이 원래 아는 것만으로 충분하지 않고 결국 하는 것에 달려 있다는 점을 떠올린다면, 이는 참으로 필요한 일이다. 그래서 『중용』의 저자는 대표적인 효자로 이야기되는 순임금, 주나라의 문임금과 무임금을 예로 들어서 효를 보여 주려 한다.

효자 순 이야기

순(舜)의 아버지는 고수(瞽瞍)이고, 어머니는 순을 낳은 지 얼마 되지 않아 세상을 떠났다. 고수는 다시 결혼을 해서 상(象)을 낳았다.[95] 한국의 고전 소설 『콩쥐 팥쥐』에서 두 딸을 아들로 바꾸면 순의 가족사와 비슷해진다. 콩쥐의 아버지, 새어머니, 팥쥐가 콩 쥐를 괴롭혔던 것처럼 순의 아버지, 새어머니, 상, 이 세 사람도 온갖 계략을 세워 가며 순을 괴롭혔다. 신화를 보면 한가족이라고 볼 수 없을 정도로 잔혹한 일이 펼쳐진다.

하루는 아버지 고수가 순에게 지붕을 고치라고 시켰다. 순이 사다리를 타고 지붕에 올라가서 한창 작업을 하고 있는데, 고수가 집에 불을 질렀다. 순이 불에 타 죽을 판이었다. 순은 거적으로 몸 을 감싼 채 아래로 뛰어내려 겨우 목숨을 건졌다.

세 사람은 또 음모를 꾸몄다. 순에게 집 안의 우물 치우는 일 을 시켰다. 순이 우물 속에 들어가면 묻어 죽일 요량이었다. 순은 이웃의 도움으로 돈을 가지고 우물에 들어가 두레박으로 흙을 파 내며 그 위에다 돈을 놓았다. 돈을 본 고수는 묻으려던 계획을 미 루었다. 그 사이에 순은 우물 안에서 옆집과 통하는 구멍을 파서 탈출하게 되었다. 물론 세 사람은 우물을 묻었고 순이 죽은 줄 알 았다.

이 일로 세 사람은 천벌을 받아서 고수는 눈이 멀고 새어머니 는 귀가 멀고 상은 말을 못 하게 되었다.

순은 더 이상 집으로 들어가지 않고 그길로 역산으로 가서 농 사를 지었다. 하루는 순이 땔감을 사려고 곡식을 들고 시장에 갔다 가 한 여인을 보게 되었다. 새어머니였다. 순은 과거의 원한은 잊 어버리고 새어머니에게 땔감 값을 후하게 쳐 주고 먹을 것도 자루에 넣어 주었다. 이 일을 계기로 고수는 순과 만나게 된다. 고수가 지난날의 잘못을 뉘우치자 심청이의 아버지 심봉사처럼 눈을 뜨게 되고, 새어머니도 귀가 열리고 동생도 입이 열리게 되었다.[96]

아버지 이름의 瞽(장님 고)와 瞍(장님 수)는 단지 육체적으로 눈이 멀었다는 뜻이라기보다는 인간의 이성과 도리에 눈이 멀었다는 뜻을 담고 있다. 도리에 눈이 멀었기에 어떤 폭력이든 가할 수 있는 것이다.

따라서 순의 처지는 도저히 효도를 할 수 없는 극단적인 상황이었다. 효가 문제가 아니라 가족이라고 할 수도 없는 상황이었다. 이런 극한의 조건에서도 순은 좌절하지 않고 꿋꿋하게 버텨서 결국 아버지를 변화시켰다.

순이 가족에게서 뛰쳐나가 되돌아오지 않는다면, 가족 또는 어버이와 자식의 관계는 상황에 따라 해체될 수 있는 것으로 받아들여질 것이다. 그러나 결국 순이 돌아온다는 것은 부자의 오륜이 어떠한 조건으로도 손상될 수 없는 절대적인 관계, 즉 천륜(天倫)임을 상징한다. 또 효는 어떤 장애 요인에 의해서도 그 가치가 훼손될 수 없는 신성불가침한 것이며, 어떤 극악한 상황마저도 좋은 쪽으로 변화시킬 수 있는 전능한 것으로 간주된다.

결국 순의 이야기를 통해서 사람들은 효가 결코 포기될 수 없는 것이며 신성한 것이라는 사실을 깨닫게 된다.

순임금은 위대한 효자구나! 덕스러움은 성인이 되고, 존귀함은 천자가 되고, 부는 온 세상의 것을 가지고, 종묘에서 조상신들은 음향하고 자손들은 순의 영광을 보존하는구나! 위대한 덕은 반드시 어울리는 자리를 얻으며, 반드시 어울리는 보상을 받으며, 반드시 어울리는 명예를 누리며, 반드시 어울리는 생명을 살게 된다.(17장)

순은 집안 문제를 해결하고 나서 요임금의 후계자로 발탁된다. 시험 기간을 거친 뒤에 순은 요를 이어서 천자가 되었다. 이로써 순은 자신의 가문이 해체의 위기를 넘어서 영광의 지위를 갖게 했을 뿐만 아니라 영원히 존속하게 하는 역할까지 해냈던 것이다. 그 후로 사람이 효도를 하면 모두 순처럼 천자가 되지는 않더라도 출세는 할 수 있다는 생각을 갖게 만들었다. 아울러 "순이 했으면 나도 할 수 있다."는 자신감을 사람들에게 심어 주었다.

주나라의 효자들

앞서 주나라가 주지육림(酒池肉林)의 향락에 빠진 은나라의 주임금을 제거하고 등장했다는 이야기는 몇 차례 했다(68쪽, 143쪽, 163쪽). 이번에는 초점을 주나라 건국 집단의 내부 사정으로 돌려보자.

문임금은 부패한 은나라를 공격할 만한 힘을 가졌지만 조용히 시기를 엿보다가 죽는다. 그의 아들인 무임금이 산둥성을 정치적 기반으로 하는 강태공 집단과 연합하여 주나라 건국에 성공한다.

그러나 영광도 잠시, 천자의 나라가 된 지 얼마 지나지 않아 무임금이 병으로 죽는다. 권력의 핵심부에는 무임금의 동생이자 능력이 뛰어난 주공이 있고, 왕위 계승의 권리를 지니고 있지만 아직 정치가 뭔지 모르는 어린 성임금이 있다. 아니나 다를까 무임금의 사망을 틈타서 옛 은나라 지역에서 부흥 운동이 일어나고, 주공의 다른 형제가 독주하는 주공을 견제하며 권력 나누기를 요구한다.

주나라는 건국 초기부터 갈등이 일어나고 대립이 폭발할 가능성을 안고 있었다. 주공이 어떤 생각을 가지고 움직이느냐에 따라 주나라는 안정을 회복할 수도 있고 극심한 혼란의 소용돌이에 빠져들 수도 있었다.

무임금과 주공은 틀림없이 모든 효를 깨달았을 것이다. 두 사람이 보인 효란 사람(과거 세대)의 뜻을 잘 이어 가며, 사람(현 세대)의 일을 과거 세대의 전통에 따라 잘 풀어 나간 것이다.(19장)

무임금이 효자인 것은 분명하다. 그는 문임금이 이루지 못한 사업을 이어받아서 완성했다. 여기서 효는 부자 사이의 애틋한 감정의 교류라기보다는 세상의 질서를 회복하는 공적을 세우는 것과 관련이 있다. 『효경』(孝經)에서 "몸을 일으켜서 도리를 실천하여 후세에 이름을 떨친다."는 입신양명은 이런 맥락에서 이해할 만하다.[97]

그럼 주공은 왜 효자일까? 위기 상황에서 자신을 생각하지 않고 조상을 생각했기 때문이다. 주공은 자신이 왕이 되느냐 못 되느냐보다 신생 왕국의 기반을 다지는 데에 관심을 쏟았고, 이전부터 결정된 왕위 계승의 원칙을 존중하여 어린 성임금이 왕위를 잇게 했다. 즉, 자신을 위해 뭐든 할 수 있는 상황이었지만, 가계(家系)가 영원히 이어지도록 하는 고리 역할에 충실했다.[98]

『중용』의 지은이는 주나라의 건국 집단에서 효가 완전히 실현된 것으로 본다.

> 아무 걱정 없는 이는 오직 문임금뿐일 것이다. 왕계를 아버지로
> 삼고, 무임금을 자식으로 삼았도다. 아버지가 일을 시작하고 자
> 식이 그것을 잘 이어 가는구나! 무임금은 태왕, 왕계, 문임금의
> 실마리를 이어서 전쟁을 한 번 벌여서 천하를 장악하여 세상에
> 훌륭한 이름을 잃지 않았다.(18장)

사실 주나라의 건국 집단은 많은 갈등의 씨앗을 안고 있었다. 앞서 본 무임금 이후의 국정이 그랬고, 태왕 이후의 후계 구도도 그랬다. 태왕에게는 세 아들이 있었다. 규정대로라면 당연히 맏이인 태백이 태왕의 뒤를 이어 군주가 되었을 것이다. 하지만 막내 계력이 형제 중에서 가장 뛰어났고 태왕도 그런 계력을 총애하자, 태백은 몰래 나라를 떠나 왕위가 계력에게 전해지도록 했다. 계력 이후로 문임금과 무임금이 나타나서 주나라를 건국하게 되었다. 만약 태백이 자신의 권리를 고집했다면 부자끼리의 갈등, 형제끼

리의 갈등으로 은나라를 대신할 만한 역량을 갖추기 어려웠을 것이다.

이처럼 주나라는 초기부터 여러 갈등의 씨앗을 품고 있었지만 각자 자신이 하고 싶은 일보다 맡아야 하는 역할에 순응함으로써 건국의 결실을 맺었다.

효는 현 세대와 과거 세대, 개인과 가족 사이의 균형과 연결된다. 만약 주의 가족사에서 태백과 주공이 수행하는 역할이 한쪽으로 치우치거나 기울었다면 현실은 다르게 진행되었을 것이다. 주의 건국은 결국 관계의 균형을 최우선으로 고려하는 중용의 터전 위에서 이루어질 수 있었다. 이런 점에서 『중용』의 지은이는 주의 가문을 중용의 가문으로 높이 산다.

효의 사회적 의미

자살은 왜 죄악으로 취급될까? 인간에게 생명을 부여하기도 하고 거두어 가기도 하는 유일한 존재는 신인데, 인간이 해서는 안 되는 역할을 스스로 맡았기 때문이다. 그럼 유일신 전통이 없는 동아시아에서 자살은 왜 문제가 될까? 여러 가지 대답이 있을 수 있겠지만, 분명한 것은 자살이 효에 위배된다는 것이다.

효가 이루어지면 가계가 끊어지지 않고 후대로 계속 이어지지만, 자살을 하게 되면 그렇게 될 수 없기 때문이다. 이렇게 보면 『중용』에서 효와 자살은 단순히 개인의 생명을 어떻게 처분하느냐에 한정되지 않고, 개인을 고리로 삼는 씨족이 어떻게 지속되느냐 하는 문제와 관련된다.

이는 현대 사회의 관점과 차이가 난다. 물론 현대라고 해서 자살을 권장하지는 않지만, 사람이 삶의 본능을 가진 것만큼이나 죽음의 본능을 강하게 지닌다고 본다. 이러한 생각은 특히 정신분석학자 프로이트(1856~1939)에 의해서 제기되었다.

그는 인간이 지닌 삶의 본능을 '에로스'(Eros)라 불렀다. 사람은 개체로서 자신을 보존하고, 또 종으로서 자신의 유전자가 이어지기를 바란다. 이 욕망은 사람에게서 없앨 수 없는 근본 충동으로, 좋고 나쁜 가치에서 벗어난 것이다. 이런 충동이 주로 성적 접촉을 통해서 충족되므로 에로스를 사랑 또는 성애라고 부른다. 에로스가 사람에게 지울 수 없는 힘이라고 하더라도 언제나 그것에 탐닉해야 하는 것은 아니다. 사람은 욕망의 승화를 통해 문화 예술을 발전시킬 수 있기 때문이다.

프로이트는 또 인간에게는 삶의 본능만이 아니라 죽음의 본능도 있다고 주장했다. 그는 그것을 '타나토스'(Thanatos)라 불렀다. 고대인은 익숙한 생활 공간에서 자연의 리듬에 맞춰서 반복되는 삶을 살았다. 반면에, 현대인은 끊임없이 바뀌는 사회 속에서 새로운 환경에 적응하도록 요구 받는다. 그리고 그 적응 과정에서 불안한 성공과 심각한 실패를 겪곤 한다. 이런 생활에서 오는 중압감은 현대인에게 신경증을 가져다주고, 실패가 주는 고통은 깊은 좌절을 안긴다. 여기서 사람은 더 이상 좌절을 겪지 않아도 되는 상태로 가고자 하는 충동을 갖게 된다. 그 충동을 프로이트는 죽음의 본능이라고 했다. 만약 이 파괴적인 성향이 자신에게 향하면 자살로 나타나고, 타인에게 향하면 폭력이 된다.

『중용』은 효를 통해 타나토스는 없고 에로스만으로 가득 찬 정신세계를 그린다. 즉, 생명만 있고 죽음이 없는 세계를 설계한다. 그런데 이것이 어떻게 가능한가? 사람은 유한한 존재이므로 어떻게 하더라도 죽음을 극복할 수 없지 않은가?

『중용』의 지은이는 생과 사의 엄연한 단절을 접합할 수 있는 틈새를 찾아낸다.

하나는 죽은 조상을 없어진 것이 아니라 숨은 것으로 보고 숨은 존재와 살아 있는 존재의 재결합을 추진하는 것이다. 이것은 '죽었어도 죽지 않은'이라는 역설적 언어로 표현할 수밖에 없다. 그리고 현 세대는 주기적으로 제사를 지냄으로써 두 세계의 교류를 극대화한다. 이런 점에서 전통 시대를 제사 공동체라고 한다.

다른 하나는 천륜 의식이다. 순의 신화에서 보듯 효는 끊어질 만한 조건이 되어도 결코 끊어질 수 없게끔 하늘에 의해서 맺어진 인연이다. 현실에서 일시적으로 단절된 듯하지만 결국 원래의 관계로 회복될 수밖에 없는 끈질긴 관계다. 이런 점에서 전통 시대를 효의 공동체라고 한다. 이 공동체에서는 누구나 보호를 받아야 할 존재가 되고, 버려지는 존재는 없다.

이런 특징을 종합해서 『효경』에서는 "효에 따라 세계에 영원히 질서를 불어넣을 수 있다."고 선언한다.[99] 이제 효는 가족에 속한 인물을 죽지 않고 영원히 사는 존재로 탈바꿈시켜 줄 뿐만 아니라 공동체 전체를 하나의 거대한 가족, 즉 우주 가족으로 묶는 유대 의식을 갖게 만든다.

효가 가족을 넘어 공동체를 하나로 묶는 역할을 하게 되자 하늘과 대지도 가족 관계, 특히 음양의 틀로 유비된 부부 관계로 치환된다.

> 하늘과 대지의 기운이 서로 쌓이면 만물이 생명의 기를 갖게 되고, 암컷과 수컷이 정기를 나누면 만물이 생겨난다.[100]

암컷과 수컷이 정기를 나눔으로써 에로스의 충동이 충족되고 한 세대가 다음 세대로 이어진다. 이 일이 끝없이 이어질 경우 죽음이 생명의 흐름을 끊고 그 속에 끼어들 수 없다. 이를 『주역』에서는 "하늘과 대지의 위대한 힘은 영원한 생성이다."라고 말한다.[101]

III

성과 돈화

진정한 지속과 영원한 변화

성, 도의 새로운 파트너

『중용』을 들춰 보면 먼저 내용을 파악하기 전에 두 가지 인상을 갖게 된다. 하나는 중용 또는 중과 용이 많이 나오지 않는다는 것이고, 다른 하나는 책 제목은 '중용'인데 후반에는 성(誠)이 많이 다루어진다는 것이다. 사실, 이 인상은 정확하다.

내용과 의미를 따져 가며 『중용』을 몇 차례 되풀이해서 읽다 보면 또 다른 생각이 들기 시작한다. "중, 도, 성이 서로 관련되는 것이 아닐까?" 하는 생각이다. 이런 생각이 들면 『중용』을 제대로 이해할 수 있는 문을 연 것이나 다름없다.

사실 『중용』의 핵심 얼개는 '중(中)=도(道)=성(誠)'이라는 등식이다. 셋은 공통적으로 세계의 만물이 생겨나는 원천, 세계에 질서와 의미를 부여하는 본원을 나타낸다. 그와 함께 이 셋은 이런 원천과 본원의 의미를 제각각 다르게 밝혀 주고 있다.

도와 성에 대비해 보면, 중에는 어느 한쪽으로 기울어지거나 치우치지 않는 공평성, 주위 영향으로 흔들려서 다른 곳으로 휩쓸려 가지 않는 중심성의 의미가 뚜렷하게 드러난다. 이것은 구체적인 현실에서 중심 잡기와 관련된다.

도는 사람을 이끌어 나아가게 만드는 목표, 목표를 향해 끊임없이 움직이는 진행과 과정, 닦여 있는 길이 목적지로 잘 이끌어 줄 것이라는 희망 등을 뚜렷하게 나타낸다. 임권택 감독이 만든 영화 〈서편제〉에서 소리 품을 팔며 사는 유봉, 동호, 송화가 걸었던 청산도의 돌담길을 떠올려 보라. 영화에서는 화면을 크게 잡으며 세 사람의 눈앞에 펼쳐진 길을 길게 보여 준다. 이 길은 서로 갈등을 안고 있는 세 사람이 생각을 모아서 앞으로 나아갈 길을 가리킨다. 이때 길은 두 지역을 이어 주는 물리적 공간이 아니라 사람이 앞으로 나아갈 목표이고, 도달하기만 하면 그리던 것이 이루어지는 희망이다.

성은 "지성이면 감천", 즉 정성이 지극하면 하늘을 감동시킨다는 이야기[102]처럼 진정성, 소통성을 나타낸다. 이는 우리나라의 고전 소설 『심청전』(沈淸傳)에서 잘 드러난다. 심청이가 아버지 심봉사의 눈을 뜨게 해 주겠다는 간절한 마음으로 정성을 다해 행동하니, 결국 아버지가 눈을 뜨게 된다.

이렇게 보면 중과 도와 성은 그리스도교의 교의를 빌려 표현한다면 삼위일체(trinitas)에 해당된다고 할 수 있다. 『중용』에서 세계를 지탱하는 근본 원칙, 즉 세계가 늙지 않고 영원히 재생하는 과정을 반복하도록 하는 무한한 힘이 모든 곳에 남김없이 적셔 들어야 한다. 이렇게 하려면 중과 도와 성 중 어느 하나만으로는 세계를 끊임없이 살아 있게 할 수 없다. 하늘과 땅, 그리고 그 사

세 발 달린 솥

『중용』에서 중, 도, 성은 세계를 지탱하는 근본 원칙이다.
세 개의 다리로 튼튼하게 서 있는 솥처럼 중, 도, 성은 하늘과 땅,
사람과 사물이 평화롭게 생명을 누리기 위해 필요한 것이다.

이를 메운 사람과 사물이 평화롭게 생명을 누리기 위해서는 중, 도, 성이 모두 필요하다. 이런 점에서 중, 도, 성은 『중용』의 세계를 수호하고 활성화하는 세 발 달린 솥과 같다고 할 수 있다.

성의 어원

성은 갑골 문자 등 초기 한자에는 보이지 않는다. 따라서 갑골 문자를 통해 성의 어원을 확인할 수는 없다.

그런데 왜 성은 초기 한자에는 없는 것일까? 확정적인 증거가 있는 것은 아니지만, 정황상으로는 그럴듯한 설명을 시도할 수 있다. 성은 형성자에 속한다. 즉, 왼쪽 부분 '言'은 뜻을 나타내고 오른쪽 부분 '成'은 음가를 나타낸다. 초기의 한자는 물체의 모양이나 상태를 본떠 만든 상형 문자가 많았다. 표현의 욕구가 늘어남에 따라 글자의 조합으로 형성자가 많이 만들어져서 한자 전체의 약 80%를 차지하게 되었다. 성이 형성자라는 것은 상형 단계 이후에 새로운 필요성에 의해서 조합되었다는 사실을 알려 준다.

'誠'의 글꼴을 들여다보면 말(言)이라는 언어의 요소와 이루어진다(成)는 사태의 완결이 짝이 된다. 말과 행동은 쌍둥이처럼 보이지만, 그 사이에는 실제로 엄청난 간격이 있다. 그래서 『중용』의 지은이도 일찍이 당부했다. "말은 행실이 따라올 수 있을지 고려하고, 행실은 말이 책임질 수 있는지 고려해야 한다."(13장) 『논어』에는 한 제자가 말과 행동에 차이를 보이자 공자가 분노하는 장면이 있다.

> 재여가 낮에 잠을 잤다. 공자가 비난했다. "썩은 나무는 새길 수가 없고, 푸석푸석한 담은 흙손질할 수가 없다. 내가 나무라서 뭐할까?" 또 공자가 마무리했다. "이전에 나는 사람을 볼 때 하는 말을 듣고서 할 행동을 믿었다. 지금 나는 사람을 볼 때 하는 말을 듣고 할 행동을 관찰하게 되었다. 나는 재여의 일로 생각을 바꾸게 되었구나!"103)

아프면 잘 수도 있을 텐데 낮잠 잔 걸 가지고 너무 예민하게 반응한다고 생각할 수 있다. 충분히 그럴 수 있다. 하지만 우리는 결정적인 일을 앞두고 펑펑 잠을 자지 않고, 정해진 수련의 과정을 거치면서 흐트러진 자세를 보이지 않는다. 그런 자세를 보인다는 것은 열정이 식었다는 신호일 수 있다. 공자가 나무란 것은 바로 이것이다. 작심삼일이란 말이 있지만, "무엇을 하겠다!"며 굳게 약속해 놓고 얼마 되지 않아 약속과 반대되는 행동을 태연하게 한다면 실망하지 않을 사람이 없을 것이다. 이런 맥락에서 공자의 분노를 생각하면 이해할 수 있다.

이처럼 말이 행동으로 이어지지 않는 경우나 말과 행동 사이에 다리가 끊어진 상태는, 말만 들어도 실행된 것으로 여길 정도로 믿음을 주는 경우나 말과 행동 사이에 어떠한 장애도 없는 상태와는 분명 다르다. 다르기만 한 것이 아니라, 경우에 따라서는 병적인 것과 정상적인 것의 뚜렷한 단절이라고 할 수 있다.

이 단절은 내버려 두어도 되는 것이 아니다. 그것은 한시바삐 메워서 원래의 상태로 되돌려야 한다. 바로 여기서 출현하는 것이 성이다. 즉, "행동이 말한 대로 이루어지도록 하라!"는 주문이 요구되자, '성'을 둘러싼 사유가 일어나게 되었다. 그리고 성에 대한 사유는 다음과 같은 많은 의문을 둘러싸고 진행되었다. 옛날 사람과 오늘날(춘추 전국 시대) 사람은 과연 다른 종류의 사람인가? 사람은 왜 말한 대로 실천하지 못하는 걸까? 말과 행동 사이에 간극이 왜 발생하는 걸까? 사람을 움직이게 하는 힘은 무엇일까? 하는 것과 하지 못하는 것의 차이는 어디에 있을까? 자연은 계절 변화에 따라 모든 일이 착착 진행되는데, 사람은 왜 그렇게 하지 못하는 걸까?

자연의 길과 사람의 길

공자는 재여의 행동을 보고서 억제할 수 없을 정도로 치밀어 오르는 분노를 느꼈다. 그리고 언행일치가 자연스러웠던 과거를 회상하고 언행 불일치가 나타난 현실에 불만을 터뜨렸다. 공자에게는 어떻게 하면 언행 불일치를 일치로 바꿀 수 있는지에 대한 성찰은 없다. 그냥 언행일치는 너무나도 자명하고 당연한 사실이므로 그렇게 되어야 한다. 또 언행 불일치는 병적이고 타락한 현실이므로 없어져야 할 임시 상태일 뿐이다.

『중용』에 이르면 공자와 같은 흥분은 보이지 않는다. 공자는 언행 불일치를 처음으로 경험해서 그만큼 분노했으리라. 그러나 『중용』의 지은이는 그것에 익숙해진 듯 언행 불일치가 일어나는 현상을 인정한다. 물론 그가 인정한다고 해서 언행 불일치를 방치한다거나 긍정한다는 뜻은 아니다. 그는 우리가 늘 만나는 보통 사람이라면 삶에서 언행 불일치를 드러낼 수밖에 없다고 본다.

> 진실(誠)이란 하늘의 길이고, 진실로 나아가는 것은 사람의 길이다. 진실이란 힘쓰지 않아도 중에 들어맞고 숙고하지 않아도 원칙과 부합되므로 차분하고 침착하게 도에 맞으니 성인에게 가능하다. 진실로 나아가는 것은 선을 골라서 굳건하게 잡는 것이다.[104] (20장)

자연과 사람의 큰 차이점이 간단하고 명확하게 제시되고 있다. 자연은 성과 동일하거나 성을 완벽하게 재현하는 세계다. 사람은 성으로 나아가서 그것에 도달해야 한다. 사람과 성 사이에는 강이 흐르는 것처럼 엄연한 거리가 있다. 따라서 사람은 의식적으로 선을 찾고 노력해야 그 간격을 메워 성에 이를 수 있다.

그럼, 자연과 사람의 경계를 명확하게 갈라놓는 성의 정체는 무엇일까?

자연은 양기와 음기의 변화에 따라서 봄→여름→가을→겨울 식으로 순차적으로 변화한다. 이 운행이 한 번도 겨울→가을→여름→봄 식으로 진행된 적도 없고, 봄→가을→겨울 식으로 하나의 주기를 건너뛰며 진행된 적도 없다. 또 해는 늘 동쪽에서 뜬다. 이렇게 자연은 한시의 중단도 없는 영원한 지속이 이루어진다.

반면 사람은 시령(時令), 즉 계절의 변화이자 절기의 명령에 따라 생업과 활동을 조절한다. 그리고 사람은 해야 하는 일을 하기가 쉽지 않으며, 기분, 신체, 의지, 지식 등의 요인에 의해 때때로 중단되곤 한다. 이것이 자연과 인간의 으뜸가는 차이점이라고 할 수 있다.

하늘에서 비가 내리면 일정 지역의 생물을 골고루 적셔 준다. 누구는 많이, 누구는 적게 하면서 차별하지 않는다. 올해 비가 내렸다고 내년에 내리지 않는 일은 없다. 대지에 곡식을 심을 경우 콩 심으면 콩 나고 팥 심으면 팥 난다. 자연은 털끝만큼의 거짓이나 사욕 없이 모든 존재를 공정하게 대우하고 아낌없이 사랑을 베풀기를 멈추지 않는다. 그래서 사람은 자연과의 관계를 끊을 수도 없지만 끊으려고 하지도 않는다.

반면에, 사람은 같이 일을 하면 각자 더 많은 몫을 차지하려 하고 상대를 속이기도 한다. 그래서 사람은 다른 사람이 자신을 속일까 의심한다. 또 한때 좋아하고 아낌없이 나누었어도 사이가 틀어지면 쳐다보려고 하지도 않고 원수처럼 지낸다.

요약하면 이렇다. 자연은 중단 없는 영원한 지속, 그리고 최상의 진실로 이 세계에 끝없이 질서와 생명을 불어넣는다. 반면 사람은 성과의 사이에 놓인 차이를 줄여 나가는 수양을 해야 하고, 궁극적으로 그 차이를 없애야 한다.

성의 존재론

윤리학은 아는 것에서 그치지 않고 반드시 실천으로 이어져야 함을 강조한다. 그러나 그것이 무엇을 위한 실천인지 대답할 수 있어야 한다. 만약 실천의 목적이 "쾌락을 위해서"라고 말한다면, 쾌락주의 윤리설이 된다. "결과를 고려하지 않고 의무이기 때문에 해야 한다."고 말한다면 의무론적 윤리설이 된다. 여기서 다시 왜 쾌락을 위해서 또는 의무에 따라 살아야 하는지 물을 수 있다. 쾌락주의자는 쾌락을 따르는 것이 자아를 실현할 수 있는 가장 효과적인 길이라고 말한다. 반면에, 의무론자는 의무에 따르는 것이 사람으로서 가장 숭고하고 참다울 수 있는 길이라고 말한다. 이로써 윤리설이 어떤 상황에서 어떤 행위를 하느냐에 끝나지 않고 가장 사람다운 것을 묻고 찾아가는 존재론과 이어지게 된다.

그럼 『중용』의 윤리학은 어떤 존재론과 이어지게 될까? 『중용』은 사람이 중, 도, 성을 위해 살아야 한다고 하므로, 중의 윤리설도 되고 도의 윤리설도 되고 성의 윤리설도 될 수 있다. 그와 함께 중, 도, 성은 사람이 세계의 근원에 참여할 수 있는 길이며, 개개인이 지닌 고유성을 통해 가장 완전하게 실현할 수 있는 길이므로 존재론의 특성을 지닌다고 할 수 있다.

『중용』의 저자가 "중이란 세계의 위대한 근본"(1장)이라고 말하듯이, 중은 『중용』 윤리학의 이론적 측면을 나타내면서 동시에 존재론의 특성을 지닌다. 중은 세상 모든 사람이 각자 다양한 인륜 관계에서 어떤 식으로 행동하는 것이 맞는지 판단하는 절대 기준이다. 중에 들어맞지 않으면 어떤 행동을 하느라 많은 힘이 들었어도 아무런 의미가 없다.

이제 『중용』에서 성이 존재론의 맥락에서 이야기되는 것을 살펴보자.

진실(誠)이란 존재(사태)의 시작이자 끝이고, 진실하지 못하면 존재(사태)가 있을 수 없다. 그러므로 자기 주도적인 사람(君子)은 진실을 고귀한 것으로 여긴다. (25장)

중의 경우와 마찬가지로, 세상에 일어나는 일이나 존재는 성에 의거해서 의미를 가질 수 있다. 성은 '영원한 지속'과 '최상의 진실'이라는 의미를 갖는데, 이에 대해 이야기를 이어 가 보자.

1894년 프랑스의 포병 대위 드레퓌스(1859~1935)가 독일 측에 군사 정보를 넘겼다는 간첩 혐의로 체포되었다. 그는 군사 법원에서 종신형을 선고받았다. 독일 측에 보낸 비밀 서류의 글씨체가 드레퓌스의 필체와 비슷하다는 것이 증거였다. 그러나 조금만 따져 보면, 증거는 애초에 빈약했다. 사실 필체보다 그가 유대인이라는 것이 재판에서 더 불리하게 작용했다. 나중에 무죄를 입증하는 증거가 발견되면서 드레퓌스는 1906년 최고 재판소로부터 무죄를 인정받았지만, 당시 군은 이 사실을 수용하지 않았다. 1995년, 사건이 일어난 지 100년 만에 프랑스 군도 드레퓌스가 무죄임을 공식적으로 밝혔다.

이 사건이 처음 일어났을 때만 해도 거짓은 너무나도 기세등등하고 한 점 의혹이 없는 사실처럼 보였다. 진실은 너무나도 희미해서 끝내 밝혀지지 않고 그대로 묻히는 듯했다. 그러던 중 에밀 졸라(1840~1902)가 신문에 '나는 고발한다'는 글을 쓰면서 사회적 관심을 불러일으키게 되었고 상황도 반전되기 시작했다. 사실이 하나씩 밝혀지기 시작하자 처음 그렇게 오만하던 거짓은 빛이 바래고 힘도 잃어 갔다. 반대로 진실은 원래 있어야 할 자리를 찾으면서 당당한 힘을 되찾게 되었다.

이 사건을 보면, 거짓이 영원할 것 같아도 진실 앞에서는 너무나도 왜소하며 결국 사라질 운명임을 알 수 있다. 진실은 가짜의 위력에 눌려도 결코 사라지는 일이 없고 마침내 정면에 나타난다.

이처럼 거짓과 진실이 나뉘는 지점은 너무나도 엄격해서 조금이라도 겹치는 곳이 없다. 거짓이 일시적으로 힘을 얻어서 설치고 다닐 수는 있어도, 영원할 수는 없다. 거짓이 받아들여지는 조건, 예컨대 독재자라면 권력 기반, 사기꾼이라면 이익 보장 등이 사라지면 거짓은 계속 버틸 수가 없다.

　그래서 『중용』의 지은이는 말한다. 성은 사람이든 일이든 처음부터 끝까지 관철되어야 하는 것이고, 성 없이 한 일은 일시적으로 크게 보여도 결국은 모래성처럼 무너져서 사라질 것이라고. 거짓은 일시적으로 있어 보여도 결국 없어질 것이다. 왜냐하면 있을 자격이 원래 없었으니까. 성만은 영원하다. 이처럼 성이 잠깐 있는 것이 아니라 변하지 않고 영원히 있어야 할 것을 가리키므로 참다움을 다루는 『중용』의 성이 중, 도와 함께 존재론으로 이어지는 것이다.

진실한 지속이
가능하다면

13

『중용』은 자연과 사람의 경계를 성(誠)에 대한 차이로 나눈다. 자연은 그 자체가 성을 한 치의 오차 없이 구현한다. 반면에, 사람은 수양과 노력의 사다리를 타거나 배를 타고 건너야만 성에 이를 수 있다.

학생이면 성적이 중요하고, 직장인이면 생계가 중요하다. 성적과 생계는 구체적이며 현실적인 이해타산과 직접적으로 관련이 있다. 이처럼 자신과 직접 이해관계가 있더라도, 하루도 빠짐없이 학교를 가고 직장을 나가는 일은 여간 어려운 일이 아니다. 몸이 아파서 도저히 못 갈 수도 있고, 뚜렷한 이유를 댈 수 없지만 가고 싶지 않은 기분이 들 수도 있다.

하지만 성은 성적이나 생계처럼 직접적인 이해관계가 없다. 하지 않으면 안 되는 절박감이 그만큼 떨어진다고 할 수 있다. 만약 성이 성적과 생계만큼 힘들다고 한다면 사람은 거짓말을 해서라도 성에서 벗어나려고 할 것이다.

누구나 견디기 힘든 상황에 놓이면 육체적으로나 정신적으로

'고통'이 뒤따른다. 이때 그 고통이 사람으로서 참기 어려울 뿐만 아니라 바람직하지도 않다면, 참아야 한다는 요구는 윤리설이기 이전에 폭력일 뿐이다. 반대로 사람이 성숙한 삶을 위해 왜 그렇게 하는지 그 동기를 충분히 알고 그로 인한 고통을 스스로 이겨 낼 수 있다면, 단순히 힘들다는 이유만으로 쓸데없다고 할 수는 없다. 사람답게 살기 위해서는 고통도 이겨 내야 하기 때문이다. 특히 성에 이르기 위해서는 힘들고 고통스러운 것을 피하지 말고 맞서야 한다.

성의 윤리학은 사람이 성에 이르기 위해 정신적 성숙이나 성장의 고통을 겪는다는 것을 인정한다. 방학이어서 좀 늦게 자고 늦게 일어나다가 개학이 되면 아침에 일찍 일어나는 것도 고통스럽다. 개학을 해서 며칠 학교를 다니다 보면 몸이 적응해서 처음처럼 힘들이지 않고 일찍 일어날 수 있다. 이와 같이 처음의 고통을 이겨 내고 조금씩 그 상태가 계속되는 시간이 길어지면 성에 따른 삶도 지속 가능한 동력을 얻게 된다. 이 단계가 바로 사람이 자연을 닮은 삶을 사는 것이고, 자연을 그대로 복사한 삶을 사는 것이다. 자연이 성을 완벽하게 드러내는 것처럼 사람도 자신의 삶과 성이 완전히 하나로 녹아든 지평에 서게 된다.

자기완성에서 환경 보호까지

윤리학이 사람에게 어떤 영향을 줄 수 있을까? 이와 관련해서 대체로 두 가지 주장이 있다. 하나는 악행의 금지이고, 다른 하나는 선행의 촉진이다. 얼핏 보더라도 전자가 소극적이고 후자가 적극적으로 보인다.

그러나 소극성과 적극성 자체가 특정 윤리학의 우열을 가르는 기준이 될 수는 없다. 선행의 촉진이 적극적으로 보이지만, 행위자에게 더 많은 것을 하도록 요구하는 점에서 더 많은 고통이 따른다. 또 악행의 금지가 소극적으로 보이지만, 최소한 하지 말아야 할 것만 준수하더라도 그렇지 않은 것보다 훨씬 더 좋은 사회를 만들 수도 있고 행위자에게 더 많은 재량권을 준다.

오늘날 다양한 방식의 기부가 관심을 받고 있다. 특히 가수 김장훈의 경우 '기부 천사'라는 별명을 얻을 정도로 기부에 적극적이다. 그것은 선행의 촉진 유형에 속한다고 할 수 있다. 그러나 김장훈의 기부가 결코 나쁜 것이 아니며 생활 세계의 문제를 직접적이며 효율적으로 해결하는 길이기는 하지만, 그의 방식이 모든 사람이 따라야 할 윤리적 본보기가 될 수는 없다.

그런가 하면, 가정에서 생활 쓰레기를 배출할 때 음식물 쓰레기에 이쑤시개, 단단한 생선 뼈 등을 넣지 않는 것은 소극적이기는 하지만 환경과 동물 사랑으로 연결될 수 있다. 또 공적 영역에서 공중도덕을 어기지 않고 사람을 불쾌하게 만들지 않는 것도 세상을 살 만하게 만드는 길이다.

그럼 『중용』의 세계는 적극적인 윤리학에 속할까, 아니면 소극적인 윤리학에 속할까? 다음 인용문을 보자.

진실(誠)이란 스스로 자신을 이룰 뿐만 아니라 타자를 이루게 하는 바탕이다. 자기를 이루는 것이 사랑이요, 타자를 이루게 하는 것이 지혜다.(25장)

인용문을 쭉 한번 훑어보는 것만으로도 앞의 질문에 올바른 답을 찾을 수 있을 듯하다. 타자를 이루게 한다는 말로 보아서 『중용』의 윤리학은 타인에게 해악을 끼치지 않도록 하는 범위에 한정되지 않고, 자신을 둘러싼 생활 세계의 문제에 관심을 기울이며 그것의 해결에 적극적으로 나서기를 요구한다.

그런데 행위자가 자신의 문제뿐 아니라 타자의 문제에까지 나서는 것이 무조건 좋은 것일까? 물론 상대방이 원한다면 도움이 좋은 것일 수 있겠다. 그러나 아무리 도와준다고 하더라도 상대방이 스스로 할 수 있는 부분까지 침해한다면 상황은 달라진다. 또 상대가 도움을 필요로 한다고 나는 보지만, 정작 상대는 도움이 필요하지 않다고 생각할 수 있다. 이처럼 돕는다고 하더라도 그것이 상대의 의사에 반대되거나 상대의 고유한 영역을 침범하는 간섭주의로 되어서는 안 된다. 부모일지라도 사춘기 청소년이나 성인이 된 자녀를 까닭 없이 돕는다고 할 때 얼마나 예민해지는지 생각해 보면 간섭의 폐해를 이해할 수 있을 것이다.

『중용』의 지은이는 윤리적 행위자의 삶이 자기의 완성에 한정되지 않고 타자의 문제 상황으로 관심을 넓혀 갈 것을 바란다. 하지만 그 관심이 간섭이 되지 않아야 한다는 것을 잘 알고 있다.

우선, 『중용』의 지은이는 타자를 이루게 하는 것이 지혜라고 말한다. 그것은 돕겠다는 일념으로 타자에게 무턱대고 다가서는 것이 아니다. 지혜란 상대의 의사와 효과를 고려해서 부작용을 낳지 않는 방법과 관련이 있다. 상대의 의사를 확인하지 않고 도움의 손길을 일방적으로 내밀었다가 오히려 적대적인 반응을 얻을 수 있다. 또 전체를 고려하지 않고 부분만 보고 자연 보호를 내세우다가 오히려 자연을 훼손할 수도 있다.

다음으로, 내가 타자에게 관심을 갖는 것이 타자를 의도적으로 특정 방향으로 끌고 가는 것은 아니다. 누구라도 '나'와 함께 있으면 나의 것을 나누게 된다. 예컨대 내게서 난초의 향기가 나면 주위가 모두 향기로 기분이 좋아지게 된다.[105] 내가 정당하게 벌어서 소비를 하게 되면, 내가 지불한 돈으로 가게 주인에게 일정한 이익이 생긴다. 또 가게 주인과 관계된 사람에게도 연쇄적으로 일정한 이익이 생기게 된다. 이처럼 나는 내가 하는 행위로 인해 의도하지는 않았지만 나를 둘러싼 생활 세계를 훈훈하고 인정미 넘치게 만들 수 있다.

사람이 갖는 사고방식도 마찬가지다. 개발 지상주의자와 환경 보호주의자 중 어떤 사람이 지자체의 단체장이 되느냐에 따라 많은 것이 달라진다. 개발주의자라면 개발의 이익에 예민하지만 환경의 파괴에 둔감하게 반응할 것이다. 보호주의자라면 환경의 보전에 예민하지만 개발의 이익에 둔감할 것이다. 누가 단체장이 되든 그가 펼치는 정책은, 찬성표를 던진 사람만이 아니라 반대표를 던진 사람은 물론이고 그 공동체의 자연과 생물에게도 영향을 미친다. 나아가 한 지역의 자연환경이 나빠지면 그 지역에만 피해가 생기는 것이 아니라 가까운 지역에도 피해가 생겨난다. 주변 지역은 원래 환경의 재난을 낳을 만한 아무런 원인 제공을 하지 않았지만 느닷없이 피해자가 되는 것이다. 그래서 환경 재난을 공해라고 한다. 무엇이 공해인지 모른다면 우리는 고통을 당하면서도 바로잡으려는 노력을 하지 않을 것이다. 반면, 무엇이 공해인지 안다면 아는 것에서 그치지 않고 그것이 생기지 않도록 실천을 하게 된다.

이렇게 보면 성의 윤리학은 간섭주의의 혐의를 받지 않고 이타주의를 말하면서, 행위자가 지혜를 발휘해 주위의 생활 세계를 넘어 환경 보호까지 실천할 수 있게 한다.

우주적 나, 천지와 동참하는 생명 활동

현대 사회는 분명히 과거보다 더 물질적 풍요를 누리고 있다. 하지만 사람들은 풍요를 유지하기 위해 고통스런 삶을 감내해야 한다. 학생들은 일자리를 잡기 위해 청춘을 즐기지 못하고 취업 준비에 몰두하고, 도시 사람들은 출퇴근하느라 많은 시간을 도로에서 보낸다. 또 우리는 은행에서 돈을 빌려 집을 사고서는 매달 수입의 상당 부분을 대출금을 갚는 데에 쓴다. 다들 현재의 삶을 행복하게 누리지 못하고 미래를 위해서 참고 견디며 살고 있다.

이런 삶의 일상은 아서 밀러(1915~2005)의 희곡 『세일즈맨의

죽음』(*death of a salesman*)에 잘 나타난다. 주인공 윌리 로만은 전원생활을 꿈꾸면서 30년간 자기 직업에 긍지를 가지고 성실하게 일했다. 그러나 회사에서 몰인정하게 해고를 당하고, 자식들도 그의 기대대로 살지 않는다. 궁지에 몰린 그는 결국 아들과 화해하고 그에게 보험금을 물려주려고 과속으로 차를 몰아 자살한다. 그의 장례식 날 아내 린다는 지긋지긋하던 집의 할부금이 끝나 행복한 삶을 시작하려는데 함께 살 사람이 없다며 울부짖는다.

『중용』의 세계에 들어서면, 별천지와 같다. 경제적인 문제로 고민하는 소리도 들리지 않고, 생계 문제로 괴로워하는 몸부림도 없다. 왜 그럴까? 『중용』의 세계가 경제 문제를 중요시하지 않는 것은 아니나, 그것이 해결되었다고 전제한다. 그래서 『중용』에 등장하는 자율적 인간(君子)은 관심을 결코 가정 경제에 한정시키거나 그 안에 빠져 있지 않는다. 오히려 그들은 그리스의 자유민처럼 공동체에 질서와 의미를 부여하는 공공 영역의 문제와 씨름한다. 그리하여 그들의 관심사는 개인의 행복에서 끝나는 것이 아니라 세계나 우주 차원의 끊임없는 생성으로 나아간다.

> 천하의 완전한 진실(誠)만이 개체의 본성(性)에 제대로 충실할
> 수 있고, 개체의 본성에 제대로 충실하면 사람의 보편적 본성에
> 제대로 충실할 수 있고, 사람의 보편적 본성에 제대로 충실하면
> 타자의 본성에 제대로 충실하도록 할 수 있고, 타자의 본성에 제
> 대로 충실하면 하늘-대지(天地)의 생성 작업을 도울 수 있고,

하늘-대지의 생성 작업을 도우면 하늘-대지와 생명 활성화에 동참할 수 있다.(22장)

성은 특정 존재의 자기 기반이다. 짠맛을 잃은 소금은 더 이상 소금이 아니다. 짠맛은 소금을 소금이게 만드는 자기 기반이기에 그렇다.『중용』의 경우, 오륜의 인간관계에 충실한 것은 사람으로서의 특징을 완전하게 드러내는 것이다. 사람이 오륜의 '모든' 인간관계에서 '늘' 완전하게 관계를 지속한다면 곧 그 사람은 완전한 성과 거리가 떨어져 있지 않다. 달리 말하면, 이 사람에게는 해야 할 것과 하는 것 사이에 아무런 차이가 없다. 그는 해야 할 것을 너무나도 자연스럽게 한다. 예컨대 보통 사람 같으면 수없이 고민하면서 할까 말까 한 일을, 가수 김장훈은 사람이 배고프면 밥을 먹듯이 너무나도 천연덕스럽게 기부 행위를 한다. 그것도 한두 번에 그치지 않고 지속적으로 말이다.

이러한 선인은 자신이 해내야 하는 몫을 99%가 아니라 100% 해낼 수 있다. 이들이 자신의 몫을 100% 해낸다는 것은 자신을 온전히 살려 내는 것만이 아니라 주위 세계를 살려 내는 방향으로 나아간다.『중용』에 의하면, 이들의 행위는 세계 전체에까지 영향을 주는 것으로 나아간다.

2007년 12월, 태안반도에서 원유를 실은 유조선과 크레인선이 충돌하여 기름 유출 사고가 났다. 그 때문에 태안반도의 생태계 오염과 파괴가 심각했다. 김장훈은 태안반도에 낀 기름을 걷어

내서 생명이 숨 쉬는 곳으로 만들어 내는 데에 일조했다. 비단 김장훈만이 아니라 생활 세계 속의 작은 영웅, 즉 착한 영혼의 성자(誠者)들은 자기를 넘어서서, 언제 어디서나 죽어 가는 생명을 살리는 일에 팔을 걷어붙이고 나선다. 이로써 그들은 먹고사는 생계에 파묻힌 아서 밀러의 세일즈맨과 달리 하늘-대지가 세계에 끊임없이 불어넣는 생명의 호흡을 같이 부는 존재가 되는 것이다.

성은 무한 동력 기관

『중용』의 성은 어떻게 보면 '관성의 법칙'(운동 1법칙)과 닮아 보이고, 어떻게 보면 '에너지 보존 법칙'(열역학 1법칙)을 거스르는 무한 동력 기관(영구 기관)을 닮은 것처럼 보인다.

관성의 법칙이란 외부의 힘이 미치지 않아도 물체가 운동의 상태를 계속 유지하려는 경향을 말한다. 성은 경향의 지속이란 의미처럼 내적으로는 자기 전개를 멈출 수 없다. 성이 방해를 받아 일시적으로 또는 영원히 멈추는 것은 오직 거짓이 경향을 완전히 압도하여 사라질 때 벌어진다. 즉, 거짓이 무한의 힘으로 경향이 설 기반을 완전히 허물어뜨리는 것이다.

에너지 보존 법칙이란 에너지가 생겨나거나 없어지는 일이 없이 형태가 바뀌더라도 총량은 일정하다는 것이다. 예컨대 수력 발전소에서는 물의 위치 에너지가 터빈의 운동 에너지로 형태가 바뀌고, 다시 운동 에너지가 발전기를 거쳐 전기 에너지로 형태가 바뀌지만 에너지의 총량에는 변화가 없다.

연료를 공급하지 않거나 한 번만 공급한 뒤 재공급하지 않더라도 엔진이 영원히 돌아가는 것을 영구 기관이라고 한다. 에너지 보존 법칙에 따르면 영구 기관은 불가능하다. 한번 연료가 공급되어 기관을 돌리면 에너지는 다른 형태로 바뀌게 되므로 새로운 에너지의 공급 없이 기관이 계속 돌아갈 수 없기 때문이다. 하지만 성은 열역학 1법칙을 위반한다. 한번 진행되기만 하면 성은 자체적으로 무한히 활성화되는 에너지가 있으므로 영구 기관이 될 수 있다.

이런 이미지가 『중용』에 어떻게 나타나는지 살펴보자.

완전한 진실(誠)은 멈추는 적이 없다. 멈추지 않으면 오래가게 되고, 오래가면 효과가 나타나고, 효과가 나타나면 여유 있고 오래가고(시간적으로 무한히 연장되고), 시간적으로 무한히 연장되면 넓고 두터워지고(공간적으로 무한히 쌓이게 되고), 공간적으로 무한히 쌓이게 되면 고상하고 지혜롭게 된다(생명과 지혜의 빛이 찬란하게 밝아진다). (……) 넓고 두터워지는 것(공간의 무한 축적)은 대지와 짝을 이루고, 고상하고 지혜롭게 되는 것(지혜와 생명의 충만한 빛)은 하늘과 짝을 이루고, 여유 있고 오래가는 것(시간의 무한 연장)은 한계를 초월하게 된다. 이와 같으면 드러나지 않지만 빛나며, 움직이지 않지만 변하며, 의도적으로 하지 않지만 이루어진다.(26장)

진실한 지속으로서 성은 중도에 끊어지는 것과는 결코 호응이 될 수 없다. 영원히 지속되지 않는 것이 성이 될 수 없기 때문이다. 자연에서 태양은 '나'의 감정 상태와 상관없이 어제도 동쪽에서 떴고 오늘도 그랬고 내일도 그럴 것이다. 우리가 평소와는 다른 모습을 보이는 사람에게 "해가 서쪽에서 뜨겠다!"는 말을 하지만, 성에 따르는 삶을 사는 이는 중단 없는 지속을 습성으로 지니고 있기 때문에 이런 일이 결코 일어날 수 없다.

태양과 대지가 늘 제자리에서 그 역할을 하므로 생물은 천지가 만들어 내는 결실을 누리며 생명을 지속한다. 이렇게 중단 없이 지속하므로 공간적으로 확장되고 시간적으로 연장된다. 벽을 타고 올라가는 담쟁이넝쿨을 심어 놓고 관찰해 보라. 담쟁이넝쿨이 해를 거듭하면서 얼마나 많이, 그리고 오랫동안 생장 지역을 넓혀 가는지 확인할 수 있을 것이다. 윤리적 삶이 처음에는 어렵고 힘들지만 습성이 되어 이전 상태로 돌아갈 수 없게 되면, 습성대로 하지 않는 것이 오히려 이상하게 여겨진다. 나아가 뭐든지 할 수 있다는 자신감을 갖게 된다. 외부의 압도적 힘이 끼어들지 않는 한 이 자신감은 브레이크 없는 질주를 계속하게 된다.

피겨 스케이팅 선수 김연아가 빙판 위에서 실수 없이 완벽한 연기를 할 때, 관객은 그가 하는 아름다운 동작 하나하나에 넋을 잃는다. 보는 사람들이 다른 생각을 하지 못하게끔 그 속으로 끌어들인다. 연기가 끝나면 관중은 마치 잠에서 깨어난 것처럼 멈추었던 시간이 다시 간다는 사실을 새삼스럽게 느낀다. 윤리적 삶도 그렇다. 거동이 불편한 환자들을 주기적으로 찾아서 수발을 드는 봉사 활동가를 보면 완벽한 피겨 스케이팅만큼이나 아름답고 편안하다. 내가 그 사람을 만난 적이 없을지라도 그런 삶의 이야기는 나와 타자 사이의 간격을 허물고 서로에게 한없이 다가가게 만든다. 혼연일체가 된다고 할 수 있다.

이 상태에 이르면 누군가 하자고 권하지 않아도 함께 하고 무엇을 하자고 계획하지 않아도 일이 착착 진행되어 나간다. 바로 하늘과 대지가 생명을 키워 내는 것과 다를 바 없게 되는 것이다.

윤리적 삶은 한 번의 선한 행동으로 완성되는 것이 아니라 사는 동안 내내 선한 행동을 자연스럽게 되풀이해야 이루어진다. 또 그런 사람들은 개개인에게 주어진 삶의 고유한 가치를 실현하고, 자신과 주위 사람들 모두 활기찬 생명력을 누리도록 한다. 이런 삶을 살려면 사람의 가치를 최고로 높일 수 있는 참다움에 눈을 뜨고 그렇게 뜬 눈이 한순간에만 빛나지 않고 영원히 꺼지지 않도록 지속적으로 불을 지필 수 있어야 한다. 이렇게 되면 윤리적 삶을 사는 '나'는 거짓 없는 진실한 사람이 되면서 동시에 천지가 이 세상에서 하는 일과 똑같은 역할을 나누어 맡은 우주적 존재가 된다.

변화의 시작

서울은 조선의 도성이 있던 곳으로, 조선의 궁궐이 남아 있다. 경복궁, 창덕궁, 창경궁, 경희궁, 덕수궁이 그것이다. 또, 외적의 침입으로부터 왕과 정부 관료, 주민의 안전을 지키기 위해서 도성의 외곽을 성벽으로 쌓았다. 그리고 드나들기 위해서 동서남북 네 곳에 사대문과 사소문을 만들었다.

이들 궁궐의 정문 이름에 공통으로 들어가는 글자가 무엇일까? 먼저 앞에 든 궁궐 순서대로 정문 이름을 적으면 다음과 같다. 광화문(光化門), 돈화문(敦化門), 홍화문(弘化門), 홍화문(興化門), 대한문(大漢門) 또는 인화문(仁化門).[106] 바로 답을 찾을 수 있을 것이다. '화'(化)가 정답이다. 그리고 사소문 중 동문이 혜화문(惠化門)이었다. 오늘날 대학로 부근 혜화 로터리에서 성신여자대학교 쪽으로 넘어가는 길목에 혜화문이 남아 있다. 원래 이 문의 이름은 홍화문이었는데, 창경궁의 정문이 홍화문으로 되면서 오늘날처럼 혜화문이 되었다.

그럼 왜 궁궐의 문 이름에 '화'가 들어가는 걸까? 두 가지 대답이 있을 수 있다. 하나는, 목조 건물의 치명적인 약점 때문이라는 설명이다. 좁은 도성에 건물과 집이 다닥다닥 붙어 있으므로 한번 화재가 나면 한 지역이 통째로 화마로 사라질 수 있다. 化(될 화)가 火(불 화)와 음이 같으므로 화기를 억누르기 위해서 넣었다는 설명이 가능하다.

다른 하나는, 화가 교화(敎化)나 변화를 나타낸다는 설명이다. 도성은 세계의 중심이고, 궁궐은 중심의 중심이다. 즉, 임금은 세계의 한가운데 자리를 잡고서 정사를 펼쳤던 것이다. 그가 펼치는 시정 방향은 중심에서부터 동심원을 그리면서 외부로 확산되어 나간다. 잘못된 정책이라면 피해와 고통이 확산될 것이고, 좋은 정책이라면 혜택과 행복이 널리 퍼질 것이다. 해가 바다 위로 모습을 드러냄에 따라 주위가 차츰 빨갛게 되다가 얼마 안 있어 온통 빨갛게 변한다. 마치 떠오르는 태양처럼 임금은 행복의 기운이 온 누리에 뻗어 나가게 하는 근원이다.

이제 우리 한 사람 한 사람이 조선의 왕처럼 각각 세상의 중심에 서 있다고 생각해 보자. 우리 자신이 실천하는 윤리적 삶의 크기에 따라 각자 주위에 서로 다른 동심원의 행복 자장이 생길 것이다. 나의 자장이 크고 강렬하다면, 내 주위에 더 많은 행복이 깃들 것이다. 또 주위 사람들의 행복 자장이 겹치게 되면, 생활 세계의 자장이 더 강렬해지고 더 커질 것이다. 그리하여 행복이 없는 곳에도 행복을 퍼뜨리고 행복이 적은 곳에는 행복이 늘어날 것이다.

우리는 행복의 기운을 주위에 전염시키는 선인일까, 아니면 불행의 기운을 전염시키는 악인일까?

변화에 따르는 자와 변화를 거스르는 자

군자(君子)는 원래 다스리는 사람을 나타냈지만, 수양이 강조되면서 점차 자신을 스스로 다스리는 자율적 인간을 가리키게 되었다. 소인(小人)은 공공 문제보다 가정 경제, 가족보다 개인, 전체보다 부분의 이익에 신경을 쓰는 사람을 나타낸다. 경제의 관점에서 보자면, 군자는 성장과 분배의 문제를 합리적으로 조정하려고 하고 소인은 이익을 위해 국가의 공적 역할마저 최소화할 것을 주장한다. 윤리적으로 보자면, 군자는 함께 어울리는 삶을 강조하고 소인은 극단적인 이기주의자의 특성을 드러낸다.

처음에 이들은 느슨한 특징을 공유하는 사회적 집단이나 계층을 나타냈다. 그러나 나중에 군자와 소인의 개념이 특정 집단과 분리되어 각각 공공의 이익이나 목적, 사적인 이익이나 목적 등으로 구별되는 특징을 나타내게 되었다.

『중용』에서도 이 둘을 완전히 상반되는 특성으로 분류한다.

군자는 중용에 따른 삶을 살지만 소인은 중용과 반대되는 삶을 산다.(2장)

(소인은) 어리석으면서 자기 방식대로 하기를 좋아하고, 보잘것 없으면서도 자기 고집대로 끌고 가기를 좋아하며, 현재의 시공

간을 살면서 과거의 규율을 회복시키려고 한다. 이와 같은 자는
재앙이 자신에게 미치리라.(28장)[107]

약간 과장된 측면이 있겠지만 소인은 지성이 부족한데도 주위
의 우려와 생각을 귀담아듣지 않는다. 또 자신의 역할이 다른 사
람과 협력하도록 되어 있지만 자기 생각대로 하려고 한다. 이렇게
되면 개인적으로 불필요한 시행착오를 겪을 뿐만 아니라 전체적
으로 공동체와 어울리지 못하고 갈등을 낳게 된다. 여기까지만 한
다면 그래도 소인은 건전한 비판 세력으로 남을 수 있다. 하지만
시대적인 차이를 고려하지 않고 복고를 내세운다면 개인에게 재
앙이 생길 수 있다.

조금 추상적인 이야기라 내용이 잘 전달되지 않으므로 전국
시대에 있었던 일화를 예로 들어 보자. 『장자』(莊子) 「도척」(盜跖)
편에 보면, 미생(尾生)의 약속 이야기가 나온다. 미생이 다리 아
래에서 여자와 만나기로 약속을 했다. 그런데 물이 불어나는데도
미생은 다리 기둥을 잡고 그 자리에서 버티며 여자를 기다렸다.
결국 미생은 물에 빠져 죽었다고 한다.

또 다른 예를 보자. 묵가(墨家) 집단은 여러 가지 전문 기술을
가졌는데, 그중에서도 성(城)을 공격하고 수비하는 전투 기술로
유명했다. 그래서 이들은 특정한 나라의 용병이 되기도 했다. 거
자(鉅子)는 이 집단의 리더를 말하는 것으로, 전임자가 후임자를
지명하는 식으로 선출되었다. 3대 거자 맹승(孟勝)은 초나라에

맞서 싸워 양성군(陽城君)의 영지를 지켜 주기로 약속했다. 그러나 초나라의 압도적인 군사력에 밀려 불가능해지자 묵가 집단 180명이 함께 자결하기로 했다. 한편 맹승은 묵가 집단이 사라져 없어지는 상황을 피하기 위해 부하 두 사람을 송나라의 전양자(田襄子)에게 보내 후임자로 지명했다. 그런데 두 사람은 새 거자 전양자가 못 가게 말리는데도 다시 원대에 복귀하여 죽음을 함께했다. 이 이야기에서 묵수(墨守)라는 고사가 생겨났다.[108]

미생과 맹승은 공통적으로 약속 또는 신뢰를 위해 목숨을 바친 사람이다. 과연 그렇게까지 할 필요가 있는지 의문이 들 수 있다. 하지만 두 사람은 어떤 상황에서도 약속을 지켜야 한다는 것을 철칙으로 삼고 있었다. 만약 미생이 자리를 옮겨 살아남고, 맹승이 철수해서 다음을 기약한다면 어땠을까? 이들에게 이렇게 해서 살아남는 것은 아무런 의미가 없었다. 왜냐하면 약속을 지키지 않는 미생과 맹승은 상상조차 할 수 없기 때문이다. 아마 미생은 전통을 통해, 맹승은 집단 윤리를 통해 약속을 반드시 지켜야 한다는 확고한 원칙을 가지게 되었을 것이다. 이들은 상황을 고려하는 것을 약속을 깨고 살아남기 위한 변명이라고 받아들일 뿐이다.

이들은 과거에 정해진 원칙을 현재의 상황에도 똑같이 적용하려 했다. 그래서 『중용』의 지은이는 이들을 융통성 없는 존재로 비판한다.

공자와 맹자도 미생이나 맹승과 같은 원칙주의자에게 비판적인 태도를 보인다. 공자는 목숨을 걸고 지켜야 하는 믿음(信)과 상황에 따라 지켜야 할지 말지를 다시 고려할 수 있는 조금 덜 진지한 약속인 량(諒)을 구별한다. 공자는 사람이 량(諒)을 위해 목숨을 내놓는 것을 의미 없는 죽음, 속된 말로 '개죽음'일 뿐이라며 반대했다.[109] 맹자는 묵가 집단을 극단주의자로 배격한다. 그는 당시 사상가 자막(子莫)[110]이 묵가 집단과 달리 중도를 강조하는 것을 높이 산다. 하지만 자막이 중도를 절대주의로 내세우는 것은 강하게 비판한다.[111] 상황을 고려하지 않은 중도주의도 절대주의의 변형이기 때문이다.

또 맹자는 형수가 물에 빠졌을 때 그것을 본 시동생이 어떻게 해야 하는지 묻는다. 남녀의 신체 접촉을 기피하는 예법에 따르면, 시동생은 형수를 도와줄 수 없다. 그렇게 하더라도 예법상으로는 문제가 없다. 하지만 맹자는 예법에 사로잡혀 아무런 조치를 취하지 않는다면 형수가 죽게 내버려 두는 것이라고 비판한다. 이리하여 맹자는 통상적인 상황에서 존중해야 할 원칙과 특수한 상황에서 예외적으로 허용될 수 있는 원칙을 각각 경(經)과 권(權)*으로 나눌 것을 제안한다.[112]

미생과 맹승을 중용과 관련지어서 생각해 보자. 그들은 '중용'의 이론적 계기를 나타내는 '중', 즉 원칙에 빠져 있을 뿐이다. 중을 현실에 적용할 때 행위자는 실천적 지혜를 발휘해서 둘 사이

---

*경은 언제나 변하지 않는 원칙을 말하고 권은 특정한 상황에만 적용되는 임시방편을 말한다. 살인의 금지가 경이라면 정당방위로 하게 되는 살상이 권이다.

에 지나치지도 않고 모자라지도 않는 길을 찾아내야 한다. 그렇지 않고 중의 원칙을 무조건 실현한다면, 개별 상황의 특수성이 전혀 고려되지 않은 '냉혹한 윤리' 또는 '무자비한 윤리'가 된다. '인간다운 윤리'가 되려면 윤리학은 단순한 원칙을 기계적으로 현실에 대입하는 데에서 벗어나야 한다.

오늘날 의료 윤리에서 안사술이 현안이다. 현대 의학으로 치료가 불가능할 경우 인간다운 품위를 지키며 죽음을 맞이할 수 있도록 산 사람들이 어떻게, 어느 정도 도울 수 있는지 논란이 된다. 약물 주사는 적극적인 안사술이고, 인공호흡기를 제거하는 것은 소극적인 안사술이다. 모든 안사술을 살인과 같은 것으로 보는 쪽이 있고, 소극적 안사술을 허용하자는 쪽이 있다. 전자가 바로 자막의 입장이고, 후자가 『중용』의 입장이라고 할 수 있다.

인공호흡기, 항생제 등 의료 기술이 발달하지 않았더라면 오늘날 병상에 누워 있는 많은 사람들이 그대로 사망했을 것이다. 의료 기술의 발달로 회복은 불가능하지만 생명의 연장이 가능해짐으로써 안사술이 문제가 되는 것이다.

소인이라면 이러한 상황의 변화를 유의미한 것으로 고려하지 않고 과거의 규칙대로 하자고 주장할 것이다. 그러나 군자는 상황의 특수성을 고려해서 원칙의 기계적 적용을 유보하려고 할 것이다. 물론 원칙의 일시적 유보는 모든 상황에서 손쉽게 허용되는 것이 아니다. 맹자처럼 "사람(형수)을 살리는" 조건에서 가능하다. 이렇게 되면 원칙 절대주 때문에 사람이 윤리에 압살당하는 극단적 상황에서 벗어날 수 있다. 그래서 『중용』에서는 중용에 따른 군자의 행동이 낳는 결과에 대해 다음처럼 말한다.

> 자기 주도적인 사람(君子)이 한쪽으로 움직여 나가면 그것이 온 세상이 함께 갈 수 있는 길이 되고, 또 한쪽의 길로 실행하면 그것이 온 세상이 함께 가질 만한 규범이 되고, 또 한쪽을 말하게 되면 온 세상이 함께 나누는 전형이 된다.(29장)

변화의 거대한 바퀴를 돌리려면

이쯤 해서 "군자가 누구인가?"라는 질문을 던져 보는 것이 유효할 듯하다. 텍스트 속에 가두어 놓고 읽으면 군자는 일상생활에 관심이 없거나 무능하고 도덕만 내세우는 사람처럼 보일 수 있다. 그래서 군자와 소인 중에서 자신이 소인에 더 가깝다고 생각하는 사람도 있을 수 있다.

이런 독해가 틀렸다고 할 수는 없다. 실제로 그렇게 해석하는 사람도 있고 그렇게 느끼기도 하기 때문이다. 하지만 그렇게 읽는다면 '나'는 군자와 관련이 없게 된다.

군자와 '나'를 등치시키거나 '나'를 군자에 대입하면서 읽어 보자. 우리는 학교에서 성적 1점을 올리기 위해 뭐든지 하고 사회에서 한 푼 돈을 벌려고 어떤 짓이든 다하는 것에 거부감을 느낀다. 우리는 내가 가진 것의 아주 적은 일부를 나를 기쁘게 하기 위해서라도 타인과 나눌 수 있고, 대중교통에서 노약자에게 자리를 양보할 수 있으며, 사회 정의와 민주주의가 침해되는 것에 공분을 느끼며 촛불을 들 수도 있다. 이 정도라면 군자가 되기에 충분하다. 이렇게 해도 군자라는 말이 친밀하게 다가오지 않는다면, 자율적 인간으로 바꾸어도 좋고 주체로 바꿔서 이해해도 좋다.

과거에 갇힌 독법이 아니라 현재를 여는 독법에 따르면, 군자가 걸어가는 길이 어떻게 보편성을 가질 수 있을까?

자기 주도적인 사람(君子)이 가는 길은 자신에게 뿌리를 두고 있고, 일반 시민에게 타당성을 검토해 보고, 이상적 군주들의 언행에 비춰 봐서 잘못이 없는지 살펴보고, 하늘과 대지에 적용해 봐도 어긋나지 않고, 귀신에게 문의하여(제사 지내) 바로잡아서 의심이 생기지 않고, 백세 이후 성인을 기다려도(오랜 시간에 걸쳐 검증받더라도) 문제점이 없다.(29장)

이 내용은 묵자의 3표(三表, 세 가지 기준)를 연상시킨다. 묵자는 운명론을 부정했다. 운명론은 부자를 더욱 부자로 만들고 가난한 이를 계속 가난한 상태에 머무르게 한다고 비판했다. 그러면서 운명, 전쟁, 사랑 등에 대해 누구나 말할 수는 있지만, 이를 주장하려면 반드시 나름의 기준을 충족시켜야 한다고 하면서 3표를 내놓았다.

첫째, 어떠한 주장도 과거 성왕들의 언행에서 근거를 찾을 수 있어야 한다. 둘째, 일반 사람들이 감각적으로 검증할 수 있는 사태에 기원을 두어야 한다. 셋째, 형법과 행정으로 시행하여 국가와 일반 시민의 이익에 들어맞는지 관찰해 봐야 한다.[113] 이 세 가지 기준을 통과하지 못한 주장은 의미가 없다. 반대로 통과한다면 이론적으로 타당할 뿐만 아니라 현실적으로도 유용한 것이 된다.

『중용』의 지은이는 묵자의 3표를 받아들이고 그에 더해 6표를 주장한다. 즉, 묵자의 3표에 자신, 귀신, 후세 성인을 추가한다. 즉, 후세 성인을 통해 주체가 발견한 길이 장기간의 검증에 견뎌낼 것, 귀신을 통해 인간 세계만이 아니라 우주 가족의 승인을 받을 것, 자신을 통해 진실한 지속이 가능함을 보일 것을 제시한다. 이러한 길은 일방적인 계시도 아니고 계몽도 아니다. 『중용』의 지은이는 내적 자각에 기반을 둔 공유와 확산의 길을 내세운다.

이렇게 6표를 통과한다면, 주체의 길은 무한한 시간과 공간, 인간의 현세와 내세에서 보증받은 것으로 인정된다. 즉 주체는 단순히 개인적 직관에 의거해서 항해를 하는 것이 아니라, 사람과 사람의 상호 주관성은 물론이고 나아가 사람과 귀신의 소통까지 확보한 셈이다. 누가 이 주체의 길을 막을 수 있겠는가!

영원한 변화의 물결

『중용』을 비롯해서 유학은 수양을 통한 성숙한 개인, 즉 자기완성 (成己)만을 목표로 하지 않는다. 자기완성은 의도하건 그렇지 않 건 자신이 속한 공동체와 함께 번영하고 자신을 둘러싼 환경과 잘 어울려 사는 것을 목표로 삼는다.

내가 오륜 관계를 진실하게 지속하면, 나와 같은 방식으로 행 위하는 사람들이 늘어남에 따라 공동체(共同體)는 믿음, 사고, 행 위의 공통분모가 커지게 된다. 단순히 일정한 시공간에 함께 모여 있는 것이 아니라, 무엇이 도리이고 어떻게 해야 생명이 끊임없이 재생되는지 생각을 공유하게 된다.

그러나 이 공유는 처음에는 강렬하지도 않았고 거대하지도 않 았다. "네 시작은 미약하였으나 네 나중은 심히 창대하리라!"(욥 기 8:7). 성경의 이 말은 '금옥만당'(金玉滿堂)과 함께 개업 식당 액자에서 자주 보는 말이다. 금옥만당은 원래 훌륭한 인재가 조정 에 가득 차 있다는 뜻이지만, 이 말이 식당에 내걸리면 손님이 많 아서 돈을 많이 벌라는 뜻이 된다. 욥기의 경우도 비슷하다. 죄인

인데도 스스로 의인인 줄 알고 있는 욥의 아집을 깨기 위해서 친구 빌닷이 한 말이다. 두 말의 원래 뜻은 용례와 다르지만 여기서는 일반적으로 통용되는 맥락에 따라서 이해해 보자.

미약한 시작이 커져서 거스를 수 없는 대세가 되면, 그것은 특정 시대에 사람이 살아가면서 지켜야 하는 삶의 전제가 된다. 예컨대, 절대 정숙이 유지되는 도서관에서는 작은 소리를 내는 것조차 멈칫거리게 된다. 또 줄서기가 잘 지켜지는 곳에서 새치기를 시도하는 사람은 저절로 머쓱해지고, 다름에 대한 관용이 존중되는 곳에서 인종주의를 주장하는 것은 자신을 외톨이로 만드는 일이 된다. 『중용』에서는 거스를 수 없는 대세를 화(化)라고 말한다.

다르지만 함께 가는 세상

사람은 같게 보면 서로 비슷하지만, 다르게 보면 사람 수만큼이나 다양하다. 한국에서 '신체 건강한 남성'이 군대를 가면 곧바로 근무하는 부대로 가는 것이 아니라 신병 교육대로 가서 군인이 되는 훈육을 받게 된다. 밥 먹는 시간부터 훈련, 세면, 취침 시간까지 모두 한 사람처럼 똑같이 움직이도록 요구받는다. 그런 과정을 거치면 나중에는 사람이 생각하는 것마저 똑같아진다. 푹 쉬고 마음껏 먹는 감각적 쾌락을 최고로 여기게 된다. 극도의 통제 과정을 통해 동질화가 이루어지는 것이다.

『중용』은 사람들에게 중용에 따라 오륜의 관계를 충실하게 실천하는 윤리적 삶을 살기를 바란다. 그런 삶은 신병 교육대에서 나타나는 것처럼 극도의 통제로 사람들의 생활 습관마저 통일할 것을 요구하는 모습을 띨까? 아니면 다름을 포용하여 함께하는 세상의 모습을 띨까? 『중용』의 글을 직접 보고 판단해 보자.

> 비유하면 하늘과 대지가 실어 주지 않는 것이 없고 덮어 주지 않는 것이 없는 것과 같다. (……) 만물이 나란히 자라나더라도 서로 해치지 않고, 도가 나란히 실행되더라도 서로 어긋나지 않는다. 작은 생성력은 흐르는 강물이고, 위대한 생성력은 되돌릴 수 없는 강대한 변화다.(30장)

『중용』 세계에서 가장 큰 공간은 천지, 즉 하늘-대지다. 천지는 다양한 존재를 하나같이 끌어안을 뿐이지, 어떤 이유로 빼 버리거나 내쫓아야 하는 대상을 나열하지 않는다. 당연히 차이를 가진 사람도 편을 갈라 초대받는 쪽과 배제되는 쪽으로 구분하지 않는다. 모두가 주체로서 이 천지의 세계에 참여한다.

나아가 『중용』의 지은이는 땅 위에 수많은 생물이 자라는 것에서 암시를 받은 듯, 다양성의 공존이 다른 개체의 생명을 해치지 않는다는 점을 지적한다. 이런 관찰은 상대주의로 오해될 듯한 발언으로 이어진다. 생물만이 아니라 도마저 다르더라도 서로 모순을 일으키지 않는다고 주장하기 때문이다. 하지만 이 도는 『중용』의 세계를 지탱하는 근원성, 즉 중의 이론적 계기를 가리키는 것이 아니다. 그것은 실천적 지혜가 사람의 도리, 세계의 균형성을

〈동정추월〉(洞庭秋月)
작자 미상

가을 늦은 저녁, 하늘은 맑고 달빛은 고즈넉하다.
호수 또한 거울처럼 깨끗하고 고요하다. 세상의 모든 사물을
넉넉하게 비추는 달의 분위기가 무척이나 아름답게 표현되어 있다.
『중용』이 추구하는 세계, 즉 모든 대립과 갈등이 해소되고 다양한 존재를
하나같이 포용하는 최적의 상황에 대한 비유가 이와 같지 않을까?
〈소상팔경도〉 가운데 하나로 조선 시대 작품이다.

현실에 적용하면서 찾는 최적의 길이 다를 수 있다는 것이다. 이런 점에서 『중용』의 세계는 방법론적 다원주의라고 부를 수 있다.

예를 들어 효도가 부모님의 마음을 기쁘게 하는 것이라면, A는 부모님이 좋아하는 것을 사 드릴 수 있고 B는 부모님이 주는 것을 기분 좋게 받을 수 있다. A와 B는 주거나 받는 양상은 정반대지만, 부모님이 기뻐한다면 둘 다 효가 될 수 있다. 이처럼 서로 반대되는 행위가 제각각 일어나도 효의 도리에 어긋나지 않는다.

그렇다면 사람은 어디까지 같아질 수 있고 같아져야 하는 것일까? 『중용』은 결코 사람이 취미와 같은 사적 영역까지 공유해야 한다고 말하지 않는다. 『중용』의 저자는 사람들에게 도리, 균형, 진실과 같은 근본 가치를 공유하되 그것을 각자의 상황에서 개성 있는 빛깔로 드러내기를 바란다. 즉 『중용』의 세계는 모든 사람이 같은 속도로 같은 보폭을 내디디며 같은 방향으로 나아가는 것이 아니라, 전체 방향만 같다면 나머지는 행위 당사자가 재량을 발휘할 수 있게 권한을 넘겨준다.

나는 나를 고발한다

『중용』은 오륜의 인간관계에 충실하라고 요구한다. 그렇게 산다면 현실에서 돈 때문에 자식이 부모를 죽이거나 친구의 돈을 떼먹고 도망가는 일은 일어나지 않을 것이다.

다시 『중용』의 맨 첫 구절을 떠올려 보자. "하늘이 명령한 것을 본성이라 한다." 명령이란 하늘이 인류에게 반드시 하도록 지시하는 것이다. 지켜지지 않는 명령은 더 이상 명령이 될 수 없다. 하늘의 명령이란 이를테면 칸트의 "너 자신에게나 다른 사람에게 나 인격을 언제나 동시에 목적으로서 대하고 수단으로서 대하지 말라."고 했던 정언 명법과 같은 것이다.

사람이 한순간도 예외 없이 그 명령에 완벽하게 충실할 수 있을까? 물론 성인(聖人)은 예외다. 보통 사람이라면 짧은 순간이나마 명령에 어긋나는 것에 유혹당할 수도 있고 본성에 어긋나는 행위를 할 수도 있다. 이런 나약한 사람을 악을 기웃거리지도 않고 유혹에 물들지도 않게 할 수 있을까? 특히 유일신이 없는 동아시아의 문화 전통에서 행위자가 명령에만 완벽하게 충실할 수 있도록 하는 것이 어떻게 가능할까?

먼저 철학자 장 폴 사르트르(1905~1980)의 시선(regard) 개념을 살펴보자. 그는 『존재와 무』(L'etre et le neant)에서 시선을 타자 문제와 관련지어 논의한다.

내가 공원에 가서 한 곳에 자리를 잡는다고 생각해 보자. 나는 먼저 주위를 둘러보고 공간적, 시간적 지각을 발동시킨다. 어디에 뭐가 있고 조금 전에 무슨 일이 있었고 하는 식으로 말이다. 이를테면 나만의 질서를 짜 맞추는 것이다. 그런데 지금까지 내가 나름대로 질서 잡은 공원의 일정 영역에 인형이 들어온다고 해 보자. 인형은 내가 파악해 놓은 세계에 하나 더 추가되는 것이지, 내가 파악해 놓은 세계 자체를 뒤흔클어 놓거나 다시 짜 맞추도록 하지는 않는다. 인형이 없어진다고 해서 나는 놀라거나 황급하게 되찾으려고 하지 않는다.

　그런데 사람이 나타나면 상황이 달라진다. 그는 인형처럼 내가 형성해 놓은 질서에 단순히 덧붙여진 것이 아니다. 그는 나를 중심으로 삼아 형성해 놓은 틀을 깨뜨린다. 이어 공원이 나의 세계와 대립되는 그의 세계로 갈라지게 된다. 호수에 돌을 하나 던지면 돌이 닿은 수면을 중심으로 수없이 많은 동심원이 끝없이 번져 나간다. 그러나 이와 달리 돌을 두 개 던지면, 호수는 각자의 중심을 가진 동심원이 생겨 충돌하게 된다.

　타자의 출현은 나를 '보는 자'에서 '보이는 자'로 만들어 나를 불안하게 한다. 나만 그렇게 되는 것이 아니라 상대도 마찬가지다. 결국 나와 타자는 서로 의식하고 바라보면서 상대를 객체로 사로잡으려는 시선의 투쟁을 벌이게 된다. 그래서 사르트르는 나와 타자 사이의 갈등할 수밖에 없는 비극적 관계를 "타자는 나의 지옥이다."라는 말로 정리한다.[114] 따라서 내가 타자의 시선을 느끼는 한, 또는 목덜미가 뜨끔거리는 느낌을 갖는 한, 행위는 구속당할 수밖에 없다. 나아가 타자의 시선이 전지전능한 신의 시선이라고 할 경우 인간은 한층 더 발가벗은 존재가 될 수밖에 없다. 결국 타자의 시선은 나를 윤리적 삶에서 벗어나지 않도록 한다.

　그런데 『중용』의 세계에는 유일신도 등장하지 않고 나를 불안하게 하는 타자도 없다. 그럼 어떻게 윤리적 삶의 궤도에서 벗어나지 않도록 할 수 있을까? 이와 관련해서 『중용』의 지은이는 『시경』을 인용한다.

"네가 혼자 방안에 있을 때를 살펴보니 방 귀퉁이에게조차 부끄러운 짓을 하지 않는구나." 그러므로 자기 주도적인 사람은 몸을 움직여서 다가가지 않아도 백성들이 그를 존경하고 특별히 뭐라고 말하지 않아도 백성들이 그를 믿는다.(33장)

"귀신이 강림하는 것을 헤아릴 수 없느니 귀신 돌보기를 어떻게 싫어할 수 있겠는가?"(16장)[115]

우리는 어떤 공간에 들어섰을 때, 사람이 있을 경우와 없을 경우 몸가짐이 다를 수 있다. 없으면 조금 흐트러질 수 있고, 있으면 사람을 의식해서 몸가짐을 함부로 하지 못한다. 나 외의 또 다른 사람의 존재 여부는 내가 어떤 곳에서 몸가짐을 어떻게 하느냐에 영향을 준다. 이때 사람의 존재는, 내가 그곳을 들어서는 순간부터 나의 일거수일투족을 예리하게 지켜보는 시선의 소유자다.

위의 인용문에서는 아무도 없고 어두운 공간, 즉 보는 사람이 없으므로 얼마든지 느슨해질 수 있는 세계가 설정된다. 여기서 『중용』의 저자는 조상신을 불러낸다. 이 조상신의 역할은 사르트르의 경우에는 타자에 해당한다. 또는 정체가 드러나지는 않지만 인간을 환히 꿰뚫어 보는 신적 존재에 해당한다. 나와 같은 물리적 존재가 없다고 하더라도, 조상신이 언제 어떤 방식으로 드러날지 모른다는 생각은 나를 더욱 불안하게 만든다. 타자의 명시적 현존은 특정한 시공간에 한정되지만, 예고되지 않은 조상신의 강림은 무한한 공포를 동반하면서 나를 엄습한다. 『중용』에서는 그 두려움을 다음처럼 말한다.

숨은 것보다 더 잘 드러나는 것이 없고 미약한 것보다 더 두드러진 것은 없다. 그러므로 군자는 혼자 있을 때 삼간다.(1장)

조상신이 만들어 내는 공포는 눈에 보이는 것과 뚜렷한 것이 세계의 전체가 아니라는 자각으로 이어진다. 또 눈에 보이지 않는 것과 희미한 것이 오히려 눈에 보이는 것과 뚜렷한 것에 비해 훨씬 더 강력하고 명백하다는 역설의 통찰로 이어진다. 이제 조상신의 시선은 내재화되어 내가 스스로 자신을 지켜보게 된다. 이로써 나는 사고하고 행동하는 나와 그런 나를 지켜보는 나로 분화된다. 이제 내가 나를 고발하는 것이다.[116]

『중용』과 함께 나중에 사서에 편입된 『대학』을 보면 고발하는 나의 사고가 한층 더 분명하게 나타난다. 소인은 타자가 없는 상황에서는 몹쓸 짓을 거리낌 없이 하다가 군자를 보면 하던 나쁜 짓을 감추고 스스로 착한 사람인 양 연기를 한다. 소인에게는 누군가가 자신을 바라본다는 사태 자체가 공포다. 왜냐하면 그 시선은 보이는 신체를 뚫고 감추고 싶은 간과 폐까지 투시해 들어와서 마구 헤집어 놓기 때문이다. 군자는 다르다. 그는 마음에 품은 뜻이 진실하여 조금도 거짓이 없고 그런 결백이 행위로 드러난다. 감추는 것이 없으므로 드러나지 않게 숨길 것이 없다. 이것은 군

자가 혼자 있을 때, 즉 타자의 시선이 물러났을 때조차도 결코 불선을 꿈꾸지 않기 때문이다.[117]

지축을 울리는 거대한 동조의 소리

왕조 시대의 수도는 일정한 전설 계획, 오늘날 말로 하면 도시 계획에 따라 만들어졌다. 그 원칙은 '좌묘우사, 전조후시'(左廟右社, 前朝後市)다. 풀이하면, 왼쪽에 종묘, 오른쪽에 사직단, 앞쪽에 조정, 뒤쪽에 시장이 들어선다는 말이다.[118]

조선 시대 서울을 보자. 동쪽 종로 5가에 종묘가 있고, 서쪽 사직터널에 사직단이 있다. 종묘는 오늘날 국립 현충원에 해당된다. 종묘는 역대 임금의 신주를 모시는 왕실의 사당으로, 조선을 건국하고 수성한 영령들을 모셔 두고 그들의 업적을 기리는 거룩한 곳이다. 사직단은 만물의 생명이 세대를 넘어서 계속 이어지게끔 하는 토지 신과 곡식 신을 제사 지내는 신성한 장소다.

이런 상징적 무게 때문에 왕이라고 하더라도 사직단과 종묘에 서게 되면 무한히 작아진다. 자신이 세상에 질서를 부여하는 중추가 아니라, 먼 과거부터 만들어진 질서의 불길이 꺼지지 않도록 연료를 공급하는 중간고리라는 사실을 자각할 수밖에 없다.

특히 왕이 종묘에 서면 서쪽 끝에 나라를 세운 1대 왕 태조부터 시간이 흘러 제사를 지내려는 현 왕 앞에 이르고, 다시 동쪽 끝을 향해 앞으로 이어질 시간이 열려져 있다. 시조부터 제사를 지내는 '나'까지는 완성이자 지속의 시간이고, '나'부터 후손으로 이어질 시간은 미완이자 가능의 시간이다. 쉬지 않고 흐르는 강물처럼 시간도 영원히 흘러가려고 "멈추고 싶지 않구나!" 하고 아우성친다. 그렇지만 종묘에서 조용히 흐르는 시간이 저절로 영원히 흐를 수는 없다. 그렇게 되려면 현실의 왕은 종묘의 시간이 내는 소리가 세상 모든 사람들의 공명(共鳴)을 받을 수 있도록 행동해야한다.

이를 위해 제사를 지내는 인물은 나를 낳아 현재에 있게 해 준 조상과 완전한 화해 상태에 있어야 한다. 이것은 세상에 질서가 자리 잡을 수 있는 첫 단추를 제대로 끼우는 것이다.

그런데 조상과 후손, 또는 하늘-대지와 사람이 화해 상태에 있다는 것을 어떻게 알 수 있을까? 잘되려는 나라는 국운이 융성해서 하는 일마다 잘 풀리고 좋은 일이 거듭해서 생겨난다. 반대라면 불행과 사건 사고가 끊이지 않는다.[119] 좋은 일이란 날씨가 고르고 풍년이 들고 자연재해가 일어나지 않고 범죄가 일어나지 않는 것을 말한다. 결국 세상의 리더가 후손이자 인간으로서 조상 및 하늘과 화해 상태에 있게 되면 부모와 자식, 연장자와 연하자 등의 인륜(사회의 인간관계)에서도 동일한 현상이 나타난다.

이런 동조 현상은 패션에서 보이는 유행과 비슷하고, 2002년 한일 월드컵에서 보였던 길거리 응원과 비슷하며, 2008년 미국산 쇠고기 수입 파동으로 일어난 촛불 시위와도 비슷하다. 이것은 누가 나서서 하라 마라 하지 않는다. 누가 A에게 붉은색 옷을 입으라고 하면, 그이는 입지 않을 것이다. A 자신이 '보기에 좋았기

종묘

종묘는 조선을 건국하고 수성한 영령들을 모시고 그들의 업적을
기리는 거룩한 곳이다. 먼 과거부터 오늘날까지의 시간,
그리고 앞으로 흘러갈 시간을 상징적으로 배치하였다.
이곳에서는 영연히 흐르고자 하는 시간의 아우성이 들리는 듯하다.

에' 붉은색 옷을 입는 것이다. 월드컵 때도 그렇고 촛불 시위 때도 마찬가지다. 한 사람이 나서고 또 한 사람이 나서서 두 사람이 된다. 다시 한 사람이 더 나서서 셋이 된다. 마더 테레사도 이와 비슷한 말을 했다. "난 한 번에 단지 한 사람만을 사랑할 수 있다. 한 번에 단지 한 사람만을 껴안을 수 있다. 단지 한 사람, 한 사람, 한 사람씩만……. 따라서 당신도 시작하고 나도 시작하는 것이다."[120]

그이가 누구든 '나'부터 시작한 것이 동조를 낳고 낳아 되돌릴 수 없는 거대한 흐름을 만들게 된다. 이 흐름 속에서 같은 것들이 서로 만나고 이야기하면서 또 같은 것을 끊임없이 만들어 낸다. 이것은 단순히 하나의 원본에서 수많은 복제품이 생겨나는 것이 아니다. 이것은 동조의 흐름 속에 참여하여 거듭해서 새롭게 태어나는 주체의 각성이다.

다시 말해서 이 각성은 상품에 유혹당해서 동조하는 것도 아니고, 공포와 분노에 짓눌려서 기웃거리는 것도 아니다. "하지 않으면 안 돼!", "꼭 해야 돼!"라며 핏대를 올리는 선전과 선동도 없다. 그냥 하늘-대지와 인간 사이의 조화로운 기운이 인류의 바다로 흘러넘쳐서 동조의 흐름이 생겨나는 것이다.[121] 그 흐름은 강제로 어떤 방향으로 끌고 가려고 하지 않고 동참과 불참을 차별하지 않는, 즉 어느 방향으로도 치우치거나 기울지 않고 지나치거나 모자라지 않는 중용이었기에 가능한 것이다.

에
필
로
그

21세기와 중용의 삶

『중용』이 그리는 삶과 오늘날 우리가 사는 삶 사이에는 같은 점도 있고 다른 점도 있다. 먼저 다른 점을 살펴보자.

『중용』의 지은이는 혈연관계에 바탕을 둔 오륜을 사람의 본질적 특성으로 간주한다. 이런 관계가 끊어지면 사람으로서 문제가 있는 것이고, 관계가 진실하게 지속되면 훌륭한 사람이 된다. 현대 사회에서도 가족 관계는 개인의 심리적 안정감과 유대감을 위해 중요하다. 하지만 혈연관계는 공공 영역을 조직하고 운영하는 핵심 역할을 하지 못하고 있다. 오늘날 사람은 능력과 실적 등의 객관적 지표에 따라 평가된다. 예컨대, 효도를 하지 않는다면 그이는 사람 노릇을 못 한 것이므로 『중용』의 세계에서 반듯한 역할을 수행할 수 없다. 그렇지만 오늘날은 효도보다는 능력이 사람을 평가하는 더욱 중요한 요소로 고려된다.

또 『중용』의 지은이는 사람의 이기심을, 생기지도 말아야 할 사회 갈등을 낳는 원인이자 병리 현상으로 여긴다. 이기심이 많다는 것은 자기 개발의 동기가 강한 것이 아니라 사람 사이의 투쟁과 대립을 낳을 가능성이 큰 것으로 여긴다. 이기심은 수양을 통해서 없애거나 줄여야 할 대상이다. 그러나 현대 사회는 이기심의 합리적인 추구를 당연하게 생각한다. 이기심을 성공을 낳을 수 있는 에너지로 여긴다.

이처럼 『중용』이 뿌리를 둔 세계와 오늘날 사회의 지평이 판이하게 다르다. 그렇다면 『중용』은 21세기에 어떤 적극적인 의의를 가질 수 있을까?

『중용』은 싸우는 나라들의 시대, 즉 전국 시대에 쓰였다. 이 시대는 극단의 시대였다. '유강시종'(唯强是從, 강자에게 굴종하는 것)이 살아남는 길이었다.[122] 전국 시대 정나라의 북쪽에는 강한 진(晉)나라가 있었고 남쪽에는 강한 초나라가 있었다. 외교적으로 초와 가까워지면 진이 공격하고 진과 가까워지면 초가 보복했다. 그럼에도 정이 취할 수 있는 외교 정책은 정세 변동에 따라 강자를 선택하는 길밖에 없었다. 또 전국 시대는 목적이 수단을 정당화해 주었다. 춘추 시대만 해도 전쟁은 기본적으로 교전 수칙에 의해 억제되는 측면이 있었다. 그러나 전국 시대에 이르러 전쟁은 초토화, 섬멸전의 양상으로 진행되면서 더 많은 살상, 더 효율적인 파괴가 선으로 간주되었다.

전국 시대에 문제시되었던 이런 극단이 문명화 단계를 거치면서 오늘날에는 통제될 수 있는 다양한 장치를 가지게 되었다. 하지만 두 차례에 걸친 세계 전쟁을 겪었고, 인종 문제, 민족 문제 등으로 인해 오늘날 세계 곳곳은 아직도 극단적인 분쟁이 그치지 않고 있다. 특히 우리나라는 분단으로 인해 군사 충돌의 위험이 도사리고 있다. 우리나라 서해안에서 일어난 이른바 1, 2차 연평해전(1999, 2002)에서 보듯 우리는 통제되지 않은 극단의 위험에 그대로 노출되어 있지 않은가. 이렇듯 극단이 균형을 압도하는 상황에서 '중용'의 의의는 살아 있다고 할 수 있다.

중용은 양시론, 양비론과 다르다

'중용에 따른 삶'이라고 하면 우리나라 사람들은 쉽게 양시론(兩是論)과 양비론(兩非論)을 떠올릴 것이다. 중용이 양극단의 중간, 즉 중도를 나타낸다면, 그것이 어느 한쪽을 편들지 않는 양시나 양비와 같은 것으로 비춰질 수 있기 때문이리라.

양시론의 기원은 세종 때 명재상인 황희로 거슬러 올라간다. 집안의 노비들이 서로 다투며 황희(黃喜, 1363~1452)에게 판정을 요구했을 때, 그는 둘 다 옳다고 했다. 옆에 있던 부인이 이의를 제기하자 그 주장마저 옳다고 했다. 이 일화에 충실하면 '양시'가 아니라 '삼시'다. 아니 이야기를 더 끌고 나가면 '삼시'에 그치지 않고 '사시', '오시'도 가능하고, 극단적으로 '무한시'가 가능하다.

중요한 것은 황희가 시비 판단을 내렸으므로 논쟁에 참여한 듯이 보이지만 실제로 그는 논쟁에 직접 개입하지 않았다는 사실이다. 모두가 맞다는 것은 모두가 틀릴 수 있다는 것을 함축한다.

양비론은 근래 특정 언론이 정부의 정책 집행과 사회 현상을 보도하면서 둘 다 틀렸다는 식의 평가를 내리는 행태와 관련이 있다. 예컨대 노동자들이 파업을 하고 정부가 미온적으로 대처를 하면 언론은 노동자의 파업도 잘못이고 정부의 대처도 잘못이라고 주장한다. 그러면서 정작 노동자들이 왜 파업을 벌이는지에 대한 논의는 제대로 이루어지지 않는다.

이론의 영역과 달리 현실은 가변성과 우연성이 끼어들 수 있으므로 무엇이 절대적으로 옳다거나 그르다고 판정을 내리기 애매한 영역이 있다. 이럴 경우 논의에 참여하는 당사자들이 나름대로 주장할 만한 근거가 있다. 이런 점에서 양비론과 양시론이 현실의 갈등 상황을 해결할 유력한 방안으로 고려될 수 있다. 또 중용이 방법론적 다원주의 특성을 지니고 있으므로, 중용과 양시나 양비의 거리가 그렇게 멀어 보이지 않는 듯하다.

하지만 중용과 양시나 양비 사이에는 결코 무시할 수 없는 큰 차이가 있다. 중용에서 중은 이론과 실천의 두 계기에 걸쳐 있다. 이론적 계기는 사람이 해서 안 되는 것과 꼭 해야 하는 것의 경계, 무엇이 옳고 그른지 결정하는 기준, 만물의 생명이 시작되고 끊임없이 재생될 수 있는 근원 등과 관련된다. 『중용』의 지은이는 경계는 인간다운 관계와 도리, 기준은 객관적인 거리를 유지하는 공정성과 중심성, 근원은 일시적인 거짓이 아닌 영원히 지속되는 진실이라 제시한다. 따라서 도리에 어긋나고 공정성을 어기며 진실이 아닌 것은 양시나 양비의 대상이 될 수 없다. 하나가 옳으면 하나가 틀린, 즉 일시(一是) 아니면 일비(一非)가 성립된다.

『중용』에서 내세우는 사람의 관계성과 중심성, 그리고 진실한 지속이 현실에 적용되어 실천될 때, 그 방법은 하나일 수도 있고 둘 이상일 수도 있다. 여기서는 옳고 그름의 문제보다도 적절한지 부적절한지가 문제가 된다. 자식으로서 부모에게 효도를 한다고 할 때 공통적인 것도 있지만 사람마다 달라서 '반드시' 어떻게 해야 한다고 규정하기 어려운 것이 많다. 예컨대 부모님이 회갑을 맞았을 때, 좋은 음식을 대접할 수도 있고 물건을 사 드릴 수도 있고 여행을 보내드릴 수도 있다. 즉, 이루 말할 수 없을 정도로 많은 길이 있다. 여기서 어느 한 가지를 선택한다고 해서 그것이 결코 맞느냐 틀리냐의 문제가 되지 않는다.

이렇게 보면 중용이 방법론적 다원주의가 될 수 있다고 하더라도, 양시나 양비와 명백하게 다름을 알 수 있다. 즉, 중용에 따른 삶은 양시론과 양비론이 절충주의로 귀결되는 것과 다르다. 오히려 그것은 융통성 있는 원칙주의에 해당한다고 볼 수 있다. 따라서 중용에 따라 사는 사람은 기준과 원칙을 확고하게 지키면서 현실의 특수한 사정을 세심하게 고려할 수 있는 이다.

오늘날 다시, 삶에 균형추를 달다

우리 세대는 형제자매가 많았다. 나만 해도 다섯 남매. 아무리 여유가 있다 해도 자식이 많으면 살림이 쪼들리기 마련이다. 자연히 "내가 더 많이 가져야겠다!"는 생각을 하기 어려웠다. 내게는 자식이 둘이다. 둘이 싸우는 것을 보면 먹을 것이든 갖는 것이든 모자라지 않은데도 각자 더 많이 가져야 한다고 생각하므로 다툼이 일어난다. 내가 많이 가지려고 하는 만큼 상대도 많이 가지려고 한다는 사실을 받아들인다면 다툼이 줄어들 것이다. 하지만 각자 더 많이 가지겠다고 고집한다면 다툼은 일어날 수밖에 없다.

내 개인적으로도 감정의 조절은 쉽지 않다. 가족이나 타인에게 화를 내고 나서 시간이 좀 지나면 그렇게까지 할 필요가 있었나 하는 후회가 든다. 감정이 한쪽으로 치우쳐서 맹렬하게 나가다 보면 그것을 통제할 수 없게 된다. 언론 보도를 보면 여러 가지 사건 사고가 '욱하는 성질'이나 '홧김'과 관련이 있다. 감정이 균형을 잃을 때 가벼운 후회로 그치지 않고 불행으로 이어질 수 있다.

그 밖에도 중용에서 벗어나는 여러 경우를 볼 수 있다. 우리는 지역감정, 남성 우월주의, 인종 차별주의, 이주 노동자의 차별 등등 편협하고 극단적인 생각에 지배당한다. 그러다 보니 하지 말아야 할 것조차 그런 줄도 모르고 태연하게 잘못된 행동을 한다.

우리는 위에서 열거한 문제 상황에서 그렇게 자유롭지 못하다. 그래서 『중용』이 제시한 것을 살펴볼 필요가 있다.

『중용』의 지은이는 극단의 시대가 건설을 위한 파괴가 아니라 파괴 속에서만 존재 의의를 찾는 파괴 지상주의로 귀결되리라는 것을 예견했다. 『중용』의 저자는 파괴와 일방주의 쪽으로 치우친 시대의 좌표를 평화와 도리 쪽으로 되돌리고자 했다. 이런 맥락에서 중용에 따른 삶이란 사람의 사고와 행동이 극단주의로 진행되는 것을 막을 수 있는 균형적 사고, 실천적 지혜, 습성화된 행동이 결합된 윤리적 삶을 가리킨다.

자기 주도적인 사람(君子)은 덕성을 존중하고 학문으로 이끌어 가며, 광대하고 보편적인 것을 완전히 하고 정밀하고 특수한 것을 세세하게 파악하며, 고명하고 순수한 것(초월적인 것)을 극단화하고 현실과 결부된 중용을 추구하고, 옛것을 재해석하여 새 것을 창조하며, 품성(습성)을 확고하게 길들여서 문명의 예절을 높이 친다.(27장)

『중용』의 윤리적 삶이 가장 압축적으로 잘 표현되어 있다. 주석자 가운데 누구보다도 정약용(丁若鏞, 1762~1836)이 이 구절을 『중용』의 근본 취지에 맞게끔 탁월하게 풀이했다. 보편적인 것에 초점을 두면 특수한 것에 어두울 수 있다. 그래서 정밀한 것을 강조했다. 초월적인 것에 치중하면 고원하여 중도를 잃어버릴 수 있다. 그래서 중용을 강조했다는 것이다.[123] 정약용은 중용을 산술적 중간이 아니라 A를 반대되는 B와 공존시켜서 균형을 유지하도록 하는 방식, 즉 'A이면서도 B' 형식으로 제시한다. 사고나 행위의 병리 현상을 치유하기 위해서 모순마저 끌어안을 수 있는 개방적 사유를 보여 준다. 이런 점에서 우리는 생활 세계를 끊임없이 작은 영역으로 나누어 같은 편들끼리 소통 과잉에 있고 다른 편과는 소통 결핍에 있는 자신을 돌아볼 수 있어야겠다.

『중용』 전문 번역과 원문

1장 하늘이 명령한 것을 본성이라 하고, 본성에 따르는 것을 도리라고 하고, 도리에 체득하는 것이 교육이다.

도리(道)란 잠시라도 떨어질 수 없다. 떨어질 수 있다면 도리가 아니다. 이렇기 때문에 자기 주도적인 사람(君子)은 보이지 않는 것에 조심하고 삼가며 들리지 않는 것에 무서워하고 두려워한다. 숨은 것보다 더 잘 드러나는 것이 없고 미약한 것보다 더 두드러진 것은 없다. 그러므로 자기 주도적인 사람은 혼자 있을 때를 삼간다.

기쁨, 성냄, 슬픔, 즐거움이 아직 드러나지 않는 것을 중정(中)이라고 하고, 드러나서 모두 절도에 들어맞는 것을 조화(和)라고 한다. 중이란 세계의 위대한 근본이고, 화란 세계의 공통된 길이다.

중정과 조화가 완전한 상태에 이르면 하늘과 대지가 제자리를 잡고 만물이 잘 자라게 된다.

天命之謂性, 率性之謂道, 修道之謂教.

道也者, 不可須臾離也. 可離, 非道也. 是故君子戒愼乎其所不睹, 恐懼乎其所不聞. 莫見乎隱, 莫顯乎微. 故君子愼其獨也.

喜怒哀樂之未發, 謂之中, 發而皆中節, 謂之和. 中也者, 天下之大本也, 和也者, 天下之達道也.

致中和, 天地位焉, 萬物育焉.

2장 중니가 말했다.

"자기 주도적인 사람(君子)의 삶은 중용에 들어맞지만, 이기적인 사람(小人)의 삶은 중용에 어긋난다. 중용을 따르는 군자의 삶은 자율적으로 중을 현실(時)에 적용하려고 노력한다. 반면, 중용에 어긋나는 소인의 삶은 이해관계를 우선시하여 어려워하거나 거리끼는 것이 없다."

仲尼曰: 君子中庸, 小人反中庸. 君子之中庸也, 君子而時中. 小人之反中庸也, 小人而無忌憚也.

3장 공자가 말했다.

"중용의 가치는 더 말할 나위가 없다. 백성들이 그 가치를 충분히 살리지 못한 지 너무도 오래되었다."

子曰: 中庸其至矣乎. 民鮮能久矣.

4장 공자가 말했다.

"도가 현실에서 실행되지 않고 있는데, 나는 그 이유를 알고 있다. 지혜로운 자들은 도에 지나치고, 어리석은 자들은 도에 미치지 못하기 때문이다. 도가 세상에서 밝게 드러나지 않고 있는데, 나는 그 이유를 알고 있다. 현명한 자들은 도에 지나치고, 못난 자들은 도에 미치지 못하기 때문이다.
사람이라면 누구나 음식을 먹고 마시지만 그 맛을 제대로 가리는 이가 적다."

子曰: 道之不行也, 我知之矣. 知者過之, 愚者不及也. 道之不明也, 知之矣. 賢者過之, 不肖者不及也.
人莫不飲食也, 鮮能知味也.

5장 공자가 말했다.

"도가 틀림없이 실행되지 못할 것이다."

子曰: 道其不行矣夫.

6장 공자가 말했다.

"순임금은 틀림없이 가장 지혜로운 사람일 것이다. 그는 궁금하면 잘 물었고 대중적인 언어를 잘 살피며 주위 사람의 단점을 숨겨 주고 장점을 드러내며, 사태의 두 극단을 다 고려하고서 그것의 중을 백성에게 사용했다. 이런 덕택으로 사람들이 높이 받드는 순임금이 되었을 것이다."

子曰: 舜其大知也與. 舜好問而好察邇言, 隱惡而揚善, 執其兩端, 用其中於民. 其斯以爲舜乎.

7장 공자가 말했다.

"사람들이 모두 나(공자)더러 지혜롭다(知)고 말하지만 만일 누가 나를 몰아 음모와 함정 속에 빠뜨리려고 한다면 나는 어떻게 피해야 하는지 모른다. 사람들이 모두 나더러 지혜롭다고 말하지만 나는 실제로 중용의 삶을 선택하더라도 한 달 동안 충실하게 그렇게 살지 못한다."

子曰: 人皆曰予知, 驅而納諸罟擭陷阱之中, 而莫之知辟也. 人皆曰予知, 擇乎中庸而不能期月守也.

8장 공자가 말했다.

"안회의 사람 됨됨이를 보면, 중용의 삶을 선택해서 하나의 선을 발견하면 그것을 소중히 가슴에 품고서 결코 잃어버리지 않는다."

子曰: 回之爲人也, 擇乎中庸, 得一善, 則拳拳服膺而弗失之矣.

9장 공자가 말했다.

"천하(온 세상)와 국가를 고루 공평하게 할 수 있고, 작위와 급여를 겸손하여 받지 않을 수 있고, 흰 칼날의 위험에도 뛰어들 수 있지만, 중용의 삶은 완전히 실행할 수 없다."

子曰: 天下國家可均也, 爵祿可辭也, 白刃可蹈也, 中庸不可能也.

10장 자로가 굳셈(强)에 대해 물었다. 공자가 대답했다.

"남쪽 지역에서 높이 치는 굳셈인가, 북쪽 지역에서 높이 치는 굳셈인가, 아니면 자네가 높이 치는 굳셈인가?

너그럽고 부드러움으로 이에 미치지 못하는 이들을 가르치고 무도한 자에게 일일이 대응하지 않는 것이 남쪽 지역에서 말하는 굳셈이다. 자기 주도적인 사람(君子)이라면 마땅히 여기에 머물러야 한다.

일정치 않은 숙영지에서 병기와 갑옷을 깔고 자며 싸우다 죽더라도 걱정하지 않는 것이 북쪽 지역에서 말하는 굳셈이다. 강자라면 마땅히 여기에 머물러야 한다.

그러므로 자기 주도적인 사람은 조화를 이루어 어디로 휩쓸리지 않으니 굳세구나, 꿋꿋함이여! 가운데에 서서 기울어지지 않으니 굳세구나, 꿋꿋함이여! 나라에 원칙이 통할 때 가난한 날의 뜻을 버리지 않으니 굳세구나, 꿋꿋함이여! 나라에 원칙이 통하지 않을 때 죽게 되더라도 지조를 바꾸지 않으니 굳세구나, 꿋꿋함이여!"

子路問强.

子曰: 南方之强與, 北方之强與, 抑而强與?

寬柔以敎, 不報無道, 南方之强也, 君子居之.

衽金革, 死而不厭, 北方之强也, 而强者居之.

故君子和而不流, 强哉矯! 中立而不倚, 强哉矯! 國有道不變塞焉, 强
哉矯! 國無道至死不變, 强哉矯!

11장 공자가 말했다.

"듣도 보도 못한 해괴한 주장을 찾아내고 납득하기 어려운 극단적인
길을 버젓이 실행하여 그것으로 후세에 칭찬받고 기리는 대상이 된
다고 한다. 나는 이런 짓을 결코 하지 않을 것이다.

자기 주도적인 사람(君子)이 도리를 지키며 살아가다가 중간쯤에 이
르러 주저앉을 수 있지만 나는 그런 삶을 결코 그만둘 수 없다.

자기 주도적인 사람은 중용을 따라가다가 간혹 세상과 등을 져서 인
정을 받지 못한다고 하더라도 결코 후회하지 않는데, 오직 거룩한 자
(聖者)만이 완전히 그렇게 할 수 있다."

子曰: 索隱行怪, 後世有述焉. 吾弗爲之矣.

君子遵道而行, 半途而廢, 吾弗能已矣.

君子依乎中庸, 遯世不見知而不悔, 唯聖者能之.

12장 자기 주도적인 사람(君子)의 도리는 그 작용이 더없이 넓지만 그 본
모습이 드러나지 않아 알기 어렵다.

이 때문에 아는 게 없는 시골 부부라도 빼놓지 않고 일상적인 도리를
알 수 있지만 최고의 도리는 성인이라도 모르는 지평이 있다. 변변찮
은 시골 부부라도 일상적인 도리를 실천할 수 있지만 최고의 도리는
성인이라도 완전하게 할 수 없는 한계가 있다. 하늘과 대지가 위대하
지만 개개인의 입장에서는 만족스럽지 않은 일들이 생길 수 있다. 그
러므로 자기 주도적인 사람이 큰 것(전체적인 것)을 말하면 세상 사람
들이 받아들여 자기 것으로 삼지 못하고, 작은 것(부분적인 것)을 말하
면 세상 사람들이 깨우쳐서 제대로 하지 못한다.

『시경』에서 읊었다. "솔개가 하늘 높이 날고 물고기가 연못에서 뛰는

다." 이는 위의 하늘과 아래의 물에서 도리가 잘 드러나고 있는 것을 말한다.

자기 주도적인 사람이 가야 할 도리는 부부 관계에서 단서를 찾을 수 있고, 최고의 도리는 하늘과 대지에 밝게 드러나고 있다.

君子之道, 費而隱.

夫婦之愚, 可以與知焉. 及其至也, 雖聖人, 亦有所不知焉. 夫婦之不肖, 可以能行焉. 及其至也, 雖聖人, 亦有所不能焉. 天地之大也, 人猶有所憾. 故君子語大, 天下莫能載焉, 語小, 天下莫能破焉.

詩云: 鳶飛戾天, 魚躍于淵. 言其上下察也.

君子之道, 造端乎夫婦, 及其至也, 察乎天地.

13장 공자가 말했다.

"도리는 사람에게서 멀리 떨어져 있지 않은데, 사람이 도리대로 살면서 사람에게서 멀어진다면 도리라고 할 수 없다.

『시경』에서 읊었다. "도끼를 잡고 쓸 도끼 자루를 베니, 만드는 본이 멀리 있지 않네." 도끼 자루가 낡으면 헐거워지므로 새 자루를 끼워야 한다. 이때 우리는 새 자루를 고르기 위해 한 눈 감고 고개를 비스듬히 해서 쓸 만한 나무를 쳐다보면서 자꾸만 "아직 멀었는데……." 하는 말을 되풀이한다. 그러므로 자기 주도적인 사람(君子)은 사람의 기준에서 사람을 이끌어 가고 상대가 고쳐 나가면 아무 말 없이 그만둔다.

진실(忠)과 관용(恕)은 도와 멀리 떨어져 있지 않다. 나에게 시킬 경우 내가 바라지 않는 것이라면 주위 사람에게도 시키지 마라.

자기 주도적인 사람이 해야 하는 도리가 네 가지다. 나는 그중에서 한 가지도 제대로 하지 못한다. 자식이 나에게 어떻게 해 주기를 바란다면 그런 자세로 어버이를 모시면 되는데, 나는 아직 잘 못한다. 팀원이 어떻게 하기를 바란다면 그런 자세로 리더를 도우면 되는데,

나는 아직 잘 못한다. 후배가 나에게 어떻게 해 주기를 바란다면 그런 자세로 선배를 모시면 되는데, 나는 아직 잘 못한다. 친구가 나에게 어떻게 대해 주기를 바란다면 내가 먼저 그렇게 하면 되는데, 나는 아직 잘 못한다. 일상적인 덕행을 실제로 해 나가고 일상적인 언어생활을 조심한다. 덕행과 언어생활에 충분하지 않은 점이 있다면 채우기 위해 노력하지 않을 수 없고, 또 지나친 점이 있다면 절제하지 않을 수 없다. 말은 행실이 따라올 수 있을지 고려하고, 행실은 말이 책임질 수 있는지 고려한다. 이와 같다면 자율적 인간(君子)이 독실하지 않을 수 있겠는가?"

子曰: 道不遠人, 人之爲道而遠人, 不可以爲道.
詩云: 伐柯伐柯, 其則不遠. 執柯以伐柯, 睨而視之, 猶以爲遠. 故君子以人治人, 改而止.
忠恕違道不遠. 施諸己而不願, 亦勿施於人.
君子之道四, 丘未能一焉. 所求乎子, 以事父, 未能也. 所求乎臣, 以事君, 未能也. 所求乎弟, 以事兄, 未能也. 所求乎朋友, 先施之, 未能也. 庸德之行, 庸言之謹. 有所不足, 不敢不勉, 有餘, 不敢盡. 言顧行, 行顧言. 君子胡不慥慥爾.

14장 자기 주도적인 사람(君子)은 지금의 자리를 본래적인 것으로 여기고 그것의 바깥을 자기 것으로 바라지 않는다.
부귀한 처지에 놓이면 그대로 처신하고, 빈천한 상황에 놓이면 그대로 살고, 외국에서 살게 되면 그대로 살고, 환란의 상황에 놓이면 그것에 맞춰 살아간다. 자기 주도적인 사람은 어디를 가더라도 스스로 만족하지 않는 상황이 없다.
윗자리(임원)에 있으면서 아랫사람(부하)을 업신여기어 깔보지 않고 아랫자리에 있으면서 윗사람을 끌어내리지 않으며, 자기 자신을 올바르게 관리하고 주위 사람들에게 무리하게 요구하지 않으면, 사람 사이에 원망하는 소리가 생기지 않을 것이다. 특히 위로는 하늘에 대고 원망하지 않고 아래로는 특정 사람을 두고 탓을 하지 않을 것이다.

그러므로 자기 주도적인 사람은 편안한 자기 자리에 머물러서 일이 되어 가는 형편을 느긋하게 살펴본다. 이기적인 사람(小人)은 위험을 무릅쓰면서 행운을 바란다.

공자가 말했다.

"활쏘기는 자기 주도적인 사람의 특성과 닮은 점이 있다. 자기 주도적인 사람은 활을 쏘아 과녁에 맞추지 못하면 환경을 탓하지 않고 자기 자신에게서 원인을 찾고 반성을 한다."

君子素其位而行, 不願乎其外.

素富貴, 行乎富貴. 素貧賤, 行乎貧賤. 素夷狄, 行乎夷狄. 素患難, 行乎患難. 君子無入而不自得焉.

在上位, 不陵下. 在下位, 不援上. 正己而不求於人, 則無怨. 上不怨天, 下不尤人.

故君子居易以俟命, 小人行險以徼幸.

子曰: 射有似乎君子. 失諸正鵠, 反求諸其身.

15장 자기 주도적인 사람(君子)의 도리는 비유하자면 먼 곳을 가려면 반드시 가까운 곳에서 시작하고 높은 곳을 오르려면 반드시 낮은 곳에서 시작하는 것과 닮았다.

『시경』에서 읊었다. "처나 자식들과 사이가 좋아 하나로 어울려서 마치 화음을 이루는 금과 슬의 합주와 같다. 형제끼리 하나로 어울리며 조화롭고 즐겁구나! 그대의 집안을 마땅하게 하고 그대의 처자식을 즐겁게 하라!"

공자가 말했다.

"이렇게 되면 어버이가 반드시 편안해할 것이다."

君子之道, 辟如行遠必自邇, 辟如登高必自卑.

詩曰: 妻子好合, 如鼓瑟琴. 兄弟旣翕, 和樂且耽. 宜爾室家, 樂爾妻帑.

子曰: 父母其順矣乎.

16장 공자가 말했다.

"귀신의 힘(德)은 너무나도 왕성하다.

산 사람이 죽은 사람의 모습, 즉 조상신을 보려고 해도 보이지 않고 소리를 들으려고 해도 들리지 않지만, 존재나 사태의 본체가 되므로 현 세계에서 빠뜨릴 수 없다.

온 세상 사람들, 즉 다음 세대로 하여금 재계하여 정갈한 자세로 복식을 성대하게 갖추어서 제사를 받들도록 한다. 존재감이 곳곳으로 흐르며 꽉 차 있어서 사람들(현 세대)의 머리 위에 있고, 또 사람들의 좌우에 있는 듯하다.

『시경』에서 읊었다. "귀신이 강림하는 것을 헤아릴 수 없으니 귀신 돌보기를 어떻게 싫어할 수 있겠는가?" 숨어서 드러나지 않는 것이 세상에 뚜렷하게 작용하고 있으므로 이처럼 귀신의 진실성을 덮어서 가릴 수 없구나!"

子曰: 鬼神之爲德, 其盛矣乎.

視之而弗見, 聽之而弗聞, 體物而不可遺.

使天下之人, 齊明盛服, 以承祭祀. 洋洋乎如在其上, 如在其左右.

詩曰: 神之格思, 不可度思, 矧可射思. 夫微之顯, 誠之不可揜, 如此夫!

17장 공자가 말했다.

"순임금은 위대한 효자구나! 덕스러움은 성인이 되고, 존귀함은 천자가 되고, 부는 온 세상의 것을 가지고, 종묘에서 조상신들은 음향하고 자손들은 순의 영광을 보존하는구나!

위대한 덕은 반드시 어울리는 자리를 얻으며, 반드시 어울리는 보상을 받으며, 반드시 어울리는 명예를 누리며, 반드시 어울리는 생명을 살게 된다.

그러므로 하늘이 만물을 생겨나게 할 때 반드시 개별적인 자질에 따라서 생명력을 두텁게 했다. 이 때문에 제대로 가꾼 것은 자라게 북돋워 주고 시들어 기운 것은 죽도록 뒤엎어 버린다.

『시경』에서 읊었다. '아름답고 즐거운 군자여, 훌륭한 덕이 뚜렷하게 묻어나는구나! 백성들과 관리들을 합당하게 다루니 하늘에서 복을 받는구나! 돌봐 주고 도우며 천자가 되게 하시니 하늘이 앞길을 펼쳐 주기 시작하네!'

그러므로 위대한 덕의 소유자는 반드시 하늘의 명령을 받게 된다."

子曰: 舜其大孝也與! 德爲聖人, 尊爲天子, 富有四海之內, 宗廟饗之, 子孫保之.

故大德, 必得其位, 必得其祿, 必得其名, 必得其壽.

故天之生物, 必因其材而篤焉. 故栽者培之, 傾者覆之.

詩曰: 嘉樂君子, 顯顯令德! 宜民宜人, 受祿于天! 保佑命之, 自天申之!

故大德者必受命.

18장 공자가 말했다.

"아무 걱정 없는 이는 오직 문임금뿐일 것이다. 왕계를 아버지로 삼고, 무임금을 자식으로 삼았도다. 아버지가 일을 시작하고 자식이 그것을 잘 이어 가는구나!

무임금은 태왕, 왕계, 문임금의 실마리를 이어서 전쟁을 한 번 벌여서 천하를 장악하여 자신은 세상에 훌륭한 이름을 잃지 않았다. 존귀함은 천자가 되고, 부는 온 세상의 것을 가지고, 종묘에서 조상신들은 음향하고 자손들은 무의 영광을 보존하는구나!

무임금이 일생의 마지막 무렵에 하늘의 명령을 받았고 주공이 문임금과 무임금의 덕망을 완성하여 자신의 선조 태왕, 왕계를 왕으로 높이 받들어 존중했다. 또 그 윗대의 조상을 천자의 의례로 제사 지내니, 이러한 의례가 제후, 대부와 선비, 서민에게도 확대되어 실행되었다. 예컨대 아버지대가 대부고 자식대가 선비면, 장사는 대부의 의례로 지내고 제사는 선비의 의례로 지냈다. 아버지대가 선비고 자식대가 대부면, 장사는 선비의 의례로 지내고 제사는 대부의 의례로 지냈다. 상례 기간이 1년일 경우, 즉 삼촌과 형제의 상례라면 제후는 상복을 입지 않고 대부는 상례 기간을 줄였다. 상례 기간이 3년일 경우, 즉 자기 부모의 상례라면 천자라도 상복을 입었다. 부모의 상례는 신분의 귀천을 가리지 않고 모두 동일하게 지내야 한다는 것을 나타낸다."

子曰: 無憂者, 其惟文王乎. 以王季爲父, 以武王爲子. 父作之, 子述之!
武王纘太王王季文王之緖, 壹戎衣而有天下, 身不失天下之顯名. 尊爲
天子, 富有四海之內, 宗廟饗之, 子孫保之!
武王末受命, 周公成文武之德, 追王泰王王季. 上祀先公以天子之禮,
斯禮也達乎諸候大夫及士庶人. 父爲大夫, 子爲士, 葬以大夫, 祭以士.
父爲士, 子爲大夫, 葬以士, 祭以大夫. 期之喪, 達乎大夫. 三年之喪,
達乎天子. 父母之喪, 無貴賤一也.

19장 공자가 말했다.

"무임금과 주공은 틀림없이 모든 효를 깨달았을 것이다.

두 사람이 보인 효란 사람(과거 세대)의 뜻을 잘 이어 가며, 사람(현 세대)의 일을 과거 세대의 전통에 따라 잘 풀어 나간 것이다.

봄과 가을에는 조상들의 영령이 깃든 사당을 수리하고 종묘에 보관해 온 여러 가지 귀중한 기물을 진열하고 조상들이 남긴 의상을 펼쳐놓고 제철에 난 음식을 제물로 올린다.

종묘의 의례는 조상의 출신과 서열을 매기는 것이고, 조상 작위를 순서대로 나누는 것은 신분의 귀천을 밝히기 위한 것이고, 일을 순서대로 나누는 것은 똑똑한 사람을 가려서 맡기기 위한 것이다. 여럿이 모여 술을 권할 때 아랫사람이 윗사람에게 술을 따르는 것은 신분이 낮은 사람을 포함시키기 위한 것이고, 잔치에서 머리카락의 색깔에 따라 차례를 두는 것은 나이 순서대로 대접하기 위한 것이다.

그들은 선왕들의 자리에 나아가서 그분들이 만든 의례를 실행하고 그분들이 만든 음악을 연주하며 그분들이 귀하게 여기던 것(사람)을 존중하고 그분들이 친밀히 사랑하던 것(사람)을 아끼며, 죽은 자 돌보기를 산 자를 돌보는 것과 같이 하고 없는 자 돌보기를 살아 있는 자를 돌보는 것과 같이 한다. 이것은 더 말할 나위 없이 완전한 효도다."

子曰: 武王周公, 其達孝矣乎!

夫孝者, 善繼人之志, 善述人之事者也.

春秋修其祖廟, 陳其宗器, 設其裳衣, 薦其時食.

宗廟之禮, 所以序昭穆也, 序爵, 所以辨貴賤也, 序事, 所以辨賢也. 旅酬下爲上, 所以逮賤也. 燕毛, 所以序齒也.

踐其位, 行其禮, 奏其樂, 敬其所尊, 愛其所親, 事死如事生, 事亡如事存, 孝之至也.

20장 노나라의 애공이 정치에 관해 물었다. 공자가 대답했다.

"주나라 문임금과 무임금의 정치는 목간과 죽간, 즉 역사책에 기록되어 있습니다. 두 분과 같은 인물이 있으면 그와 같은 훌륭한 정치가 살아날 수 있고, 두 분과 같은 인물이 없으면 그와 같은 훌륭한 정치가 움츠러들게 됩니다.

사람의 도리는 정치를 통해 빠르게 나타나고 땅의 도리는 나무를 통해 빠르게 나타나기 마련입니다. 두 분의 효력이 정치로 나타나는 것은 어디에서나 잘 자라는 갈대와 비슷합니다.

그러므로 정치는 인재를 얻는 데에 달려 있습니다. 자기 수양에 의거해서 인재를 선발하고, 도리에 의거해서 자기 수양을 하고, 사랑(연대)에 의거해서 자기 수양을 합니다.

사랑(연대)은 사람다움인데, 무엇보다도 가까이 해야 할 사람을 가까이 하는 것이 가장 중요합니다. 올바름(정의)은 마땅함인데, 무엇보다도 현자를 높이 받드는 것이 가장 중요합니다. 가까이 해야 할 사람을 가까이할 때 차등을 두는 것과 현자를 높이 받들 때 등급을 세우는 것은 나와 관계에 따라 차등적으로 대우하는 의례가 생겨난 바탕입니다.

아랫자리에 있으면서 윗사람에게 믿음을 얻지 못하면 백성을 다스릴 기회를 가질 수가 없습니다.

그러므로 자기 주도적인 사람(君子)은 자기 수양을 하지 않을 수 없고, 자기 수양을 고려하려면 어버이를 모시지 않을 수 없고 어버이를 모시려고 생각하면 사람을 알지 않을 수 없고, 사람을 알려고 하면 하늘을 알지 않을 수 없습니다.

세상에 보편적인 도리(관계)는 다섯 가지고, 그것을 실행하게 하는 덕성은 세 가지입니다. 리더와 상대(군주와 신하)의 관계, 어버이와 자식의 관계, 남편과 아내의 관계, 선배와 후배(형과 동생)의 관계, 친구와의 관계, 이 다섯 가지는 보편적인 관계입니다. 지혜, 사랑, 용기는 세상에 보편적인 덕성입니다. 다시 이것을 실행하는 바탕(근원)은 하나입니다.

어떤 이는 나면서부터 그것을 알고, 어떤 이는 배워서 그것을 알고, 어떤 이는 힘들여서 그것을 알게 됩니다. 세 경우에 차이는 있지만 아는 것은 동일합니다. 어떤 이는 편안하게 그것을 실천하고, 어떤 이는 하나하나 따져 가며 그것을 실천하고, 어떤 이는 억지로 노력해서 그것을 실천합니다. 세 경우에 차이는 있지만 성공은 동일합니다."

(공자가 대답했다.)

"배우기를 좋아하는 것은 지혜에 가깝고, 온 힘으로 실행하는 것은 사랑(연대)에 가깝고, 부끄러워할 줄 아는 것은 용기에 가깝습니다. 세 가지를 제대로 할 줄 알면 자기 수양을 할 줄 아는 것이고, 자기 수양을 할 줄 알면 주위 사람을 다스릴 줄 아는 것이고, 주위 사람을 다스릴 줄 알면 천하(온 세상)와 국가를 경영할 줄 아는 것입니다.

대체로 천하(온 세상)와 국가를 경영하는 데에 아홉 가지 원칙(지침)이 있습니다. 하나하나 나열한다면 (정치 지도자가) 몸을 닦는 것, 현자(지식인이나 전문가)를 높이는 것, 친척과 가깝게 지내는 것, 대신(중역이나 실력자)을 우대하는 것, 여러 관료(구성원)들의 처지를 헤아리는 것, 백성을 자식처럼 아끼는 것, 각 분야의 기술자를 오게 하는 것, 먼 곳(변방과 외국)의 사람을 회유하는 것, 제후들에게 혜택을 주는 것 등입니다.

자기를 수양하면 길이 펼쳐지고, 현자를 높이면 헷갈리지 않고, 친척과 가깝게 지내면 숙부들과 형제들이 원망하지 않고, 대신을 우대하면 일이 헝클어지지 않고, 관료들의 처지를 헤아리면 선비들이 보답하는 예절이 소중해지고, 백성을 자식처럼 아끼면 백성들이 부지런해지고, 각 분야의 기술자를 오게 하면 각종 재화가 풍부해지고, 먼 곳의 사람을 회유하면 온갖 곳의 사람들이 귀순하게 되고, 제후들에게 혜택을 주면 사람들이 두려워합니다.

철에 따라 백성들을 동원하고 세금을 깎아 주는 것은 백성들을 격려하는 길입니다. 일별로, 월별로 평가하여 국가 재정에서 하는 일에 어울리게 비용을 주는 것은 여러 전문가들을 격려하는 길입니다. 떠나는 이를 따뜻하게 보내고 찾아오는 이를 반갑게 맞이하며, 능력자를 훌륭하게 여기고 무능력자를 안타깝게 여겨서 기회를 주는 것은 먼 곳의 사람을 회유하기 위한 길입니다. 끊어진 세대를 이어 주고 망한 나라를 일으켜서 시조의 제사를 지내게 하며, 다른 나라의 혼란을 안정시키고 위기에 빠진 나라에 도움의 손길을 뻗치며, 방문과 답방을 때에 맞춰서 하며, 보내는 원조와 은전을 풍부하게 하고 받는 공물을 간소하게 하는 것은 제후(인접국 또는 동맹국)에게 혜택을 주는 길입니다.

대체로 천하(온 세상)와 국가를 경영하는 데에 아홉 가지 원칙(지침)이 있습니다. 그것을 실행하는 바탕(근원)은 하나입니다.

모든 일은 미리 대비하면 제대로 풀려 가지만 미리 대비하지 않으면 엉망이 됩니다. 말(목표)을 미리 조정해 두면 문제가 생기지 않고, 일을 미리 조정해 두면 어려움이 생기지 않고, 행동을 미리 조정해 두면 약점이 생기지 않고, 도(원칙)를 미리 조정해 두면 미궁에 빠지지 않습니다.

아랫자리에 있으면서 윗사람에게 믿음을 얻지 못하면 백성을 다스릴 기회를 가질 수가 없습니다. 윗사람에게 믿음을 얻는 데에 방법이 있는데, 친구들 사이에서 믿음을 얻지 못하면 윗사람으로부터 믿음을 얻을 수 없을 것입니다. 친구들 사이에서 믿음을 얻는 데에 방법이 있는데, 어버이와 원만하게 지내지 못하면 친구들 사이에서 믿음을 얻을 수 없을 것입니다. 어버이와 원만하게 지내는 데에 방법이 있는데, 제 자신을 반성해서 진실하지 않으면 어버이와 원만하게 지낼 수 없을 것입니다. 자신에게 진실해지는 데에 방법이 있는데, 좋음과 옳음(善)에 분명하지 못하면 자신에게 진실해질 수 없을 것입니다.

진실(誠)이란 하늘의 길이고, 진실로 나아가는 것은 사람의 길입니다. 진실이란 힘쓰지 않아도 중에 들어맞고 숙고하지 않아도 원칙과 부합되므로 차분하고 침착하게 도에 맞으니 성인에게 가능합니다. 진실로 나아가는 것은 선을 골라서 굳건하게 잡는 것입니다.

널리 배우고, 자세하게 묻고, 조심스레 생각하고, 분명하게 분별하고, 돈독하게 실천하라!

배우지 못한 것이 있어서 배우게 될 경우 익숙하지 않으면 그만두지 말고, 물어보지 못한 것이 있어서 묻게 될 경우 환히 알지 않으면 그만두지 말고, 생각하지 못한 것이 있어서 생각하게 될 경우 확실하게 정리되지 않으면 그만두지 말고, 분별하지 못한 것이 있어서 분별하려고 할 경우 분명하지 않으면 그만두지 말고, 실행하지 못한 것이 있어서 실행하려고 할 경우 독실하게 되지 않으면 그만두지 말 것입니다. 주위 사람이 한 번 해서 잘하면 나는 백 번을 할 것이며 주위 사람이 열 번 해서 잘하면 나는 천 번이라도 할 것입니다.

과연 이 방법을 제대로 한다면 비록 사람이 처음에 어리석다고 하더라도 나중에 반드시 똑똑하게 될 것이고, 비록 사람이 유약하다고 하더라도 나중에 반드시 강건해질 것입니다."

哀公問政.

子曰: 文武之政, 布在方策. 其人存則其政擧, 其人亡則其政息.

人道敏政, 地道敏樹. 夫政也者, 蒲盧也.

故爲政在人. 取人以身, 修身以道, 修道以仁.

仁者人也, 親親爲大. 義者宜也, 尊賢爲大. 親親之殺, 尊賢之等, 禮所生也.

在下位不獲乎上, 民不可得而治矣.

故君子不可以不修身, 思修身, 不可以不事親, 思事親, 不可以不知人, 思知人, 不可以不知天.

天下之達道五, 所以行之者三. 曰: 君臣也, 父子也, 夫婦也, 昆弟也, 朋友之交也, 五者天下之達道也. 知仁勇三者, 天下之達德也. 所以行之者一也.

或生而知之, 或學而知之, 或困而知之. 及其知之, 一也. 或安而行之, 或利而行之, 或勉强而行之, 及其成功, 一也.

子曰: 好學近乎知, 力行近乎仁, 知恥近乎勇.

知斯三者, 則知所以修身, 知所以修身, 則知所以治人. 知所以治人, 則知所以治天下國家矣.

凡爲天下國家, 有九經. 曰: 修身也, 尊賢也, 親親也, 敬大臣也, 體群臣也, 子庶民也, 來百工也, 柔遠人也, 懷諸候也.

修身則道立, 尊賢則不惑, 親親則諸父昆弟不怨, 敬大臣則不眩, 體群臣則士之報禮重, 子庶民則百姓勸, 來百工則財用足, 柔遠人則四方歸之, 懷諸侯則天下畏之.

齊明盛服, 非禮不動, 所以修身也. 去讒遠色, 賤貨而貴德, 所以勸賢也. 尊其位, 重其祿, 同其好惡, 所以勸親親也. 官盛任使, 所以勸大

臣也, 忠信重祿, 所以勸士也. 時使薄斂, 所以勸百姓也. 日省月試, 餼
禀稱事, 所以勸百工也. 送往迎來, 嘉善而矜不能, 所以柔遠人也. 繼
絶世, 擧廢國, 治亂持危, 朝聘以時, 厚往而薄來, 所以懷諸侯也.

凡爲天下國家, 有九經. 所以行之者一也.

凡事豫則立, 不豫則廢. 言前定則不跲, 事前定則不困, 行前定則不疚,
道前定則不窮.

在下位不獲乎上, 民不可得而治矣. 獲乎上有道, 不信乎朋友, 不獲乎
上矣. 信乎朋友有道, 不順乎親, 不信乎朋友矣. 順乎親有道, 反諸身
不誠, 不順乎親矣. 誠身有道, 不明乎善, 不誠乎身矣.

誠者, 天之道也. 誠之者, 人之道也. 誠者, 不勉而中, 不思而得, 從容
中道, 聖人也. 誠之者, 擇善而固執之者也.

博學之, 審問之, 愼思之, 明辨之, 篤行之!

有弗學, 學之, 弗能弗措也. 有弗問, 問之, 弗知弗措也. 有弗思, 思
之, 弗得弗措也. 有弗辨, 辨之, 弗明弗措也. 有弗行, 行之, 弗篤弗措
也. 人一能之己百之, 人十能之己千之.

果能此道矣, 雖愚必明, 雖柔必强.

21장 진실에서 출발해서 지혜롭게 되는 것은 본성의 힘이고 지혜로부터
출발해서 진실해지는 것은 교육의 힘이다. 진실하면 지혜로워지고
지혜로우면 진실해진다.

自誠明, 謂之性, 自明誠, 謂之敎. 誠則明矣, 明則誠矣.

22장 천하의 완전한 진실(誠)만이 개체의 본성(性)에 제대로 충실할 수 있
고, 개체의 본성에 제대로 충실하면 사람의 보편적 본성에 제대로 충
실할 수 있고, 사람의 보편적 본성에 제대로 충실하면 타자의 본성에
제대로 충실하도록 할 수 있고, 타자의 본성에 제대로 충실하면 하
늘-대지의 생성 작업을 도울 수 있고, 하늘-대지의 생성 작업을 도

우면 하늘-대지와 생명 활성화에 동참할 수 있다.

唯天下至誠, 爲能盡其性. 能盡其性, 則能盡人之性. 能盡人之性, 則
能盡物之性. 能盡物之性, 則可以贊天地之化育, 可以贊天地之化育,
則可以與天地參矣.

23장 다음으로 간절한 상태에 이르는 것인데, 간절하면 진실해진다. 진실
하면 변화의 싹(형상)이 드러나고, 싹이 드러나면 흐름이 한층 뚜렷해
지고, 한층 뚜렷해지면 흐름이 누구에게도 분명해지고, 한층 분명해
지면 흐름이 사람을 흔들어서 움직이게 하고, 사람을 흔들어서 움직
이게 하면 흐름의 작은 변화가 일어나고, 흐름의 작은 변화가 쌓이면
최종적으로 흐름의 커다란 변화가 일어나게 된다. 오직 세상에서 완
전한 진실만이 커다란 변화를 제대로 일구어 낼 수 있다.

其次致曲, 曲能有誠. 誠則形, 形則著, 著則明, 明則動, 動則變, 變則
化. 唯天下至誠, 爲能化.

24장 완전한 진실의 도리는 미리 알 수 있다. 국가가 앞으로 융성해지려면
반드시 여러 가지 좋은 징조가 생겨나고, 반대로 국가가 앞으로 망하
려고 하면 반드시 여러 가지 불길한 징조가 생겨난다. 이런 현상은
미래를 알려주는 시초 점과 거북 점에 나타나고 팔다리를 놀리는 움
직임으로 드러난다. 불행과 행운이 앞으로 닥칠 경우 좋은 현상을 반
드시 먼저 알게 될 뿐만 아니라 좋지 않은 현상도 먼저 알 수 있다. 그
러므로 완전한 진실은 초자연적 존재처럼 신묘하기 그지없다.

至誠之道, 可以前知. 國家將興, 必有禎祥, 國家將亡, 必有妖孼. 見乎
蓍龜, 動乎四體. 禍福將至, 善必先知之, 不善必先知之. 故至誠如神.

25장 진실(誠)은 스스로 이루는 것이고, 도리(道)는 스스로 실행하는 것이다.

진실이란 존재(사태)의 시작이자 끝이고(알파이자 오메가이고), 진실하지 못하면 존재(사태)가 있을 수 없다. 그러므로 자기 주도적인 사람(君子)은 성을 고귀한 것으로 여긴다.

진실이란 스스로 자신을 이룰 뿐만 아니라 타자를 이루게 하는 바탕이다. 자기를 이루는 것이 사랑이요, 타자를 이루게 하는 것이 지혜다. 이것은 본성의 힘(德)이고 자기 내부와 외부의 도리를 종합한 것이다. 그러므로 현실(시대) 상황에 맞게 처리하는 것이 합당한 것이다.

誠者自成也, 而道自道也.

誠者, 物之終始. 不誠無物. 是故君子誠之爲貴.

誠者, 非自成己而已也, 所以成物也. 成己, 仁也. 成物, 知也. 性之德也, 合內外之道也. 故時措之宜也.

26장 완전한 진실(誠)은 멈추는 적이 없다.

멈추지 않으면 오래가게 되고, 오래가면 효과가 나타나고, 효과가 나타나면 여유 있고 오래가고(시간적으로 무한히 연장되고), 시간적으로 무한히 연장되면 넓고 두터워지고(공간적으로 무한히 쌓이게 되고), 공간적으로 무한히 쌓이게 되면 고상하고 지혜롭게 된다(생명과 지혜의 빛이 찬란하게 밝아진다).

넓고 두터워지는 것은 거기에서 만물을 실어 주는(살게 하는) 것이고, 고상하고 지혜롭게 되는 것은 그것으로 만물을 덮어 주는(지켜서 돌보는) 것이고, 여유 있고 오래가는 것은 만물의 고유한 가치를 이루게 하는 것이다.

넓고 두터워지는 것(공간의 무한 축적)은 대지와 짝을 이루고, 고상하고 지혜롭게 되는 것(지혜와 생명의 충만한 빛)은 하늘과 짝을 이루고, 여유 있고 오래가는 것(시간의 무한 연장)은 한계를 초월하게 된다. 이와 같으면 드러나지 않지만 빛나며, 움직이지 않지만 변하며, 의도적으로 하지 않지만 이루어진다.

하늘-대지의 도리는 한마디 말씀, 즉 진실(誠)로 제대로 그려낼 수 있다. 성이 만물 개개의 가치를 이루게 하는 것에는 거짓되지 않고 만물을 낳은 작용은 이루 다 헤아릴 수가 없다.

하늘-대지의 도리는 넓고 두텁고 높고(고상하고) 밝고(지혜롭고) 여유 있고 오래가는(영원한) 것이다.

하늘은 밝고 밝은 빛들이 많이 모인 것인데 그것이 끝(한계)없이 넓어지자 해와 달, 그리고 모든 별자리가 그것에 매여(붙어) 있고 만물이 그것을 이불처럼 덮고 있다. 대지는 한 줌의 흙이 많이 모인 것으로 최대로 넓고 두텁게 되자 화악(화산)을 싣고 있으면서도 무거운 줄 모른다. 또 강(황하)과 바다(발해)를 거두어들이면서 조금도 새어 나가지 않으니 만물이 모두 대지의 침대에 실려 있다. 산은 자잘한 돌들이 많이 모인 것인데 넓고 크게 쌓이자 풀과 나무가 거기에서 자라고 온갖 짐승이 거기에서 살며 온갖 보물을 거기에서 캐낼 수 있다. 물은 한 잔의 물방울이 많이 모인 것으로 헤아릴 수 없을 만큼 많아지자 큰 자라와 악어, 교룡, 물고기와 작은 자라가 거기에서 자라고 재화가 거기에서 불어난다.

『시경』에서 읊었다. "하늘의 명령이여, 아! 헤아릴 수 없이 깊으면서도 그침이 없구나." 이것은 하늘이 하늘로서 작용하는 이유를 말하는 것이다. "아! 드러나지 않는가? 주나라 문임금의 순수한 덕이여!" 이것은 문임금이 무력이 아니라 문화의 가치를 대표하는 이유와 그의 순수함이 그치지 않았던 것을 말하는 것이다.

故至誠無息.

不息則久, 久則徵, 徵則悠遠, 悠遠則博厚, 博厚則高明.

博厚所以載物也, 高明所以覆物也, 悠久所以成物也.

博厚配地, 高明配天, 悠久無疆. 如此者, 不見而章, 不動而變, 無爲而成.

天地之道, 可一言而盡也. 其爲物不貳, 則其生物不測.

天地之道, 博也, 厚也, 高也, 明也, 悠也, 久也.

今夫天, 斯昭昭之多, 及其無窮也, 日月星辰繫焉, 萬物覆焉. 今夫地, 一撮土之多, 及其廣厚, 載華嶽而不重. 振河海而不洩, 萬物載焉. 今夫山, 一券石之多, 及其廣大, 草木生之, 禽獸居之, 寶藏興焉. 今夫水, 一勺之多, 及其不測, 黿鼉蛟龍魚鼈生焉, 貨財殖焉.

詩云: 維天之命, 於穆不已. 蓋曰天之所以爲天也. 於乎不顯, 文王之德之純! 蓋曰文王之所以爲文也, 純亦不已.

27장 위대하구나, 거룩한 자(聖人)의 도리는!

넓고 크게 만물을 무럭무럭 자라게 하니 그 도리의 아득한 높이는 하늘에 닿을 만하구나!

가득하여 위대하구나, 기본적인 의례가 300가지요, 세부적인 의례가 3000이나 되는구나!

어울리는 사람(성인)이 나타난 다음에 그 모든 것이 실행될 것이다.

그러므로 만약 완전한 덕이 아니면 완전한 도리가 하나로 뭉쳐서 엉기지(이루어지지) 않는다고 말한 것이다.

또 자기 주도적인 사람(君子)은 덕성을 존중하고 학문으로 이끌어가며, 광대하고 보편적인 것을 완전히 하고 정밀하고 특수한 것을 세세하게 파악하며, 고명하고 순수한 것(초월적인 것)을 극단화하고 현실과 결부된 중용을 추구하고, 옛것을 재해석하여 새것을 창조하며, 품성(습성)을 확고하게 길들여서 문명의 예절을 높이 친다.

이렇기 때문에 윗자리에 머물면서 뽐내고 건방지게 굴지 않고 아랫사람 노릇을 하면서 배반하지 않는다. 나라에 도리가 살아 있을 때는 군자가 말을 하여 변화를 불러일으킬 수 있고, 나라에 도리가 죽어 있을 때는 군자가 침묵하여 한 몸을 지킬 수 있다. 『시경』에서 읊었다. "밝으면서도 지혜로우니 스스로 제 한 몸을 지킬 수 있구나!" 이런 취지로 말하고 있다.

大哉, 聖人之道!

洋洋乎, 發育萬物, 峻極于天!

優優大哉, 禮儀三百, 威儀三千!

待其人而後行.

故曰: 苟不至德, 至道不凝焉.

故君子, 尊德性而道問學, 致廣大而盡精微, 極高明而道中庸, 溫故而
知新, 敦厚以崇禮.

是故, 居上不驕, 爲下不倍. 國有道, 其言足以興, 國無道, 其默足以
容. 詩曰: 旣明且哲, 以保其身. 其此之謂與.

28장 공자가 말했다.

"어리석으면서 자기 방식대로 하기를 좋아하고, 보잘것없으면서도
자기 고집대로 끌고 가기를 좋아하며, 현재의 시공간을 살면서 과거
의 규율을 회복시키려고 한다. 이와 같은 자는 재앙이 자신에게 미치
리라.

천자가 아니면 의례의 문제를 왈가왈부할 수 없고 제도를 만들 수 없
고 문화(기록)를 따질 수 없다.

오늘날의 세상을 보면 수레는 그 바퀴의 치수가 같게 규격화되어 있
고 문서는 같은 문자로 기록되고 있고 행실(예의범절)은 같은 절차와
내용으로 이루어져 있다.

비록 누군가가 천자의 지위를 차지하고 있더라도 어울리는 덕이 없
으면 의례와 음악을 감히 제작할 수 없다. 또 비록 누군가가 뛰어난
덕을 가지고 있더라도 명령을 내릴 지위에 있지 않다면 의례와 음악
을 감히 제작할 수 없다."

공자가 말했다.

"내가 하나라의 의례를 설명할 수 있지만 하나라의 후예들의 나라인

기나라의 사례로 충분히 입증할 수 없다. 내가 은나라의 의례를 배웠고 은나라의 후예들의 나라인 송나라에 그 흔적이 남아 있지만 오늘날 널리 실행되지 않고 있다. 내가 주나라의 의례를 배웠고 또 그것이 오늘날 실행되고 있으므로 나는 주나라의 의례를 따르겠다."

子曰: 愚而好自用, 賤而好自專, 生乎今之世, 反古之道. 如此者, 災及其身者也.
非天子, 不議禮, 不制度, 不考文.
今天下, 車同軌, 書同文, 行同倫.
雖有其位, 苟無其德, 不敢作禮樂焉. 雖有其德, 苟無其位, 亦不敢作禮樂焉.
子曰: 吾說夏禮, 杞不足徵也. 吾學殷禮, 有宋存焉. 吾學周禮, 今用之, 吾從周.

29장 천하를 다스리는 데에 세 가지 소중한 것, 즉 앞의 의례·제도·문화(기록)가 있는데, 이대로 하면 실수(행정 낭비)를 줄일 수 있을 것이다. 이전의 것(상고 시대 성왕의 의례)은 비록 훌륭하다고 하더라도 증거가 없고, 증거가 없으므로 믿을 만하지 않고, 믿을 만하지 않으므로 백성들이 그것을 따르려고 하지 않는다. 지금의 것(공자의 의례)은 비록 훌륭하다고 하더라도 말하는 사람의 지위가 높지 않고, 지위가 높지 않으므로 사람들이 믿을 만하지 않고, 믿을 만하지 않으므로 백성들이 그것을 따르려고 하지 않는다.

그러므로 자기 주도적인 사람(君子)이 가는 길은 자신에게 뿌리를 두고 있고, 일반 시민에게 타당성을 검토해 보고, 이상적 군주들의 언행에 비춰 봐서 잘못이 없는지 살펴보고, 하늘과 대지에 적용해 봐도 어긋나지 않고, 귀신에게 문의하여(제사 지내) 바로잡아서 의심이 생기지 않고, 백세 이후 성인을 기다려도(오랜 시간에 걸쳐 검증받더라도) 문제점이 없다.

귀신에게 문의하여(제사 지내) 바로잡아서 의심이 생기지 않는 것은 하늘의 도리를 아는 것이고, 백세 이후 성인을 기다려도(오랜 시간에 걸쳐 검증받더라도) 문제점이 없는 것은 사람의 도리를 아는 것이다.

이렇기 때문에 자기 주도적인 사람(君子)이 한쪽으로 움직여 나가면 그것이 온 세상이 함께 갈 수 있는 길이 되고, 또 한쪽의 길로 실행하면 그것이 온 세상이 함께 가질 만한 규범이 되고, 또 한쪽을 말하게 되면 온 세상이 함께 나누는 전형(본보기)이 된다. 그런 군자가 멀리 있으면 우러러보고 가까이 있으면 싫어하지(부담스러워하지) 않는다.

『시경』에서 읊었다. "저쪽에서도 누구 하나 미워하지 않고 이쪽에서도 누구 하나 싫어하지 않는구나! 거의 매일 아침 일찍 일어나고 밤 늦게 잠자리에 들며(부지런히 정사를 돌봐서) 오래도록 좋은 평가를 받는구나!" 자기 주도적인 사람이 일찍이 이와 같이 하지 않고서 천하에 명예를 누린 경우는 없었다.

王天下有三重焉, 其寡過矣乎.

上焉者, 雖善無徵, 無徵不信, 不信民弗從. 下焉者, 雖善不尊, 不尊不信, 不信民弗從.

故君子之道, 本諸身, 徵諸庶民, 考諸三王而不謬, 建諸天地而不悖, 質諸鬼神而無疑, 百世以俟聖人而不惑.

質諸鬼神而無疑, 知天也, 百世以俟聖而不惑, 知人也.

是故, 君子動而世爲天下道, 行而世爲天下法, 言而世爲天下則. 遠之則有望, 近之則不厭.

詩曰: 在彼無惡, 在此無射! 庶幾夙夜, 以永終譽! 君子 未有不如此, 而蚤有譽於天下者也.

30장 중니(공자)는 요임금과 순임금을 모범으로 삼아 두 분의 뜻을 다음 세대에 넘겨주었고, 문임금과 무임금을 기준으로 삼아 두 분의 정신을 밝게 빛냈으며, 위로는 하늘의 때를 본받았고 아래로는 각 지역의 다양한 풍토(지역 문화)를 그대로 좇았다.

비유하면 하늘과 대지가 실어 주지 않는 것이 없고 덮어 주지 않는 것이 없는 것과 같았다. 또 네 계절이 번갈아 바뀌고 해와 달이 바꾸어 가며 빛을 비추는 것과 같았다.

만물이 나란히 자라나더라도 서로 해치지 않고, 도가 나란히 실행되더라도 서로 어긋나지 않는다. 작은 생성력은 흐르는 강물이고, 위대한 생성력은 되돌릴 수 없는 강대한 변화다. 이것은 하늘-대지가 위대하게 여겨지는 까닭이다.

仲尼祖述堯舜, 憲章文武, 上律天時, 下襲水土.
辟如天地之無不持載, 無不覆幬. 辟如四時之錯行, 如日月之代明.
萬物竝育而不相害, 道竝行而不相悖. 小德川流, 大德敦化. 此天地之所以爲大也.

31장 오직 세상에서 최고의 성인만이 총명과 예지를 제대로 발휘할 수 있으므로 어떠한 방식으로든지 백성을 마주할 수 있고, 관대하고 부드러울 수 있으므로 어떠한 사람(일)이든지 포용할 수 있고, 강인하고 굳건하므로 지켜야 할 것을 굳게 잡을 수 있고 엄숙하고 중정하므로 조심해야 할 대상을 존경할 수 있고, 제도의 조리를 세밀하게 따질 수 있으므로 시비를 분별할 수 있다.

성인은 빠짐없이 폭넓으면서 깊고 근원이 있으므로 때에 맞추어 모습을 드러낸다.

빠짐없이 폭넓은 것은 하늘을 닮았고 깊고 근원이 있는 것은 고요한 연못을 닮았다. 성인이 모습을 드러내면 백성들은 모두 그를 존경하고, 뭐라고 말하면 백성들은 모두 믿고, 무엇을 실행하면 백성들은 모두 기뻐한다.

이렇기 때문에 그의 이름이 중원 지역에 널리 퍼지고 그의 은혜가 주위의 이민족에까지 미치게 된다. 배와 수레가 닿은 곳마다 사람의 힘이 미치는 곳마다 하늘이 덮어 주고, 대지가 실어 주는 곳마다 서리와 이슬이 내리는 곳마다 한 곳도 빠짐없이 혈기(지각)가 있는 존재는 모두 그를 존경하고 친밀하게 좋아한다. 그러므로 성인이 하늘과 짝이 된다고 하는 것이다.

唯天下至聖, 爲能聰明睿知, 足以有臨也, 寬裕溫柔, 足以有容也, 發强剛毅, 足以有執也, 齊莊中正, 足以有敬也, 文理密察, 足以有別也. 溥博淵泉, 而時出也.
溥博如天, 淵泉如淵. 見而民莫不敬, 言而民莫不信, 行而民莫不說.
是以聲名洋溢乎中國, 施及蠻貊. 舟車所至, 人力所通, 天之所覆, 地之所載, 霜露所隊, 凡有血氣者, 莫不尊親. 故曰配天.

32장 오직 세상에서 최고로 진실한 사람이라야 세상 사람들이 지켜야 할 큰 도리를 제대로 기획하여 다스릴 수 있고, 세상 사람들이 지켜야 할 큰 근본을 세울 수 있고, 하늘-대지가 만물을 낳고 기르는 작용을 통찰할 수 있다. 어찌 별도로 믿고 기대는 것이 있겠는가?
정성스럽구나, 그의 사랑이여! 깊고 고요하구나, 그의 연못과도 같은 심원함이여! 넓고 크구나, 그의 하늘과도 같은 아득함이여!
만약 진실로 귀 밝고 눈 밝으며 거룩하고 지혜로워서 하늘의 덕을 환히 깨달은 이가 아니라면 그 누가 이것을 통찰할 수 있겠는가!

唯天下至誠, 爲能經綸天下之大經, 立天下之大本, 知天地之化育. 夫焉有所倚?
肫肫其仁! 淵淵其淵! 浩浩其天!
苟不固聰明聖知, 達天德者, 其孰能知之!

33장 『시경』에서 읊었다. "비단옷을 입고서 그 위에 홑옷을 걸쳤구나!" 비단옷의 화려한 무늬가 다른 사람들의 눈에 드러나는 것을 싫어하기 때문이다. 그러므로 자기 주도적인 사람(君子)의 도리는 은은하지만 나날이 빛이 나고, 이기적인 사람(小人)의 도리는 선명하지만 나날이 줄어든다(없어진다). 군자의 도리는 담담하지만 싫지 않고, 간결하면서 문채가 있고, 온화하면서 조리가 있다. 또 멀고 깊은 것이 가깝고 얕은 것으로부터 시작하는 것을 알고, 바람이 어떤 연유로 시작되는지를 알고, 은미한 것이 분명하게 드러나는 것을 안다면, 함께 덕의 세계로 들어갈 수 있는 것이다.

『시경』에서 읊었다. "물속에 잠긴(숨은) 것이 비록 엎드려 있더라도(보이지 않더라도) 아주 크게 빛난다." 그러므로 자기 주도적인 사람(君子)은 자신을 돌이켜봐도 허물(잘못)이 없고 무엇을 하고자 하는 뜻에 나쁜 동기가 없다. 우리가 군자에게 미칠 수 없는 것은 그가 사람들이 보지 않는 곳에서도 사람들이 보고 있는 것과 마찬가지로 삼가고 조심하는 데에 달려 있다.

『시경』에서 읊었다. "네가 혼자 방안에 있을 때를 살펴보니 방 귀퉁이에게조차 부끄러운 짓을 하지 않는구나!" 그러므로 자기 주도적인 사람(君子)은 몸을 움직여서 다가가지 않아도 백성들이 그를 존경하고 특별히 뭐라고 말하지 않아도 백성들이 그를 믿는다.

『시경』에서 읊었다. "조상의 영령 앞으로 나아가 강신하게 하며 아무런 말을 하지 않더라도 서로 자신을 내세우며 다투는 사람이 없구나!" 이렇기 때문에 자기 주도적인 사람(君子)이 무엇을 하면 상을 주어 격려하지 않아도 백성들은 자발적으로 호응하고, 공포를 일으키느라 성을 내지 않아도 백성들은 그의 존재를 작두와 도끼보다도 더 무서워하는 것이다.

『시경』에서 읊었다. "드러나지 않는 덕을 모든 제후들이 본받는구나!" 이렇기 때문에 자기 주도적인 사람(君子)은 백성들에게 두텁고 공손하게 대우하니 온 세상이 평안해지는 것이다.

『시경』에서 읊었다. "나는 밝은 덕을 품을 뿐 들리는 호통 소리와 보이는 얼굴빛을 대수롭지 않게 여긴다네!" 공자가 말했다. "감각으로 느껴지는 호통 소리와 얼굴빛은 백성들을 교화(변화)시키는 데에 부차적인 방법일 뿐이다."

『시경』에서 읊었다. "덕은 터럭처럼 가볍다." 터럭이 아무리 가볍다고 하더라도 감각적으로 견줄 만한 것이 있다. "하늘의 일은 아무런 소리도 나지 않고 아무런 냄새도 나지 않는다."고 하는데, 이런 하늘이야말로 더 말할 나위 없이 지극한 것이다.

詩曰: 衣錦尙絅! 惡其文之著也. 故君子之道, 闇然而日章, 小人之道, 的然而日亡. 君子之道, 淡而不厭, 簡而文, 溫而理. 知遠之近, 知風之自, 知微之顯, 可與入德矣.

詩云: 潛雖伏矣, 亦孔之昭. 故君子內省不疚, 無惡於志. 君子之所不可及者, 其唯人之所不見乎.

詩云: 相在爾室, 尙不愧于屋漏. 故君子, 不動而敬, 不言而信.

詩曰: 奏假無言, 時靡有爭. 是故君子不賞而民勸, 不怒而民威於鈇鉞.

詩曰: 不顯惟德, 百辟其刑之. 是故君子篤恭而天下平.

詩云: 予懷明德, 不大聲以色. 子曰: 聲色之於以化民, 末也.

詩曰: 德輶如毛. 模猶有倫, 上天之載, 無聲無臭至矣.

원문 찾아보기

26쪽   君子, 和而不流, 强哉矯. 中立而不倚, 强哉矯. ●(10장)

31쪽   今天下, 車同軌, 書同文, 行同倫. ●(28장)

33쪽   今夫地一撮土之多, 及其廣厚, 載華嶽而不重, ●(26장)

        天命之謂性, 率性之謂道, 修道之謂教. ●(1장)

44쪽   莫見乎隱, 莫顯乎微. 故君子愼其獨也. ●(1장)

60쪽   中也者, 天下之大本也. (……) 致中和, 天地位焉, 萬物育焉.
        ●(1장)

        君子而時中. ●(2장)

        舜(……)執其兩端, 用其中於民. ●(6장)

61쪽   庸德之行, 庸言之謹. (……) 言顧行, 行顧言. ●(13장)

        所求乎子, 以事父, 未能也. ●(13장)

75쪽   子曰: 索隱行怪, 後世有述焉. 吾弗爲之矣. ●(11장)

78쪽   君子中庸, 小人反中庸. 君子之中庸也, 君子而時中. 小人之反
        中庸也, 小人而無忌憚也. ●(2장)

        君子居易以俟命, 小人行險以徼幸. ●(14장)

79쪽   君子素其位而行, 不願乎其外. 素富貴, 行乎富貴. 素貧賤, 行
        乎貧賤. 素夷狄, 行乎夷狄. 素患難, 行乎患難. 君子無入而不
        自得焉. ●(14장)

81쪽   子路問强. 子曰: 南方之强與, 北方之强與? 抑而强與? 寬柔以
        敎, 不報無道, 南方之强也, 君子居之. 衽金革, 死而不厭, 北方
        之强也, 而强者居之. ●(10장)

84쪽   和而不流, 强哉矯! 中立而不倚, 强哉矯! 國有道, 不變索焉,

強哉矯! 至死不變, 强哉矯! ●(10장)

93쪽 喜怒哀樂之未發, 謂之中. 發而皆中節, 謂之和. 中也者, 天下
之大本也. 和也者, 天下之達道也. ●(1장)

96쪽 人皆曰予知, 驅而納諸罟擭陷阱之中, 而莫之知辟也. 人皆曰予
知, 擇乎中庸而不能期月守也. ●(7장)

98쪽 致中和, 天地位焉, 萬物育焉. ●(1장)

100쪽 道也者, 不可須臾離也. 可離, 非道也. ●(1장)

101쪽 道不遠人, 人之爲道而遠人, 不可以爲道. ●(13장)

104쪽 詩云: 伐柯伐柯, 其則不遠. 執柯以伐柯, 睨而視之, 猶以爲遠.
故君子以人治人, 改而止. ●(13장)

106쪽 忠恕違道不遠. 施諸己而不願, 亦勿施於人. ●(13장)

107쪽 君子之道四, 丘未能一焉. 所求乎子, 以事父, 未能也. 所求乎
臣, 以事君, 未能也. 所求乎弟, 以事兄, 未能也. 所求乎朋友,
先施之, 未能也. ●(13장)

110쪽 有弗行, 行之. 弗篤, 弗措也. 人一能之, 己百之. 人十能之, 己
千之. ●(20장)

114쪽 夫婦之愚, 可以與知焉. 及其至也, 雖聖人, 亦有所不知焉. 夫
婦之不肖, 可以能行焉. 及其至也, 雖聖人, 亦有所不能焉. ●
(12장)

君子之道, 造端乎夫婦, 及其至也, 察乎天地. ●(12장)

117쪽 博學之, 審問之, 愼思之, 明辨之, 篤行之! ●(20장)

118쪽 '鳶飛戾天, 魚躍于淵.' 言其上下察也. ●(12장)

119쪽 天命之謂性, 率性之謂道, 修道之謂敎. ●(1장)

121쪽 道之不行也, 我知之矣. 知者過之, 愚者不及也. 道之不明也,
我知之矣. 賢者過之, 不肖者不及也. ●(4장)

122쪽 君子中庸, 小人反中庸. 君子之中庸也, 君子而時中. 小人之反
中庸也, 小人而無忌憚也. ●(2장)

128쪽 人皆曰予知, 驅而納諸罟擭陷阱之中, 而莫之知辟也. 人皆曰予

知, 擇乎中庸而不能期月守也. ●(7장)

回之爲人也, 擇乎中庸, 得一善, 則拳拳服膺而弗失之矣. ●(8장)

130쪽 庸德之行, 庸言之謹, 有所不足, 不敢不勉, 有餘, 不敢盡. 言顧
行, 行顧言. 君子胡不慥慥爾? ●(13장)

143쪽 爲政在〔得〕人, 取人以〔修〕身, 修身以道, 修身以仁. (……) 故
君子, 不可以不修身, 思修身, 不可以不事親. 思事親, 不可以
不知人. 思知人, 不可以不知天. ●(20장)

146쪽 天下之達道五, 所以行之者三. 曰: 君臣也, 父子也, 夫婦也, 昆
弟也, 朋友之交也五者, 天下之達道也. 智仁勇三者, 天下之達
德也. ●(20장)

150쪽 或生而知之, 或學而知之, 或困而知之. 及其知之, 一也. 或安
而行之, 或利而安之, 或勉强而行之. 及其成功, 一也. ●(20장)

152쪽 詩曰: 妻子好合, 如鼓瑟琴, 兄弟旣翕, 和樂且耽. 宜爾室家, 樂
爾妻帑. ●(15장)

160쪽 凡爲天下國家, 有九經. 曰: 修身也, 尊賢也, 親親也, 敬大臣也,
體群臣也, 子庶民也, 來百工也, 柔遠人也, 懷諸侯也. ●(20장)

161쪽 修身則道立, 尊賢則不惑, 親親則諸父昆弟不怨, 敬大臣則不眩,
體郡臣則士之報禮重, 子庶民則百姓勸, 來百工則財用足, 柔遠
人則四方歸之, 懷諸侯則天下畏之. ●(20장)

166쪽 齊明盛服, 非禮不動, 所以修身也. 去讒遠色, 賤貨而貴德, 所
以勸賢也. 尊其位, 重其祿, 同其好惡, 所以勸親親也. 官盛任
使, 所以勸大臣也. 忠信重祿, 所以勸士也. 時使薄斂, 所以勸
百姓也. 日省月試, 旣稟(餼廩)稱事, 所以勸百工也. 送往迎來,
嘉善而矜不能, 所以柔遠人也. 繼絶世, 擧廢國, 治亂持危, 朝
聘以時, 厚往而薄來, 所以懷諸侯也. ●(20장)

177쪽 視之而弗見, 聽之而弗聞, 體物而不可遺. 使天下之人, 齊明盛
服, 以承祭祀. 洋洋乎如在其上, 如在其左右. ●(16장)

182쪽 舜, 其大孝也與. 德爲聖人, 尊爲天子, 富有四海之內, 宗廟饗

之, 子孫保之. 故大德, 必得其位, 必得其祿, 必得其名, 必得其壽. ●(17장)

184쪽 武王周公, 其達孝矣乎! 夫孝者, 善繼人之志, 先述人之事者也. ●(19장)

185쪽 無憂者, 其惟文王乎! 以王季爲父, 以武王爲子. 父作之, 子述之. 武王, 纘大王王季文王之緖, 壹戎衣而有天下, 身不失天下之顯名. ●(18장)

197쪽 言顧行, 行顧言. ●(13장)

199쪽 誠者, 天之道也. 誠之者, 人之道也. 誠者, 不勉而中, 不思而得, 從容中道, 聖人也. 誠之者, 擇善而固執之者也. ●(20장)

202쪽 誠者, 物之終始. 不誠無物. 是故君子, 誠之爲貴. ●(25장)

208쪽 誠者, 非自成己而已也, 所以成物也. 成己, 仁也. 成物, 知也. ●(25장)

211쪽 惟天下至誠, 爲能盡其性. 能盡其性, 則能盡人之性. 能盡人之性, 則能盡物之性. 能盡物之性, 則可以贊天地之化育, 可以贊天地之化育, 則可以與天地參矣. ●(22장)

214쪽 至誠無息. 不息則久, 久則徵, 徵則悠遠, 悠遠則博厚, 博厚則高明. (……) 博厚, 配地. 高明, 配天. 悠久, 無疆. 如此者, 不見而章, 不動而變, 無爲而成. ●(26장)

219쪽 君子中庸, 小人反中庸. 君子之中庸也, 君子而時中. 小人之反中庸也, 小人而無忌憚也. ●(2장)
愚而好自用, 賤而好自專, 生乎今之世, 反古之道. 如此者, 災及其身者也. ●(28장)

224쪽 君子, 動而世爲天下道, 行而世爲天下法, 言而世爲天下則也. ●(29장)

225쪽 君子之道, 本諸身, 徵諸庶民, 考諸三王而不謬, 建諸天地而不悖, 質諸鬼神而無疑, 百世以俟聖人而不惑. ●(29장)

229쪽 辟如天地之無不持載, 無不覆幬. (……) 萬物並育而不相害, 道

並行而不相悖. 小德, 川流. 大德, 敦化. ●(30장)

234쪽 神之格思, 不可度思. 矧可射思. ●(16장)

相在爾室, 尙不愧于屋漏. 故君子不動而敬, 不言而信. ●(33장)

235쪽 莫見乎隱, 莫顯乎微. 故君子愼其獨也. ●(1장)

249쪽 故君子, 尊德性而道問學, 致廣大而盡精微, 極高明而道中庸,

溫故而知新, 敦厚以知禮. ●(27장)

주

1) 『논어』「안연」10 "愛之欲其生, 惡之欲其死. 旣欲其生, 又欲其死, 是惑也."

2) 필립 아이반호, 신정근 옮김, 『유학, 우리 삶의 철학』(서울: 동아시아, 2008)을 보면 일곱 명의 유학자들이 제시하는 자아 수양이 흥미 있게 논의되고 있다.

3) 『맹자』「고자」상 15 "先立乎其大者, 則其小者不能奪也."

4) 그의 가계를 간단하게 살펴보자. 공자의 성명은 공구이다. 그의 아들은 공리(孔鯉)인데 자는 백어(伯魚)이다. 그의 손자는 공급(孔伋)으로 자는 자사이다.

5) 李天虹, 『郭店竹簡性自命出研究』(武漢: 湖北教育出版社, 2003) 참조.

6) 김용옥, 『도올선생 중용강의』(서울: 통나무, 1995), 2003 7쇄, pp.51~52, 79~81. 그의 글이 갖는 특징이지만 "중용에는 천지 코스몰로지가 가득 있다."고 말하며 치고 빠져나갈 뿐 정확한 설명은 없다.

7) 『중용』"君子之道, 造端乎夫婦, 及其至也, 察乎天地."(12장) "贊天地之化育"(22장) "天地之道, 可一言而盡也. 其爲物不貳, 則其生物不測."(26장) 등.

8) 『전습록』권상 "曰: 澄於中字之義尙未明. 曰: 此須自心體認出來, 非言語所能喩, 中只是天理." 정인재·한정길 옮김, 『전습록 1』(서울: 청계, 2001), 2004 2쇄, pp.235~236.

9) 분량 탓인지 우리나라에서 『중용』은 주로 『대학』과 함께 번역되어 있다. 원문을 확인하려면 다음의 번역본을 참조하는 게 좋다. 주희의 『중용장구』33장에 따른 번역본으로 이기동, 『대학·중용 강설』(서울: 성균관대학교출판부, 2003); 김미영 옮김, 『대학·중용』(서울: 홍익출판사, 2005); 성백효 역주, 『대학·중용 집주』(서울: 전통문화연구회, 2005) 개정 증보판 등이 있다. 정약용의 주를 번역한 것으로 전주대학교 호남학연구소 역, 『국역여당전서 경집 1 중용자잠(中庸自箴)』(전주: 전주대학교출판부, 1986)이 있다.

10) 『논어』「공야장」13 "子貢曰: 夫子之文章, 可得而聞也. 夫子之言性與天道, 不可得而聞也."

11) 이용주, 『주희의 문화 이데올로기』(서울: 이학사, 2003) 참조.

12) 「중용 읽는 법」(讀中庸法) "中庸之書難看. 中間, 說鬼說神, 都無理解."

13) 「중용 읽는 법」"中庸, 多說無形影, 說下學處少, 說上學處多."

14) 謝光輝 主編,『(圖解本) 漢語字源字典』(北京: 北京大學出版社, 2000), 2006 4쇄, p.202.

15) 李孝定 編,『甲骨文字集釋』第一冊(臺北: 中央研究院 歷史語言研究所, 1965).

16) 白川靜,『字統』(東京: 平凡社, 1984), p.848.

17) 『논어』「옹야」27 "子曰: 中庸之爲德也, 其至矣乎. 民鮮, 久矣!"

18) 『서경』「대우모」"允執厥中."

19) 『중용장구』"中者, 不偏不倚無過不及之名."

20) 윤형식,「아리스토텔레스의 중용론과 '중용적 합리성'의 의사소통 이론적 이해」, 한국정신문화연구원 편,『중용의 덕과 합리성』(서울: 청계, 2004), p.60, 67.

21) 최근 '조폭 의리는 진정한 의리가 아니다.'는 글이 유행이다. 2007년 4월 부산지 법 형사 5부(고종주 부장판사)는 범죄 단체 구성 혐의로 재판을 받은 '사상 통합 파' 피고인들에게 선고 말미에 훈계문을 낭독했는데, 그 내용이 2008년 9월 18 일 CBS 노컷뉴스의 보도를 통해 알려져 화제를 낳았다. 훈계문 두 번째 항목을 보면, 의리란 "사람으로서 지켜야 할 바른 도리 또는 신의를 지켜야 할 교제상의 도리를 일컫는 것이므로, 범죄 행위를 함께하는 자들 사이에서의 유대감까지 의 리라고 할 수 없다."고 지적했다. 이어서 "선후배나 친구들이 부적절한 처신으 로 범죄 행위에 연루되어 있을 때는, 이들을 적극적으로 교화하거나 혹은 이들 을 멀리하는 것이 바로 의리"라고 해명했다.

22) 지금까지 내용은 『니코마코스 윤리학』, 특히 6권을 중심으로 그것의 내용을 소 개한 것이다. 자세한 내용은 이창우·김재홍·강상진 옮김,『니코마코스 윤리 학』(서울: 이제이북스, 2006), 2008 3쇄를 보라. 앞으로『니코마코스 윤리학』을 인용할 때 별도의 언급이 없는 한 위의 번역본에 의존해서 가감한다.

23) 『중용장구』"不偏之謂中, 不易之謂庸."

24) 『중용장구』"中者, 不偏不倚無過不及之名. 庸, 平常也."

25) 지금까지 설명은 부분적으로 주희 자신의 비유를 재해석한 것이다.『중용혹문』 "蓋不偏不倚, 猶立而不近四旁, 心之體地之中也. 無過不及, 猶行而不先不後, 理之當事之中也." 박완식 편저·해『중용』(서울: 여강출판사, 2005), pp.347 ~350 참조.

26) 『중용』의 '중용'과 아리스토텔레스의 '중용'의 차이점은 132~135쪽에서 다 룬다.

27) 이용우 옮김, 『극단의 시대: 20세기의 역사(상)』(서울: 까치, 1997), 2008, p.49.

28) 춘추 시대와 전국 시대 전쟁관의 변화와 관련해서 신정근, 『사람다움의 발견』(서울: 이학사, 2005), pp.113~128 참조.

29) 이 신화는 『서경』 「여형」과 『국어』 「초어」 하에 보인다. 관련된 내용은 신동준 역주, 『좌구명의 국어』(고양: 인간사랑, 2005), pp.511~514; 김학주, 『서경』(서울: 명문당, 2002), 개정 증보, pp.490~492; 위앤커, 전인초·김선자 옮김, 『(역주본) 중국신화전설 1』(서울: 민음사, 2002), 신장판 1쇄, pp.209~214 참조.

30) 부주산은 산의 원래 이름이 아니라 공공의 일이 일어난 뒤에 새롭게 얻은 이름으로 보인다.

31) 위앤커, 『(역주본) 중국신화전설 1』, pp.237~241 참조.

32) 『상군서』 「개색」 "世事變則行道異也."

33) 『논어』 「자한」 28 "歲寒然後, 知松柏之後凋."

34) "士爲知己者死." 전체 맥락을 확인하려면 정범진 외 옮김, 『사기 열전(상)』(서울: 까치, 1995), 1997 4판, pp.384~387 참조.

35) 『맹자』 「공손추」 상 2 "北宮黝之養勇也: 不膚撓, 不目逃, 思以一毫挫於人, 若撻之於市朝; 不受於褐寬博, 亦不受於萬乘之君; 視刺萬乘之君, 若刺褐夫; 無嚴諸侯, 惡聲至, 必反之. 孟施舍之所養勇也, 曰: 視不勝猶勝也; 量敵而後進, 慮勝而後會, 是畏三軍者也. 舍豈能爲必勝哉? 能無懼而已矣."

36) 『논어』 「태백」 2 "勇而無禮則亂." 「태백」 10 "好勇疾貧, 亂也." 「양화」 7 "好勇不好學, 其蔽也亂." 「양화」 21 "子路曰: 君子尙勇乎? 子曰: 君子義以爲上, 君子有勇而無義爲亂, 小人有勇而無義爲盜."

37) 이 해법은 정자의 제자 유초(游酢)가 내놓은 것으로 유명하다. 『중용장구』 "游酢曰: 以性情言之, 則曰中和. 以德行言之, 則曰中庸."

38) 『논어』 「안연」 21 "一朝之忿, 忘其身以及其親, 非惑與?"

39) 공자는 감정을 긍정 일변도로만 생각하지 않았다. 그는 감정이 문제를 해결하는 것이 아니라 문제를 낳는 원인이 될 수 있다고 보았다. 공자의 예시에 따르면 사람이 서로 사랑하면 상대가 천년만년이나 오래 살기를 바라다가도 관계가 틀어지면 상대가 당장이라도 죽게 되기를 바란다. 같은 사람을 두고서 감정의 변화에 따라 생과 사가 갈리고 있는 것이다. 이때 감정대로 하라고 말한다면 살인을 옆에서 돕는 셈이 된다. 공자에게 감정은 두 얼굴을 가진 야누스와 같다. 사람들이 선택을 두고 고민할 때 감정은 기준이 되기도 하지만 동시에 동일한 사람과

사태를 정반대로 뒤집게 만드는 원인이 되기도 하기 때문이다.

40) 출처는『한비자』「이병」(二柄)이다.

41)『맹자』「공손추」상 6 "人皆有不忍之心. (……) 無惻隱之心, 非人也. 無羞惡之心, 非人也. 無辭讓之心, 非人也. 無是非之心, 非人也."

42)『중용장구』"道者, 率性而已. 故衆人之所能知能行者也. 故常不遠於人, 若爲道者厭其卑近, 以爲不足爲, 而反務爲高遠難行之事, 則非所以爲道矣."

43) 주회 자신도 학습 시기에 유학의 평범성에 매료되기보다는 한 발짝 비켜나 있었다. 그렇게 좋은 성적을 거두지 못했지만 과거 시험 답안지도 선불교식으로 작성했다. 그는 스승 이통(李洞)과의 만남을 계기로 불교의 고원성에서 유학의 평범성·일상성에 담긴 의의를 재발견하게 된다. 이통은 주회에게『논어』와『맹자』를 읽어 도덕 원리를 탐구하도록 안내하고 "자네는 그렇게 추상적으로는 많은 것들을 이해하면서 도리어 눈앞의 실제적인 일들은 이해하지 못하는가? 도는 원래 신묘성이 없고, 다만 일상에서 착실하게 공부하는 곳에서 이해하면, 곧 저절로 도를 보게 된다네!"라는 충고를 해 주었다(『연평답문 보록』22). 이로써 유학이 시시하거나 밋밋한 것이 아니라 위대한 것으로 해석되었다. 이 주석은 본인의 사상적 이력에 보이는 전향서의 일종이라고도 할 수 있다. 이와 관련해서는 손영식,『이성과 현실』(울산: UUP, 1999); 미우라 쿠니오, 김영식·이승연 옮김,『인간 주자』(서울: 창비, 1996) 참조.

44) "伐柯如何? 匪斧不克. 取妻如何? 匪媒不得. 伐柯伐柯, 其則不遠. 我覯之子, 籩豆有踐." 주석과 자세한 풀이를 확인하려면 김학주 옮김,『시경』, p.252 참조.

45)『맹자』「이루」하 28 "舜人也, 我亦人也. 舜爲法於天下, 可傳於後世. 我由未免爲鄕人也, 是則可憂也. 憂之如何? 如舜而已矣."

46) "夫婦之愚, 可以與知焉. 及其至也, 雖聖人, 亦有所不知焉. 夫婦之不肖, 可以能行焉. 及其至也, 雖聖人, 亦有所不能." 여기서 愚는 지성이 없이 멍청하다는 뜻이 아니라, '영리하다'의 반대로 '융통성이 없다, 고지식하다, 우직하다'의 뜻이다. 한국어 번역본을 보면 '及其至'의 '지'를 지극함 또는 궁극의 맥락으로 해석하는 경우가 많다. 이것은 완전한 오역이다. 왜냐하면 성인이 최고의 원칙, 궁극적 가치를 모른다고 하면 성인일 수가 없기 때문이다(성백효 역주,『대학·중용집주』(서울: 전통문화연구회, 1991), 1992 재판 2쇄, p.71 참조.

47) 단편 53(김인곤 외, 249). 원문을 확인하려면 탈레스 외 지음, 김인곤 외 옮김,『소크라테스 이전 철학자들의 단편 선집』(아카넷, 2005), 2008 4쇄 참조.

48) 단편 80(김인곤 외, 249).

49) 『논어』 「팔일」 20 "關雎, 樂而不淫, 哀而不傷." 이 시는 남자가 강가에서 본 물
수리를 매개로 자신의 이상을 그리워하는 것이다. 시의 내용은 김학주, 『시경』
(서울: 명문당, 1984), 1997 증보판, pp.34~35 참조.

50) "'鳶飛戾天, 魚躍于淵.' 言其上下察也." 전체 내용은 김학주, 『시경』 p.417 참
조. 나는 魚를 볼 때마다 그것을 '물고기 어'로 하는 것에 불만족스럽다. 왜 魚
를 중립적인 이름으로 부르지 못하고 처음부터 사람이 먹을 음식, 즉 고기로 바
라보느냐는 점이다. 그렇다고 '어류'라고 번역하면 어색하다. 좋은 말을 찾을 때
까지 잠정적으로 물고기란 말을 쓸 수밖에 없을 듯하다.

51) 도는 목표를 실현하기 위한 방법, 수단을 나타내는 것으로 원칙의 현실적 적용,
즉 아리스토텔레스의 프로네시스와 관련이 된다.

52) 『중용장구』 "道者, 天理之當然, 中而已矣."

53) 시중은 『중용』만큼 『주역』에서도 중요하다. 『주역』은 개인의 일상적, 윤리적, 정
치적 선택과 행동이 가깝거나 먼 미래에 어떤 결과를 가져오느냐를 다루고 있
다. 이때 불행을 피하고 행복을 맞이하려고 한다면, 사람은 어떤 행동이 적절한
것인지 탐구하고 싶은 바람을 가지게 된다. 『주역』은 바로 그런 인간의 욕구를
충족시켜 주는 근원인 셈이다. 이처럼 『주역』은 유일신이 없는 동아시아 문화권
에서 인간의 불투명한 미래를 통찰하게 해 주는 지혜의 샘이었다. 즉 『주역』은
신과 같은 역할을 수행했던 것이다.

54) 전통 시대에 시중은 지식인이 현실 정치에 참여하느냐 물러나느냐라는 출퇴(出
退)와 관련해서 중요하게 고려되었다. 이와 관련해서 맹자는 「만장」 하 1에서
네 가지 유형으로 나누었다. 첫째, 백이(伯夷) 유형은 임금과 시대가 자신의 기
준에 맞지 않으면 일체 관계하지 않았다. 둘째, 이윤(伊尹) 유형은 백이와 반대
로 임금과 시대를 가리지 않았다. 셋째, 류하혜(柳下惠) 유형은 자리의 높고 낮
음을 따지지 않고 부르면 가고 내치면 물러났다. 넷째, 공자 유형은 빨리할 만하
면 빨리하고, 오래 있을 만하면 오래 있고, 머물 만하면 머물고, 벼슬할 만하면
벼슬했다. 맹자는 이들을 모두 성인이면서도 각각 깨끗함(淸), 책임(任), 어울
림(和), 적정(時)으로 규정하고, 공자를 가장 높은 등급으로 보았다.

55) 『논어』 「이인」 10 "子曰, 君子之於天下也, 無適也, 無莫也, 義之與比."

56) 『맹자』 「진심」 상 26 "執中無權, 猶執一也. 所惡執一者, 爲其賊道也. 擧一而
廢百也."

57) 이창우 외 옮김, 『니코마코스 윤리학』 6권 1140ab, 1141b~1142a.

58) 앞의 책 6권 1138b.

59) 앞의 책 2권 1106ab.

60) 앞의 책 2권 1106b.

61) 윤형식, 「아리스토텔레스의 중용론과 '중용적 합리성'의 의사소통 이론적 이해」, 장승구 외, 『중용의 덕과 합리성』, p.72.

62) 장승구, 「중용의 덕과 지혜 그리고 그 정치사회적 의미」, 장승구 외, 『중용의 덕과 합리성』, pp.33~35 참조. 장승구는 方克, 『中國辨證法思想史(先秦)』(北京: 人民出版社, 1985)에 의거해서 '중용의 논리'를 통해 중용을 4가지 유형으로 분류한다. 이 중 네 번째는 두 번째에 흡수될 수 있으므로 따로 열거하지 않는다.

63) 『서경』 「고요모」 "寬而栗, 柔而立……."

64) 『논어』 「미자」 8 "我則異於是. 無可, 無不可."

65) 『논어』 「요왈」 2 "君子惠而不費, 勞而不怨, 欲而不貪."

66) 이러한 사유의 영향으로 동아시아 철학은 고정적 실체보다 역동적 변화를 특징으로 하는 기(氣)의 존재론을 전개한다. 이 존재론은 한 제국에 이론화되기 시작한 뒤 송·명 제국에 이르러 최고로 정교하게 된다. 물론 『중용』은 존재론보다 윤리론에 초점을 두므로 기의 사유가 논의되지 않는다.

67) 이창우 외 옮김, 『니코마코스 윤리학』, 1141b.

68) 『논어』 「안연」 17 "季康子問政於孔子. 孔子對曰: '政者正也. 子帥以正, 孰敢不正?'"

69) C. 더글러스 루미즈 영역, 한성례 옮김, 서울: 국일미디어, 2002.

70) 『대학』 "自天子, 以至於庶人, 壹是皆以修身爲本."

71) 『맹자』 「등문공」 상 4 "后稷敎民稼穡, 樹藝五穀; 五穀熟而民人育. 人之有道也, 飽食, 煖衣, 逸居而無敎, 則近於禽獸. 聖人有憂之, 使契爲司徒, 敎以人倫: 父子有親, 君臣有義, 夫婦有別, 長幼有序, 朋友有信."

72) 이 시는 형제애의 소중함을 노래하고 있는데 전체 내용을 확인하려면 김학주, 『시경』, pp.263~264 참조.

73) 『논어』 「위정」 21 "或謂孔子曰: '子奚不爲政?'" "子曰: '書云: 孝乎惟孝, 友于兄弟, 施於有政.' 是亦爲政, 奚其爲爲政?'"

74) 흔히 '유학' 하면 가족주의의 동의어로 이해하지만 사실 그렇지 않다. 유학에서 가족적 유대를 강조하지만 그것이 늘 인문주의의 보편적인 가치와 연속선상에 있어야 하는 주문을 벗어날 수 없다. 신정근, 『논어의 숲, 공자의 그늘』(서울: 심산, 2006).

75) 『대학』 "古之欲明明德於天下者, 先治其國. 欲治其國者, 先齊其家. 欲齊其家者, 先修其身. 欲修其身者, 先正其心. 欲正其心者, 先誠其意. 欲誠其意者, 先致其知. 致知在格物."

76) 『대학』 "物格而后知知, 知至而后意誠, 意誠而后心正, 心正而后身修, 身修而后家齊, 家齊而后國治, 國治而后天下平."

77) 『논어』 「안연」 5 "司馬牛憂曰: '人皆有兄弟, 我獨亡.' 子夏曰: '商聞之矣. 死生有命, 富貴在天. 君子敬而無失, 與人恭而有禮, 四海之內, 皆兄弟也. 君子何患乎無兄弟也?'"

78) 이 말은 원래 장재의 글 『서명』(西銘)에 나오는 말로 "民吾同胞, 物吾與也."를 줄여서 표현한 것이다.

79) 『예기』 「예운」에 '대동'에 대한 논의가 나온다.

80) 대동 사상과 관련된 역사적 전개는 陳正炎·林其錟, 이성규 옮김, 『중국 대동사상 연구』(서울: 지식산업사, 1990) 참조.

81) 『사기』 「주본기」 "故成康之際, 天下安寧, 刑措四十年不用."

82) 생태 또는 환경과 관련한 미래 세대의 문제는 피터 싱어, 황경식·김성동 옮김, 『실천 윤리학』(서울: 철학과현실사, 1997), 개정판, pp.316~321 참조.

83) 시라카와 시즈카(白川靜), 『자통』(字統), p.913.

84) 『시경』 「소아」 「천보」(天保) "吉蠲爲饎, 是用孝享. 禴祠烝嘗, 于公先王." 김학주, 『시경』, p.268 참조.

85) 『시경』 「소아」 「초자」(楚茨) "先祖是皇, 神保是饗, 孝孫有慶, 報以介福, 萬壽無疆." 김학주, 『시경』, p.359 참조.

86) 서안, 「중국 고대의 '효' 자의 생성과 의미 변화에 대한 탐구」, 성균관대학교 동양철학과 석사 논문, 2005, pp.39~49.

87) 제사가 질서를 끊임없이 재생산하도록 만들기도 하지만 삶의 현장을 영혼 없는 감옥으로 만들 수 있다. 여기서는 제사의 긍정적 사회 기능을 위주로 설명했다. 부정적인 측면은 한국에서 〈홍등〉(大紅燈籠高高掛)으로 상영된 공리 주연의 영화에서 잘 나타난다. 남성은 폐쇄된 세계의 절대 군주로 행세하고 사람들은 그의 환심을 사기 위해서 경쟁적으로 자아를 잃어 간다. 공리도 처음에 그 무시무시한 구도 속에 갇혀 승자를 꿈꾸다가 미치고서야 자아를 되찾는다. 산시성 핑야오(平瑤)에 가면 〈홍등〉을 찍은 촬영 현장을 볼 수 있다.

88) 유학이 아무리 중국에서 세력을 떨쳤다고 하더라도 전통 시대의 사람들이 출세하려는 세속적 욕망을 없앨 수는 없었다. 그들은 이를 위해 유학의 서원이나 향

교가 아니라 도교나 불교 사원에 가서 욕망의 실현을 기도했다. 한국의 사찰에 가면 칠성각이 있다. 사람들은 그곳에서 재물·재주·수명·득남을 빈다. 사실 칠성각은 도교에 기원을 둔 민간 신앙이다. 베이징에 가면 바이윈관(白雲觀)이란 커다란 도교 사원이 있다. 이곳에는 사람이 바랄 수 있는 모든 세속적 욕망을 이루도록 빌 수 있는 소상들이 있다. 도교의 편견을 벗어나려면 이용주, 『도, 상상하는 힘: 불사를 꿈꾸는 정신과 생명』 (서울: 이학사, 2003) 참조.

89) 남성 중심주의가 비판받는 것은 여성을 비하하기 때문에 그런 것만은 아니다. 아울러 과도한 성 역할의 기대로 인해 남성 자신이 희생자가 될 수 있고 여성이 남성화되어 사회적 가치를 인정받으려고 한다. 단성의 과도한 우월주의는 양성 모두를 불편하게 하고 병들게 만든다.

90) 『맹자』 「이루」 상 26 "不孝有三, 無後爲大. 舜不告而娶, 爲無後也. 君子以爲猶告也."

91) 요즘 들어 남아 선호 의식이 옅어지고 제사를 꼭 지낸다는 가정도 줄어들고 있다. 한국인은 분명 영원의 문제를 다른 방식으로 해결하기 시작한 것이라 할 수 있다.

92) 주희도 『중용』을 일관되게 읽어 내려고 엄청난 노력을 하면서 '귀신장'에 이르러 도무지 이해할 수 없다며 두 손을 들었다. 『중용장구』 "中庸之書難看, 中間, 說鬼說神, 都無理解."

93) 김구가 애송한 시로 유명한데, 이 시는 서산대사의 『허정당집』이 아니라 『대동시선』에 실려 있다. 그곳에는 작가가 이량연(李亮淵)으로 기록되어 있다.

94) 이창우 외 옮김, 『니코마코스 윤리학』 1권 1102a.

95) 순과 이복동생 상의 이야기는 신화에 따르면 순이 코끼리를 길들여 주변 민족을 정복한 것으로 내용이 변형된 경우도 있다. 위앤커, 전인초·김선자 옮김, 『(역주본) 중국신화전설 1』, pp.407~408 참조.

96) 순의 이야기는 여러 가지 단편으로 전해지며 문헌마다 조금씩 내용이 다르다. 현대의 연구자가 여러 자료를 모으며 이어지지 않은 부분을 각색한 자료로는 위앤커, 전인초·김선자 옮김, 『(역주본) 중국신화전설 1』 참조.

97) 『효경』 「개종명의장」 "立身行道, 揚名於後世, 以顯父母, 孝之終也."

98) 공자는 『논어』에서 효자라고 하면 부모가 돌아가시더라도 최소 3년 정도 부모님이 걸었던 노선을 변경하지 않을 것을 주문했다. 사람이 바뀌면 정책이 바뀌겠지만, 부모님이 돌아가시자마자 정책을 바꾼다면 부모가 돌아가시기를 기다린 것처럼 보인다. 「학이」 11 "父在觀其志, 父沒觀其行. 三年無改於父之道,

可謂孝矣."

99) 『효경』「효치장」"昔者明王之以孝治天下也." 그리고 실제로 한 제국의 황제들은 모두 자신의 시호 앞에 '孝'를 붙였다. 예컨대 초대가 고조(高祖)이고 2대 황제는 효문제(孝文帝)이고 3대는 효경제(孝景帝)이고 4대는 효무제(孝武帝)였다. 이 이름에는 결국 한 제국의 시대가 끊어지지 않고 영원히 이어지기를 바라는 욕망이 깃들어 있는 것이다. 물론 여기에는 오늘날 기준으로 보면 이 효에 남성 중심주의의 특성이 들어 있는 것이 사실이다.

100) 『주역』「계사전」하 "天地絪縕, 萬物化醇. 男女構精, 萬物化生." 이기동, 『주역강설』하, p.396 참조.

101) 『주역』「계사전」하 "天地之大德曰生." 이기동, 위의 책, p.377 참조.

102) 보통 지성감천(至誠感天)은 출처가 밝혀지지 않은 채 사자성어나 속담으로 즐겨 인용되었다. 내가 찾아본 결과 가장 빠른 출전은 『월절서』(越絶書) 15 「편서외전기」(篇叙外傳記)다. 여기에서는 춘추 시대의 오자서가 억울한 일로 조국 초나라에서 쫓겨났다가 월나라의 군대로 복수를 하게 되는 맥락에서 쓰이고 있다. 비슷한 말로 『서경』「위고문상서」「대우모」에 지함감신(至誠感神)이 있다(함은 성과 거의 같은 뜻이다). 비슷한 내용으로는 달걀 위에 또 달걀을 포갠다는 난상가란(卵上加卵)이 있다.

103) 『논어』「공야장」10 "宰予晝寢. 子曰: '朽木不可雕也, 糞土之牆不可朽也, 於予與何誅?' 子曰: '始吾於人也, 聽其言而信其行, 今吾於人也, 聽其言而觀其行. 於予與改是.'"

104) 『맹자』를 봐도 성에 대한 자연과 인간의 차이를 비슷하게 설명하고 있다. "아랫자리에 있으면서 윗사람의 관심을 얻지 못하면 인민을 대상으로 해서 이상을 펼칠 기회를 잡을 수 없다. 누군가가 윗사람의 신임을 얻으려면 길이 있다. 그이가 동료(친구)로부터 신임을 받지 못하면 윗사람의 관심을 얻을 수 없다. (……) 어버이를 기쁘게 하는 데에는 길이 있다. 자기반성을 통해 '성'(誠)하지 않으면 어버이를 기쁘게 할 수 없다. 자신을 '성'하게 하는 데에 길이 있다. 선에 밝지 않으면 제 자신을 '성'하게 할 수 없다. 이렇기 때문에 성이란 하늘의 길이요, 성에 집중하는 것은 사람의 길이다(誠者天之道也. 思誠者人之道也.). 완전히 '성'하고서 일이 호전되지 않는 것은 아직 한 번도 없었다. '성'하지 않으면 아무것도 긍정적으로 움직여 갈 수가 없다."(「이루」상 12) 비슷한 사유 방식을 나타낸다는 것은 둘이 그만큼 유사하다는 것을 보여 준다. 성의 사유를 통해서 『중용』과 『맹자』의 상관성을 알 수 있다. 철학사에서 『중용』의

지은이와 맹자 사이의 사상적 연속성을 인정하고 그들을 '사맹학파'(思孟學派)로 묶기도 한다.

105) 『중용』에서 말하는 이러한 상호 영향은 자극적이지 않고 은은하고 부담스럽지 않으며 서로 도움을 주고받는 지란지교(芝蘭之交)로 잘 표현될 수 있을 듯하다. 이 말은 유안진의 수필 '지란지교를 꿈꾸며'로 널리 입에 오르내렸다.

106) 덕수궁이 1896년 중건될 때 오늘날 서울시립미술관의 정남향에 정문이 있었고 그 이름이 인화문이었다. 대한문(원래는 대안(大安)문)은 원래 덕수궁의 동문 이름이다. 동문이 정문이 되면서부터 우리는 대한문을 덕수궁의 정문으로 알고 있지만 원래는 다른 궁궐과 마찬가지로 '화' 자가 들어간 것이 정문이었다.

107) 이 구절은 흔히 『중용』, 넓게는 유학의 교의를 복고주의로 보는 것이 근거 없다는 점이 잘 드러나고 있다. 근대의 캉유웨이는 『중용』의 지은이가 수구와 복고의 무리를 비판하는 논조로 이 구절을 읽는다. 『중용 주(注)』(臺北: 商務印書館, 1966), 1968년 2판, 34ㄴ.

108) 이 이야기는 『여씨춘추』 「상덕」에 나온다.

109) 『논어』 「헌문」 17.

110) 전국 시대 노나라 출신의 현자. 그 밖에 알려진 정보는 없다.

111) 『맹자』 「진심」 상 26 "子莫執中. 執中爲近之. 執中無權, 猶執一也. 所惡執一者, 爲其賊道也, 擧一而廢百也."

112) 『맹자』 「이루」 상 17 그렇더라도 권의 논리를 남용하게 되면 모든 현상이 긍정되는 문제점을 낳는다. 권의 신중한 운용이 필요하다. 황우석 박사의 사건이 발생하기 전에 우리나라는 유전자 복제를 황금알을 낳는 산업이나 기적을 낳는 신기술로 생각하는 경향이 있었다. 그 결과 난자 채취의 횟수와 관련된 최소한 규제 장치도 없었다. 왜 그랬을까? 아마도 우리나라에는 생명을 신의 영역으로 간주는 신학적 전통이 약하고 원칙과 현실의 유연한 연결을 강조하는 유학적 전통이 있었기 때문이라고 할 수 있다.

113) 『묵자』 「비명」 상 "故言必有三表. 何謂三表? 子墨子言曰: 有本之者, 有原之者, 有用之者. 于何本之? 上本之于古者聖王之事. 于何原之? 下原察百姓耳目之實. 于何用之? 廢以爲刑政, 觀其中國家百姓人民之利." 전체 문맥을 확인하려면 박재범 옮김, 『묵자』(서울: 홍익출판사, 1999), pp.230~231 참조.

114) 변광배, 『존재와 무: 자유를 향한 실존적 탐색』(파주: 살림, 2005), 2007 2쇄,

115) 『시경』「대아」"相在爾室, 尚不愧于屋漏.(a) (故君子不動而敬, 不言而信.)
(a´) 無曰不顯, 莫予云覯 (b)""神之格思, 不可度思. 矧可射思."(c) 『중용』의
지은이는 「억」을 교묘하게 인용한다. a는 33장에 인용된 것이고 a´는 인용하고
해설한 부분이다. b는 『중용』에 인용되지 않는 부분이고, c는 16장에 인용된
다. 「억」은 꽤 긴 시다. 전체 내용을 확인하려면 김학주, 『시경』, pp.459~461
참조.

116) 나는 이를 '성선(性善)의 역설'이라고 부른다. 사람이 완전하다고 주장하므로
신적 존재가 나에게 개입할 수 있는 창이 없다. 그 대신 사람은 자신이 자신을
감시하는 또 하나의 자아를 설정할 수밖에 없게 된다.

117) 『대학』 6장 "小人閒居, 爲不善, 無所不至. 見君子而后, 厭然?其不善, 而著
其善, 人之視己, 如見其肺肝然, 則何益矣? 此謂誠於中, 形於外. 故君子必
愼其獨也."

118) 시장을 제외하고 나머지 원칙은 조선의 수도에도 그대로 적용되었다. 경복궁
뒤에 북악산이 있어 지형상 시장이 들어설 수 없었다.

119) 『중용』 24장 "國家將興, 必有禎祥. 國家將亡, 必有妖孼."

120) '한 번에 한 사람', 류시화 엮음, 『지금 알고 있는 걸 그때도 알았더라면』 열림
원, 1998.

121) 『중용』 33장 "詩曰: 奏假無言, 時靡有爭. 是故君子, 不賞而民勸, 不怒而民
威於鈇鉞. (……) 詩云: 予懷明德, 不大聲以色. 子曰: 聲色之於以化民, 末
也."

122) 『좌씨전』 양공 8년 기사.

123) 『중용자잠』 "致廣大, 則恐博而不精, 故救之曰 '盡精微'. 極高明, 則恐過高失
中, 故救之曰 '道中庸'. 廣大高明, 則貴在悠久, 故戒之曰 '溫故知新, 敦厚以
崇禮'."

주니어클래식 9

중용, 극단의 시대를 넘어 균형의 시대로

2010년 8월 20일 1판 1쇄
2018년 5월 31일 1판 4쇄

지은이 신정근

기획 이권우
편집 정은숙, 서상일
디자인 조진일
제작 박홍기
마케팅 이병규, 양현범, 이장열

인쇄 천일문화사
제책 J&D바인텍

펴낸이 강맑실
펴낸곳 (주)사계절출판사 | **등록** : 제406-2003-034호
주소 (우)10881 경기도 파주시 회동길 252
전화 031)955-8588, 8558
전송 마케팅부 031)955-8595 편집부 031)955-8596
홈페이지 www.sakyejul.co.kr | **전자우편** skj@sakyejul.co.kr
트위터 twitter.com/sakyejul | **페이스북** facebook.com/sakyejul
블로그 skjmail.blog.me

ISBN 978-89-5828-617-2   44330

이 도서의 국립중앙도서관 출판시도서목록(CIP)은 e-CIP 홈페이지(http://www.nl.go.kr/cip.php)에서
이용하실 수 있습니다.(CIP제어번호:2010002820)